生态文明蓝皮书

四川生态文明发展评价报告
（2020）

主　编　◆　罗　彬

副主编　◆　王　恒　刘冬梅

西南交通大学出版社
·成　都·

图书在版编目（ＣＩＰ）数据

生态文明蓝皮书：四川生态文明发展评价报告.
2020 / 罗彬主编. 一成都：西南交通大学出版社，
2021.5
　ISBN 978-7-5643-8002-1

　Ⅰ. ①生… Ⅱ. ①罗… Ⅲ. ①生态环境建设－研究报
告－四川－2020 Ⅳ. ①X321.271

中国版本图书馆 CIP 数据核字（2021）第 059116 号

Shengtai Wenming Lanpishu:
Sichuan Shengtai Wenming Fazhan Pingjia Baogao（2020）

生态文明蓝皮书：
四川生态文明发展评价报告（2020）

主编　罗　彬

责任编辑	郭发仔
助理编辑	梁霄雲
封面设计	原谋书装

出版发行	西南交通大学出版社
	（四川省成都市金牛区二环路北一段 111 号
	西南交通大学创新大厦 21 楼）
邮政编码	610031
发行部电话	028-87600564　028-87600533
网址	http://www.xnjdcbs.com
印刷	四川煤田地质制图印刷厂

成品尺寸	185 mm×260 mm
印张	15.75
字数	390 千
版次	2021 年 5 月第 1 版
印次	2021 年 5 月第 1 次
定价	96.00 元
书号	ISBN 978-7-5643-8002-1
审图号	川 S【2021】00018 号

编 委 会

主　编　罗　彬

副主编　王　恒　刘冬梅

编　委　（按姓氏拼音为序）

曹　乔	常明庆	付思文	高俊丽	顾城天
何　蓉	胡金朝	黄　庆	黄　田	贾永刚
孔茹芸	李甜甜	林佳丽	刘安凤	刘传秀
刘冬梅	刘　越	吕瑞斌	罗　彬	罗后巧
马丽雅	邱　辉	任春坪	邵超峰	唐书培
王　恒	王　维	文新茹	向　柳	向蔓菁
肖君实	谢义琴	许　越	薛文安	杨　庆
杨　耀	俞　海	余　忠	张凌杰	张　璐
张玉虎	张雨晴	赵　锐	赵　润	郑　坤
郑淋峰				

序　言

　　从川西贡嘎山到川东渠江河口，是 7300 多米的落差；从川西北高原的涓涓细流到川南的浩荡长江，是上千公里的距离——四川作为长江、黄河上游重要的生态屏障和水源涵养地，千河分布、山水葱茏、植被丰富、生物多样。加强生态文明建设，保护好生态环境，不仅关系巴山蜀水的秀美风光，更关系国家生态安全和可持续发展。2018 年 2 月，习近平总书记来川考察时指出"要抓好生态文明建设，让天更蓝、地更绿、水更清，美丽城镇和美丽乡村交相辉映、美丽山川和美丽人居有机融合"。

　　近年来，四川牢记习近平总书记重托，坚决扛起筑牢长江黄河上游生态屏障的政治责任，牢固树立和认真践行新发展理念，坚持共抓大保护、不搞大开发，走生态优先、绿色发展之路，美丽四川展现新面貌。"十三五"期间生态环境质量明显改善，全省优良天数率 90.8%，优良水质率 98.9%，森林覆盖率 40%，草原综合植被覆盖率 85.8%，天蓝、地绿、水清的美丽画卷正在巴蜀大地徐徐展开。当前，中国特色社会主义进入了新的发展阶段，站在新的起点上，我们也清醒地认识到我省发展不平衡不充分问题仍然较突出，生态环保领域还有短板弱项，增强优质生态产品供给、满足人民日益增长的美好生活需要是现阶段生态文明建设的重要任务。

　　四川省环境政策研究与规划院（简称政研规划院）是在 2019 年 1 月由四川省委机构编制委员会批准设立的，是顺应全省生态文明体制改革的总体要求，立足生态环境保护和生态文明建设的全局性、综合性、战略性问题，开展理论和应用研究的公益二类事业单位，为全省生态环境管理提供决策参考和技术支撑。

　　为更好支撑新阶段我省生态文明建设，在生态环境厅领导和业界专家学者的鼓励与支持下，政研规划院开展了四川生态文明发展评价，初建了一套生态文明发展水平评价指标体系，提出了生态文明发展水平指数（DEC），尝试创新评价维度，以科学客观全面地反映四川省及下辖 21 市（州）生态文明建设成效及存在的不足。我们知道，目前围绕生态文明、绿色发展、可持续发展等指标体系的研究很多，但因关注的侧重点不同或理念的不一致，还没有一套能被普遍认可的指标体系，但是作为成长中的智库，这种有意义的研究和探索我们认为还是很有必要的。作为首次发布的四川省生态文明发展指数，结果可能与读者的实际感受有差异，我们也衷心期望读者提出宝贵意见和建议，以便进一步提高评价的科学性和实用性。

同时，全省 21 市（州）立足实际，勇于探索，围绕生态文明建设的热点和难点问题，因地制宜形成了许多好的经验做法，我们对此进行了凝练总结，从"生态兴则文明兴"的历史实践到脱贫攻坚、农村污水治理等民生改善，从"两山"转化的绿色发展到区域协同的共建共享，一共 20 篇重要成果，是各地自觉践行习近平生态文明思想的真实写照，谨供读者借鉴参考。

　　站在"两个一百年"奋斗目标的历史交汇期，生态文明建设比任何时候都更加需要更广泛的力量，汇集更强大的智慧，提供更科学精准的决策支撑，政研规划院将始终心怀大局，秉承初心使命，为建设天更蓝、山更绿、水更清、环境更优美、生活更美好的美丽四川做出更大贡献。

2020 年 11 月

前　言

　　生态文明建设是中国特色社会主义事业的重要内容，关系人民福祉，关乎民族未来，事关"两个一百年"奋斗目标和中华民族伟大复兴中国梦的实现。党中央、国务院高度重视生态文明建设，先后出台了一系列重大决策部署，推动生态文明建设取得了重大进展和积极成效。本书分为总报告、分报告、实践篇和专题篇，总报告主要立足生态环境质量改善和经济社会高质量发展目标，基于"压力—状态—响应"（PSR）模型，从污染排放、资源消耗、人居改善、生态安全、生态经济等生态文明建设全领域构建指标体系，以期对各地生态文明发展水平进行评估，并提出政策建议。分报告、实践篇和专题篇主要围绕当前生态文明领域重大战略部署，以及焦点、难点、亮点等展开研究，力求全面呈现四川各地在生态文明建设方面的有益探索和实践经验。

　　四川是长江、黄河上游重要的生态屏障和水源涵养地，是中国生物资源的战略储备要地和全球 35 个生物多样性热点地区之一，肩负着维护我国生态安全的重要使命。加强四川生态文明建设，不仅关系巴山蜀水的秀美山河，更关系国家生态安全和长远发展。《四川生态文明发展评价报告（2020）》总报告以四川省及 21 市（州）为对象，对 2017 至 2018 年的生态文明发展水平及变化情况进行评价，并基于四川省生态文明发展良好态势和对生态文明建设响应不足的问题，提出政策建议，同时针对 21 市（州）生态文明发展水平不均衡的状况，结合各地特点提出市（州）生态文明发展路径和建设重点。分报告以强化生态文明建设战略定力，筑牢长江、黄河上游生态屏障为题，从构建工作格局、推动绿色发展、改善环境质量、夯实生态本底、健全治理体系、践行绿色生活等方面系统总结了各地生态文明建设的新经验和好做法。实践篇从深邃历史观、科学自然观、绿色发展观、基本民生观、整体系统观、严密法治观、全民行动观、全球共赢观等视角对各地自觉践行习近平生态文明思想的典型案例进行研究和分析。专题篇围绕建设美丽四川的战略目标，从推进成渝地区双城经济圈生态文明建设、黄河流域生态环境政策完善和现代环境治理体系构建等方面提出系列政策建议。附录主要收录了 2019 年四川省有关生态文明建设的重大政策。

　　由于时间仓促和水平有限，书中难免有不足之处，敬请读者批评指正！

编委会

2020 年 11 月

目 录 CONTENT

总 报 告

分 报 告

践行习近平生态文明思想四川实践篇

共谋美丽四川专题篇

总 报 告

四川省生态文明发展水平评价

罗彬　王恒　何蓉　刘冬梅　唐书培

四川省环境政策研究与规划院

【摘　要】四川是长江、黄河上游的重要生态屏障和水源涵养地，也是践行习近平生态文明思想的重要前沿阵地。省委、省政府高度重视生态文明建设，认真贯彻落实党中央、国务院决策部署和习近平总书记对四川工作系列重要指示精神，取得了积极成效。总报告基于"压力—状态—响应"（PSR）模型构建生态文明发展水平指数（DEC），对四川省及 21 市（州）生态文明发展水平及变化情况进行评价。2018年四川省 DEC 得分为 61.73，比 2017 年提高 3.43 分，其中生态环境质量改善、污染减排、资源利用效率等方面表现最为突出；21 市（州）中，超过 95%的市（州）DEC 较 2017 年有所增加，平均提高 3.97 分，特别是在生态环境质量改善、人居环境整治和发展低碳经济等方面表现较好。

【关键词】生态文明发展水平指数；PSR 模型；评价

一、生态文明发展水平指标构建及评价方法

（一）指标体系设计

有效的评价指标体系是进行生态文明发展水平评估的基础。为了科学评估生态文明发展情况，需要构建一套能够客观反映生态文明建设全过程及内在逻辑关系的指标体系。

1. 指标体系的逻辑框架

"压力—状态—响应"（PSR）模型由加拿大统计学家提出，后经联合国经济合作开发署（OECD）与联合国环境规划署（UNEP）共同发展成为用于研究环境问题的框架体系。PSR模型从人与自然环境的相互作用的关系出发，对经济与环境之间的内在逻辑关系进行解读，客观诠释了人与自然生态环境之间相互依存、相互制约的关系。作为一种先进的资源环境管理体系，目前被广泛应用于解决资源的管理保护和对环境管理如何科学决策并实施等问题，已逐渐成为判断人类与环境之间相互作用的因果关系的有效工具。

生态文明建设是基于当前污染排放引起的环境压力和生态压力、资源消耗带来的资源压力和能源压力，针对不断恶化的生态环境健康状态和社会经济发展状态做出的旨在提升生态生活水平、维护生态安全、推动经济高质量发展的重大战略，因此生态文明发展水平评价选择基于"压力—状态—响应"（PSR）模型的逻辑架构，其中"压力"主要是指人类活动对自然环境的影响，是环境的直接压力因子，主要表现为污染物排放及资源能源的利用消耗；"状态"是指自然环境和社会经济在上述压力下所处的状况，主要表现为生态环境质量及社会经

济发展;"响应"是指人类社会为应对压力和状态变化做出的反应(采取措施),以提高经济效率、恢复环境质量或防止环境退化。基于该模型的分析,可以有效地避免评价过程的片面性,为各地及时地掌握生态文明建设过程及发展水平、科学制定相关政策法规提供有力的技术支撑。

生态文明发展水平评价指标体系的逻辑框架见图 1-1。

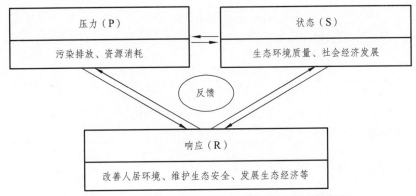

图 1-1 生态文明发展水平评价指标体系的逻辑框架

2. 指标的选取原则

构建一套系统、科学的指标体系对于客观有效开展生态文明发展水平评价尤为重要。应遵循以下原则:

(1)科学性原则。由于生态文明发展水平会受各地区生态环境本底条件、经济状况、生态文明建设力度等多个要素的影响,在选择评价指标时要充分考虑其全面性和代表性,同时应保持指标间信息的相对独立性,降低数据信息的冗余度。

(2)可度量性原则。所选择的指标必须是可度量的,而且能够实际取得数据。有些指标虽然在理论上可行,但缺乏数据来源,或虽然取得数据,但可信程度较低,这样的指标宁可暂缺,以尽量避免主观判断代替客观度量。数据主要来自各类统计年鉴、环境质量公报、行业主管部门官方数据等。

(3)可比性原则。评价指标体系的每一个指标都需要经过严谨地计算才能进行设置,同时评价指标体系的建立应该在保证对评估对象已经有了比较充分的认识和研究的前提之下,进而更好地反映出各地生态文明发展水平。

(4)导向性原则。所选择指标既要从地区的现实出发,考虑数据资料的可获得性,又要从地区的发展趋势出发,考虑指标的先进性,力求使每个设置指标都能够反映生态文明发展水平的本质特征、时代特点和未来取向。

3. 指标体系的构建

遵循科学性、可度量性、可比性和导向性的原则,运用系统论、控制论的基本原理,以压力因素—现状水平—应对措施为主线,按照压力指标(成因和影响因素)、状态指标(现状水平)、响应指标(应对措施)进行分类,并采取自上而下、逐层分解的方法,把复杂问题分成不同的层面,同一层面又分解成不同的方面,最终构建一套分类别、多系统、多层次的生态文明发展水平评价指标体系。

在本报告的评价指标体系中，压力指标用来描绘生态文明建设压力，即生态文明发展过程中经济、社会活动引起的污染排放和资源消耗对生态文明建设产生的压力作用。其中，污染排放主要从水污染源排放和大气污染源排放两方面考虑（土壤污染源由于缺乏数据，暂时不予考虑），包括单位 GDP 二氧化硫排放量、单位 GDP 氮氧化物排放量、单位 GDP 氨氮排放量、单位 GDP 化学需氧量排放量四个指标；资源消耗主要从土地资源、水资源和能源三方面考虑，包括单位第二三产业增加值建设用地面积、单位第一产业增加值耕地面积、单位 GDP 能耗、单位 GDP 用水量 4 个指标。压力指标层参见表 1-1。

表 1-1 压力指标层

序号	系统层	准则层	指标层	具体指标	指标属性
1	压力指标层	污染排放	大气污染源	单位 GDP 二氧化硫排放量	−
2				单位 GDP 氮氧化物排放量	−
3			水污染源	单位 GDP 氨氮排放量	−
4				单位 GDP 化学需氧量排放量	−
5		资源消耗	土地资源	单位第二三产业增加值建设用地面积	−
6				单位第一产业增加值耕地面积	−
7			能源	单位 GDP 能耗	−
8			水资源	单位 GDP 用水量	−

状态指标用来描绘地方生态文明发展状态，表征该地区生态环境、社会经济发展的结构、功能和稳定性，包括生态环境质量和社会经济发展。从水、大气、生态三要素表征生态环境质量（土壤环境质量由于缺乏数据，暂时不予考虑），具体指标为 EI 指数、地表水劣 V 类水体比例、地表水 I—III 类水体比例、空气质量综合指数、空气质量优良天数比例 5 个指标；从发展水平和发展质量两方面反映社会经济发展状况，具体指标为人均 GDP、城镇化率、人均科教财政支出、城乡人均可支配收入比值 4 个指标。状态指标层参见表 1-2。

响应指标用来反映地方政府针对压力活动和状态变化做出的响应措施，可以客观体现生态文明建设力度，主要从改善人居环境、维护生态安全、发展生态经济三方面的响应措施来描述各地区对生态文明的重视程度及生态文明的建设程度。其中改善人居环境包括安全饮水、城市绿化、环境整治三方面，具体指标为集中式水源地水质优良比例、城市建成区绿化覆盖率、城镇污水处理率和生活垃圾处理率 4 个指标；维护生态安全包括环境污染治理、环境风险防范、生态系统功能提升三方面，具体指标为危险废物利用处置率、森林覆盖率、生态保护红线面积比例、节能环保支出占一般公共预算比例 4 个指标；发展生态经济包括优化产业结构、推动产业循环、发展低碳经济三方面，具体指标为第三产业增加值占 GDP 比重、一般工业固体废物综合利用率、碳排放强度 3 个指标。响应指标层参见表 1-3。

表 1-2　状态指标层

序号	系统层	准则层	指标层	具体指标	指标属性
1	状态指标层	生态环境现状	生态环境质量	EI 指数	+
2			水环境质量	地表水监测断面劣 V 类比例	−
3				地表水监测断面 I —Ⅲ类比例	+
4			大气环境质量	空气质量综合指数	+
5				空气质量优良天数比例	+
6		社会经济现状	发展水平	人均 GDP	+
7				城镇化率	+
8			发展质量	人均科教财政支出	+
9				城乡人均可支配收入比值	+

表 1-3　响应指标层

序号	系统层	准则层	要素指标层	具体指标	指标属性
1	响应指标层	改善人居环境	环境整治	城镇污水处理率	+
2				生活垃圾处理率	+
3			饮水安全	集中式水源地水质优良比例	+
4			城市绿化	城市建成区绿化覆盖率	+
5		维护生态安全	环境风险防范	危险废物利用处置率	+
6			环境污染治理	节能环保支出占一般公共预算支出比例	+
7			生态系统功能提升	森林覆盖率	+
8				生态保护红线面积比例	+
9		发展生态经济	发展低碳经济	碳排放强度	−
10			优化产业结构	第三产业增加值占 GDP 比重	+
11			推动产业循环	一般工业固体废物综合利用率	+

生态文明发展水平评价指标体系逻辑关系见图 1-2。

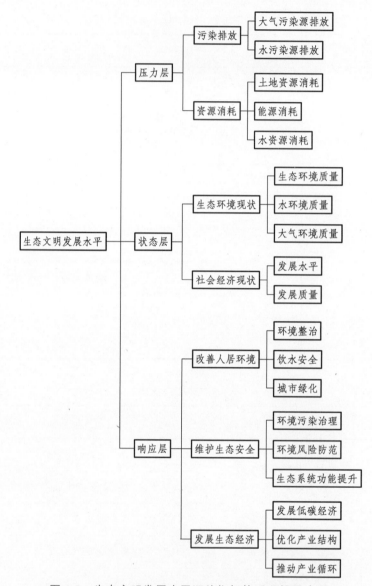

图 1-2 生态文明发展水平评价指标体系逻辑层次图

（二）评价方法

1. 标准化处理

由于评估选取的指标都有度量单位，这些指标所计算的协方差矩阵或相关矩阵受到指标量纲的影响，不同的量纲和数量级将得到不同的协方差矩阵或相关矩阵。为了避免计算结果受指标量纲和数量级的影响，保证其客观性和科学性，需对原始数据进行标准化处理。

本次评估采用目标渐近法（proximity-to-target）进行数据标准化处理，即每项指标转化为 0～100 之间的一个数值，以 100 表示绩效目标，表示采集到的最低值，首先对于超过建设目标的数值进行调整，使其与目标值持平，以避免"过度绩效"。其次采用公式 1-1 和公式 1-2 进行换算，将数值转化为 0～100 分的相对数值。

对于正向指标，采用公式 1-1 进行数据标准化：

$$d_{ij} = \frac{D_{ij} - d_{\min}}{d_{\max} - d_{\min}} \times 100\%$$ （1-1）

对于负向指标，采用公式 1-2 进行数据标准化：

$$d_{ij} = \frac{D_{ij} - d_{\max}}{d_{\min} - d_{\max}} \times 100\%$$ （1-2）

式中： d_{ij} ——第 i 个评价地区第 j 个指标的维度个体指数；

D_{ij} ——第 i 个评价区域第 j 个指标的统计值；

$d_{\min}$ ——第 j 个指标的统计值的最小值；

$d_{\max}$ ——第 j 个指标的统计值的最大值。

2. 指标的权重确定

"熵"最先由 Shannon 引入信息论，现已在工程技术、社会经济等领域得到比较广泛的应用，基本思路是根据指标变异性的大小来确定客观权重。某个指标的信息熵 E 越小，表明指标值的变异程度越大，提供的信息量越多，在各维度评价中所起到的作用越大，其权重也越大；某个指标的信息熵 E 越大，表明指标值的变异程度越小，提供的信息量越少，在维度评价中所起到的作用越小，其权重也越小。

本次评估指标权重赋值以熵权法为基础，采取自下而上、逐层分解的方式，循环使用熵权法，依次得到具体指标、要素指标、准则指标和系统指标在相应指标层的权重，具体计算方法如下：

将实际数据转变为标准化数据 d_{ij} 后，依据公式 1-3 计算各维度的第 j 项指标信息熵：

$$E_j = (\ln m)^{-1} \sum_{i=1}^{m} p_{ij} \ln p_{ij}$$ （1-3）

其中，m 为被评价对象的数目，n 为评价指标数目，p_{ij} 表达如下：

$$p_{ij} = \frac{d_{ij}}{\sum_{i=1}^{m} d_{ij}}$$ （1-4）

若 $p_{ij} = 0$，则定义 $\lim_{p_{ij} \to 0} p_{ij} \ln p_{ij} = 0$。

利用熵计算各指标客观权重公式如下：

$$w_j = \frac{1 - E_j}{n - \sum_{j=1}^{n} E_j}, \ (j = 1, 2, 3 \cdots \cdots n)$$ （1-5）

最终的指数的权重为该指标所处的所有维度的维度指数权重之积，计算公式如下：

$$W_j = w_{j1} \times w_{j2} \times w_{j3}$$ （1-6）

其中，w_{j1} 为各指数所处的准则层指标权重，w_{j2} 为该要素指数所处的要素层指标权重，w_{j3} 为该个体指数所处的指标层指标权重，W_j 为该个体指数最终的指标权重。

生态文明发展水平评价指标体系各层级权重计算结果见图 1-3。

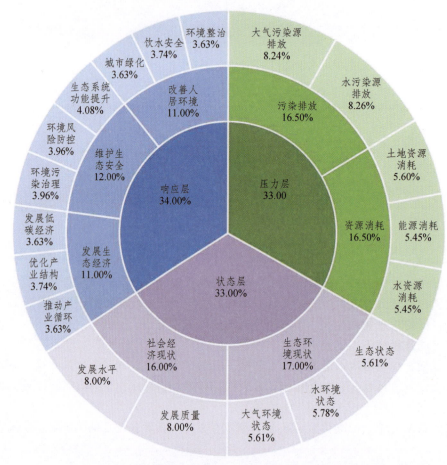

图 1-3　生态文明发展水平评价指标体系各层级权重结果

3. 生态文明发展水平指数（DEC）计算

将标准化的具体指标按照指标权重进行加权求和，计算得到各系统层和准则层分数。具体见公式 1-7。

$$F_{ik} = \sum_{i=m_{ik}}^{n_{ik}} W_j d_{ij} \qquad (1\text{-}7)$$

式中：F_{ik} ——第 i 个评价地区第 k 个准则层或系统层指数；

m_{ik} ——第 i 个评价地区第 k 个准则层或系统层中第一个评价指标在整个评价体系中的序号；

n_{ik} ——第 i 个评价地区第 k 个准则层或系统层中最后一个评价指标在整个评价体系中的序号。

根据各具体指标及其赋予的权重，采用综合指数法计算出各地区的生态文明发展水平指数（DEC），见公式 1-8：

$$DEC_i = \sum_{j=1}^{n} W_j d_{ij} \qquad (1\text{-}8)$$

二、四川省生态文明发展水平评价

（一）四川省生态文明发展指数（DEC）评价结果

2018 年，四川省生态文明发展指数得分为 61.73 分，与 2017 年相比增长了 3.43 分，生态文明发展取得了明显的进步。

从 21 市（州）来看（见图 2-1），成都、雅安、绵阳、德阳等市的生态文明发展指数较高，排名靠前；达州、资阳、内江等市的生态文明发展指数较低，排名靠后。市（州）间生态文明发展不平衡，仅 4 市生态文明发展指数高于四川省 DEC 指数，绝大多数市（州）处于"被平均"状态。

从地理分布来看，四川省生态文明发展水平较高的地区主要分布在成都平原经济区，生态文明发展相对靠后的地区主要分布在川西和川东北地区。

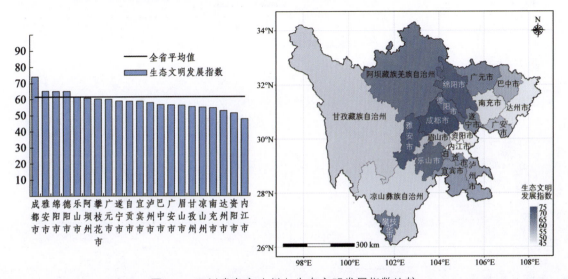

图 2-1　四川省各市（州）生态文明发展指数比较

相比 2017 年，2018 年 21 市（州）除巴中市外，生态文明发展指数均呈上升态势，以自贡市、德阳市、内江市、眉山市等提升幅度较大，主要集中于成都平原经济区，巴中市是全省唯一生态文明发展指数下降的地区，见图 2-2。

（二）各层指数评价结果

1. 压力层指数评价结果

压力指数反映的是一个地区污染排放和资源消耗的总体压力。本文对压力指数中的逆向指标做了标准化处理，压力指数越大，说明生态文明发展面临的压力越小，即干扰越小。

（1）总体情况

2018 年，四川省压力指数得分为 70.23 分，其中污染排放得分为 73.06 分，资源消耗得分为 67.41 分。与 2017 年相比，2018 年四川省总体的压力指数增长了 4.35 分，污染排放和资源消耗得分均增长了 4.35 分，表明四川省生态文明发展面临的压力得到了较大的缓解。

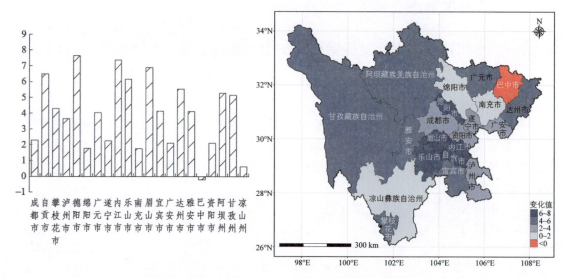

图 2-2　四川省各市（州）生态文明发展指数变化

从 21 市（州）来看（见图 2-3），仅成都、德阳、资阳、自贡、绵阳 5 市压力指数高于全省平均水平，表明其生态文明发展的干扰压力较小；绝大多数市（州）处于"被平均"状态，其中凉山、攀枝花、阿坝、内江等 4 市（州）的压力指数较低，表明其生态文明发展的干扰压力较大。

从地理分布来看，压力指数较高的区域主要分布于四川中部地区，以成都平原经济区表现最为突出。

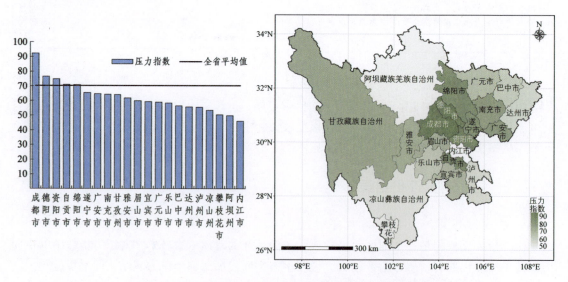

图 2-3　四川省各市（州）生态文明发展压力指数比较

对比 2017 年，21 市（州）在减轻压力干扰上都有不同程度的提升，其中以乐山和攀枝花两市的提升幅度最为显著，见图 2-4。

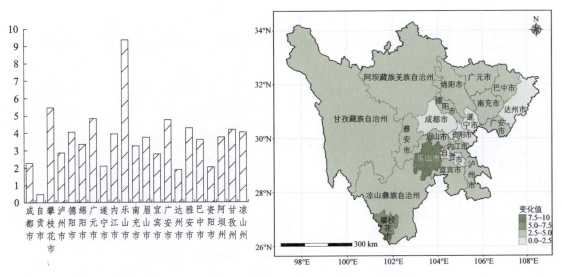

图 2-4　四川省各市（州）生态文明发展压力指数变化

（2）污染排放方面

污染排放得分越高，表明受污染排放影响的压力越小。

由图 2-5 可以看出，成都、德阳、绵阳、资阳、自贡等市污染排放得分明显高于其他市（州），且高于全省平均水平，其所面临的污染排放压力相对较小。其余 16 市（州）污染排放得分均低于全省平均水平，表明其生态文明发展受污染排放影响的压力普遍存在，且阿坝、内江面临的压力相对更大。

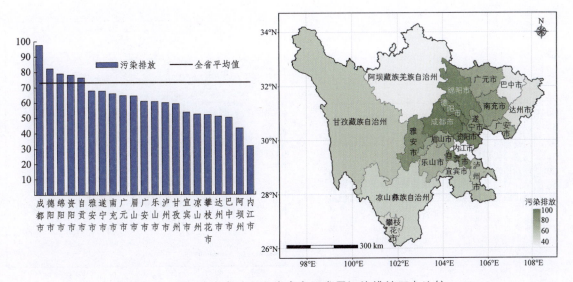

图 2-5　四川省各市（州）生态文明发展污染排放压力比较

与 2017 年相比，90% 以上的市（州）受污染排放影响的压力得到不同程度的缓解，以乐山、攀枝花的表现尤为显著，但是自贡和资阳两市的压力有所加剧，见图 2-6。

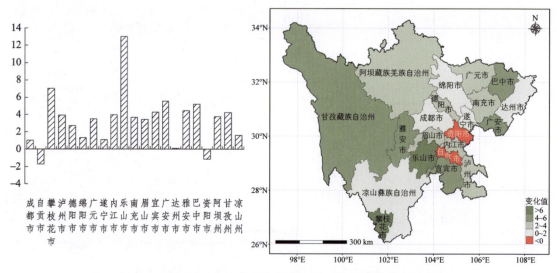

图 2-6　四川省各市（州）生态文明发展污染排放压力变化

（3）资源消耗方面

资源消耗得分越高，表明资源利用效率越高，即应对因资源消耗而带来的影响压力越小。

由图 2-7 可以看出，21 市（州）在资源消耗方面的得分差异较大，呈现出较大的不平衡性。成都市资源消耗得分明显高于其他市（州），位列全省第一，资源利用效率较高，面临资源消耗带来的压力较小；攀枝花市资源消耗得分排名最末，其应对资源消耗的压力相对最大。

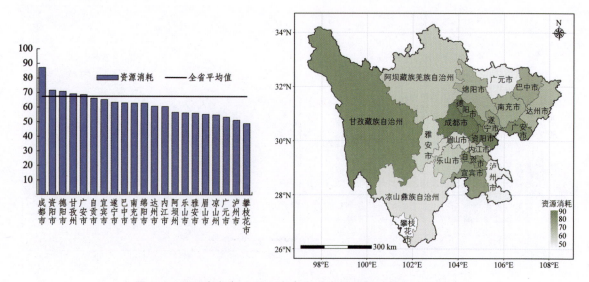

图 2-7　四川省各市（州）生态文明发展资源消耗压力比较

与 2017 年相比，21 市（州）的资源利用效率均有所提升，因资源消耗而带来的压力得到不同程度的缓解，特别是凉山州、广元市、乐山市，资源利用效率提升较明显，见图 2-8。

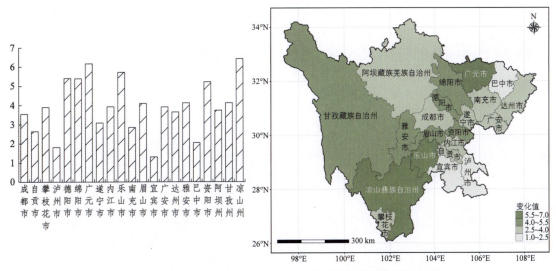

图 2-8　四川省各市（州）生态文明发展资源消耗压力变化

2. 状态层指数评价结果

状态指数反映的是一个地区生态环境及社会经济的综合状态，状态指数越大，说明地区生态文明发展的综合状态越好。

（1）总体情况

2018 年，四川省状态指数总体得分为 49.48 分。其中，生态环境状态得分为 59.65 分，社会经济状态得分为 38.68 分。与 2017 年相比，四川省总体状态指数得分增长了 4.21 分，其中生态环境状态得分增长了 5.11 分，社会经济状态得分增长了 3.25 分，改善明显。

从图 2-9 来看，2018 年，在四川省 21 市（州）中，排在 1～5 名的市（州）依次是攀枝花市、阿坝州、成都市、雅安市、乐山市；排在 17～21 名的市（州）依次是眉山市、南充市、内江市、自贡市、资阳市，主要位于成都平原经济区。全省有 11 个市（州）生态文明发展的综合状态优于全省平均水平。

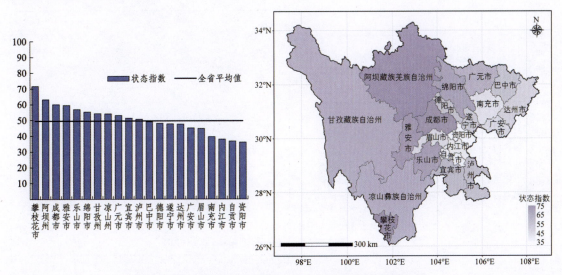

图 2-9　四川省各市（州）生态文明发展状态指数比较

由图 2-10 可知，与 2017 年相比，2018 年全省 21 个市（州）共有 20 个市（州）状态指数得到了提升。其中，德阳市和眉山市的提升幅度最为明显，两市都得益于生态环境质量的显著提升。巴中市是状态指数唯一下降的地区，主要源于社会经济质量下降。总体来看，状态指数提升幅度较大的地区主要分布于成都平原经济区。

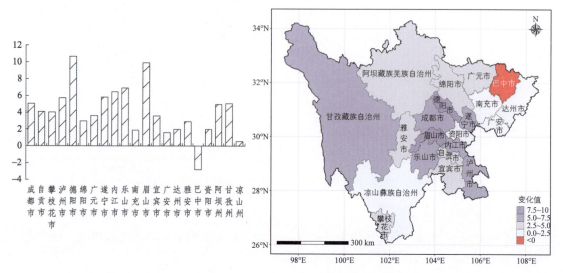

图 2-10　四川省各市（州）生态文明发展状态指数变化

（2）生态环境状态方面

通过对四川省 21 个市（州）生态环境状态得分的对比分析可知（见图 2-11），四川省各市（州）生态环境状态存在较大的差异。2018 年，在 21 市（州）中，生态环境状态排在前五位的是雅安市、阿坝州、广元市、巴中市、甘孜州，排在后五位的是南充市、内江市、成都市、资阳市、自贡市，超过一半的市（州）生态环境状态优于全省平均水平。从地理分布来看，生态环境状态较差的市（州）主要集中于成都平原经济区。

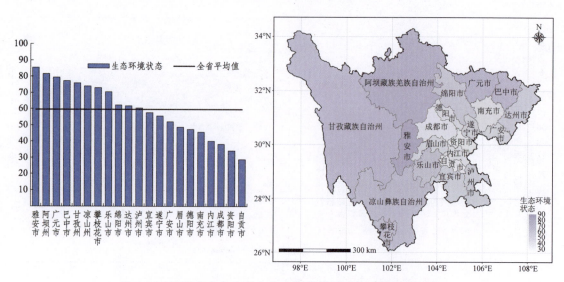

图 2-11　四川省各市（州）生态文明发展生态环境状态比较

由图 2-12 可知，2018 年绵阳市和凉山州的生态环境状态得分出现了下降，其中绵阳市主要源于大气环境质量的下降，凉山州主要源于水环境质量的下降。其余 19 市（州）生态环境状态均得到了提升，以眉山市和德阳市环境质量改善最为明显。

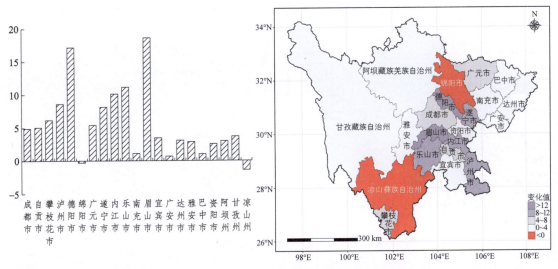

图 2-12　四川省各市（州）生态文明发展生态环境状态变化

（3）社会经济状态

图 2-13 展示了 2018 年四川省 21 个市（州）的社会经济状态。由图可知，成都市和攀枝花市的社会经济状态得分远远高于其他市（州），广元市和巴中市的社会经济状态得分明显低于其他市（州），整体呈现出极度不平衡的特点。全省仍有十个市（州）的经济社会状态低于全省平均水平，主要位于川东北经济区。

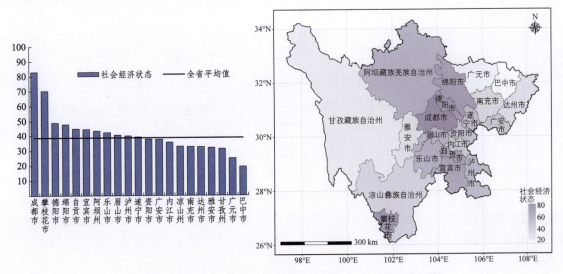

图 2-13　四川省各市（州）生态文明发展社会经济状态比较

由图 2-14 可知，与 2017 年相比，2018 年全省 21 个市（州）中，共有 20 个市（州）社会经济状态得分得到了提升，以位于川西北生态示范区的阿坝州、甘孜州及位于成都平原经济区的绵阳市、成都市提升幅度较为显著。川东北经济区社会经济状态得分整体的提升幅度较小，巴中市是得分唯一下降的地区。

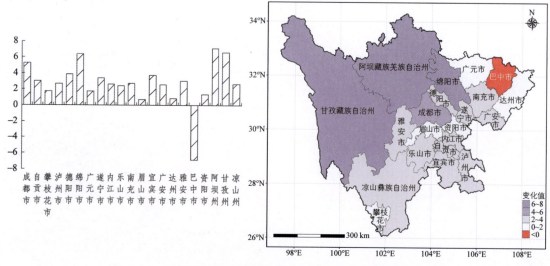

图 2-14　四川省各市（州）生态文明发展社会经济状态变化

3. 响应层指数评价结果

响应指数体现了各地区对生态文明的重视程度及建设生态文明的努力程度，状态指数越大，说明地区对生态文明发展的重视程度及建设生态文明的努力程度越高。

（1）总体情况

2018 年，四川省总体的响应指数得分为 65.35 分。其中，改善人居环境得分 87.43 分，维护生态安全得分 55.05 分，发展低碳经济得分 54.50 分。与 2017 年相比，四川省总体响应指数增长了 1.79 分，改善人居环境、维护生态安全、发展低碳经济三方面均取得了一定的进步，得分分别增长了 3.31 分、0.68 分和 1.46 分。

从图 2-15 来看，2018 年，在四川省 21 市（州）中，排在 1～5 名的市（州）依次是雅安市、德阳市、成都市、绵阳市和阿坝州，主要位于成都平原经济区；排在 17～21 名的市（州）依次是攀枝花市、凉山州、达州市、甘孜州和资阳市，主要位于四川西南地区。全省有 10 个市（州）响应指数高于全省平均水平。

相比 2017 年，2018 年全省只有 16 个市（州）的响应指数得到了提升，以自贡市、达州市、内江市三市进步较为明显。其中，自贡市在改善人居环境、维护生态安全和发展生态经济方面均取得了显著的进步，内江市主要源于在维护生态安全方面进步较大，达州市在改善人居环境方面取得了显著进步。凉山州、巴中市、遂宁市、绵阳市和成都市相应指数出现下降，其中凉山州在改善人居环境、维护生态安全、发展生态经济方面均出现下降，巴中市、成都市在改善人居环境和发展生态经济两方面出现了下降，遂宁市在维护生态安全方面下降幅度较大，绵阳市在改善人居环境和维护生态安全方面出现下降。具体变化详见图 2-16。

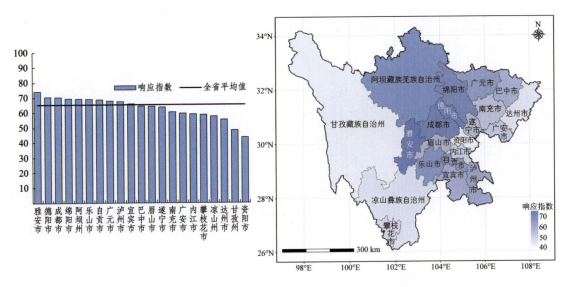

图 2-15　四川省各市（州）生态文明发展响应指数比较

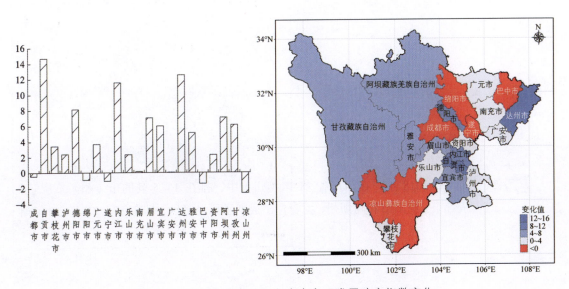

图 2-16　四川省各市（州）生态文明发展响应指数变化

（2）改善人居环境

从 2018 年各地区在改善人居环境方面的得分来看（见图 2-17），21 个市（州）中，排在前五位的依次是南充市、广安市、自贡市、德阳市和成都市，这些市对改善人居环境的重视程度较高；排在后五位的依次是达州市、巴中市、阿坝州、甘孜州、资阳市，这些市（州）在改善人居环境方面还需进一步努力。

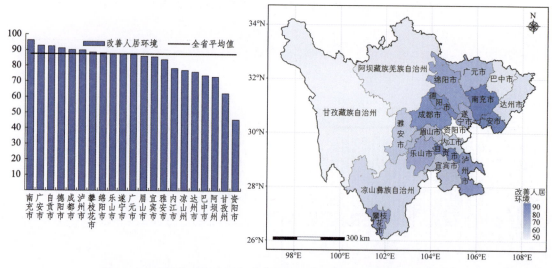

图 2-17　四川省各市（州）生态文明发展改善人居环境响应比较

2018 年，全省 17 个市（州）在改善人居环境方面的得分得到了提升，尤其是达州市和自贡市，提升幅度尤为显著；仍有 4 个市（州）改善人居环境方面的得分低于 2017 年，分别为巴中市、凉山州、成都市和绵阳市。具体变化详见图 2-18。

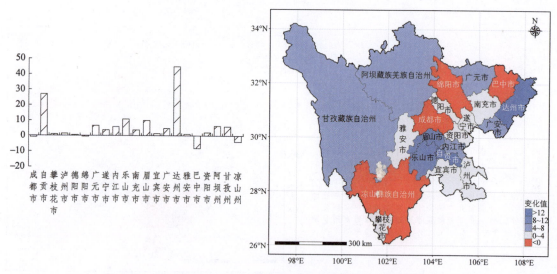

图 2-18　四川省各市（州）生态文明发展改善人居环境响应变化

（3）维护生态安全

图 2-19 展示了 2018 年四川省 21 个市（州）在维护生态安全方面的得分情况。由图可知，各市（州）之间在维护生态安全方面的表现差异较大，排名第一的雅安市和排在末位的资阳市得分相差大于 50 分。21 市（州）中，排名前五位的分别是雅安市、攀枝花市、阿坝州、乐山市和德阳市，这些地区对维护生态安全的重视程度相对较高；排在后五位的分别是遂宁市、广安市、甘孜州、南充市和资阳市，这些地区在维护生态安全方面还需进一步努力。

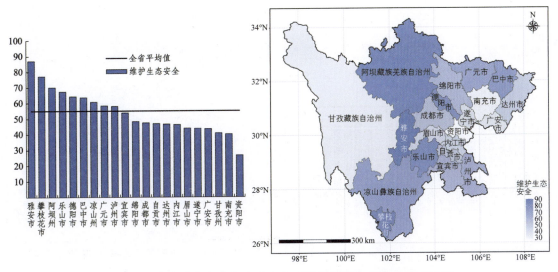

图 2-19　四川省各市（州）生态文明发展维护生态安全响应比较

　　2018 年，全省仅有 14 个市（州）在维护生态安全方面的得分得到了提升，遂宁市、广元市、绵阳市、凉山州、达州市、南充市、乐山市等 7 市（州）的得分低于 2017 年，特别是遂宁市、广元市和绵阳市，下降幅度较为明显，见图 2-20。

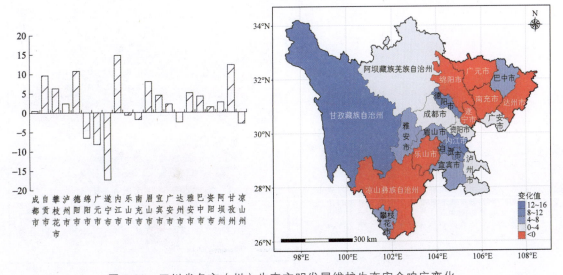

图 2-20　四川省各市（州）生态文明发展维护生态安全响应变化

（4）发展生态经济

　　从 2018 年各地区在发展生态经济方面的得分来看（图 2-21），21 个市（州）中，排在前五位的依次是成都市、绵阳市、自贡市、阿坝州和眉山市，这些市（州）对发展生态经济的重视程度较高；排在后五位的依次是达州市、广安市、甘孜州、凉山州和攀枝花市，尤其是攀枝花市，得分显著低于其他市（州），在生态文明发展过程中要尤为注重发展生态经济。从地理分布来看，成都平原经济区和川南经济区要比其他地区重视发展生态经济，攀西经济区和川东北经济区重视程度相对较弱。

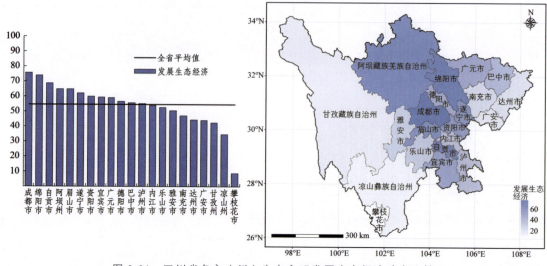

图 2-21　四川省各市（州）生态文明发展生态经济响应比较

相比 2017 年，2018 年全省仅有 13 个市（州）在发展生态经济方面的得分得到了提升，巴中市、达州市、南充市、广安市、成都市、乐山市、甘孜州、凉山州等 8 市（州）的得分出现下降，尤其是川东北经济区，五市中有四市发展生态经济的总体得分出现了显著下降（见图 2-22），后期要尤为关注经济的高质量发展。

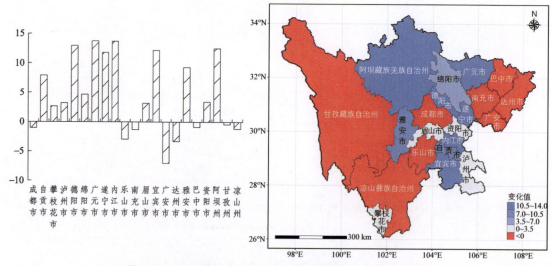

图 2-22　四川省各市（州）生态文明发展生态经济变化

（三）主要结论

基于对 2017 年、2018 年四川省生态文明发展水平评价分析，可以得出以下结论。

1. 四川省生态文明发展水平明显提升

2018 年四川省生态文明发展水平指数（DEC）为 61.73 分，相比 2017 年上升了 3.43 分。生态文明发展各个维度指数也较 2017 年呈现不同程度提升，特别是生态环境状态提升尤为显著。超过 95% 的市州生态文明发展水平普遍提升，其中，德阳市、内江市、自贡市、眉山市等市提升幅度较大，指数得分分别提高了 7.64 分、7.36 分、6.49 分、6.90 分，主要集中于成都平原经济区。

2. 市（州）生态文明发展水平不均衡

2018 年市（州）生态文明发展水平指数（DEC）最高得分为 74.17 分，最低得分为 47.75 分，差距明显。且仅 4 市 DEC 高于全省平均水平，绝大多数市（州）处于"被平均"状态，总体发展水平不均衡。从地理分布来看，发展水平较高的主要分布在成都平原经济区，相对靠后的市州主要分布在川东和川西地区，区域差异明显。

3. 污染防治攻坚战取得显著成效

评价结果表明，四川省 DEC 得分提高的主要原因是污染减排与环境质量改善成效显著。生态环境状态与污染排放得分分别较 2017 年增加了 5.11 分和 4.35 分，是提升最大的指标，充分说明四川省推进污染防治攻坚战的决心之强、力度之大和取得的显著成效。

4. 生态文明发展动力仍有不足

响应指数作为生态文明发展的动力引擎，客观反映了各地区对生态文明的重视程度和建设力度。从这两年数据变化来看，全省层面响应指数虽然有所提升，但整体并不突出且滞后于其他领域；市（州）层面，有 5 个市州响应指数出现下降。同时，响应指数中维护生态安全和推进低碳经济发展成效不明显，是现阶段四川省生态文明发展水平进一步提升的一大阻碍。

三、成都市生态文明发展水平评价

（一）2018 年生态文明发展水平评价结果

2018 年，成都市的生态文明发展指数为 74.17 分，在 21 个市（州）中排名第 1 位。其中，压力指数得分 92.37 分，排名第 1 位；状态指数得分 59.89 分，排名第 3 位；响应指数得分 70.35 分，排名第 3 位。成都市压力指数、状态指数和响应指数均位于全省前列。

具体来看，成都在污染排放方面总体得分 97.58 分，排名第 1 位。其中，大气污染源排放和水污染源排放得分分别为 97.29 分和 97.86 分，均位于全省第一。

资源消耗方面，成都市总体得分为 87.17 分，排名第 1 位。其中，土地资源消耗得分 68.32 分，排名第 5 位；能源消耗得分 94.21 分，排名第 1 位；水资源消耗得分 99.48 分，排名第 1 位。

生态环境状态方面，成都市总体得分为 38.22 分，排名第 19 位。其中，生态状态得分 18.26 分，排名第 16 位；水环境状态得分 74.64 分，排名第 16 位；大气环境状态得分 20.65 分，排名第 20 位。成都市的生态环境状态相对较差。

社会经济状态方面，成都市总体得分为 82.92 分，排名第 1 位。发展水平和发展质量分别得分为 97.85 分和 67.99 分，均位于第 1 位。

改善人居环境方面，成都市的总体得分为 90.08 分，排名第 2 位。其中，环境整治得分 94.41 分，排名第 8 位；饮水安全得分 100.00 分，排名第 1 位；城市绿化得分 75.73 分，排名第 5 位。

维护生态安全方面,成都市总体得分为 47.47 分,排名第 12 位。其中,环境风险防范得分 92.69 分,排名第 9 位;生态系统功能提升得分 27.12 分,排名第 14 位;环境污染治理得分 23.23 分,排名第 15 位。

发展生态经济方面,成都市总体得分为 75.59 分,排名第 1 位。其中,发展低碳经济得分 62.16 分,排名第 4 位;优化产业结构得分 96.49 分,排名第 1 位;推动产业循环得分 67.47 分,排名第 13 位。以上得分具体参见表 3-1 与图 3-1。

表 3-1 成都市生态文明发展水平指数各级指标得分和排名表

指标	得分	排名
生态文明发展指数	74.17	1
一、压力指数	92.37	1
1. 污染排放	97.58	1
大气污染源排放	97.29	1
水污染源排放	97.86	1
2. 资源消耗	87.17	1
土地资源消耗	68.32	5
能源消耗	94.21	1
水资源消耗	99.48	1
二、状态指数	59.89	3
3. 生态环境状态	38.22	19
生态状态	18.26	16
水环境状态	74.64	16
大气环境状态	20.65	20
4. 社会经济现状	82.92	1
发展水平	97.85	1
发展质量	67.99	1
三、响应指数	70.35	3
5. 改善人居环境	90.08	5
环境整治	94.41	8
饮水安全	100.00	1
城市绿化	75.53	5
6. 维护生态安全	47.47	12
环境风险防范	92.69	9
生态系统功能提升	27.12	14
环境污染治理	23.23	15
7. 发展生态经济	75.59	1
发展低碳经济	62.16	4
优化产业结构	96.49	1
推动产业循环	67.47	13

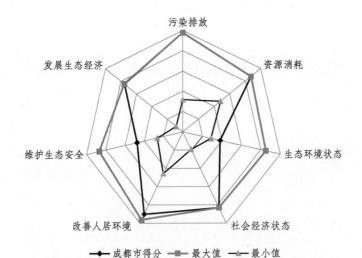

图 3-1 成都市生态文明发展水平评价准则层指数雷达图

（二）生态文明发展水平变化情况

与 2017 年相比，2018 年成都市的生态文明发展情况有了一些进步，生态文明发展水平指数总体得分提高了 2.29 分，除改善人居环境和发展生态经济准则层指标略微下降之外，其余指标均优于 2017 年。生态环境状态、社会经济状态和资源消耗指标综合值增长较大，分别提高了 4.93 分、5.27 分和 3.54 分。具体变化参见图 3-2。

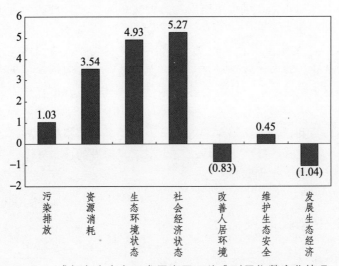

图 3-2 成都市生态文明发展水平评价准则层指数变化情况

从具体指标的增长柱状图来看（见图 3-3），19 个指标中有 13 个指标得分有不同程度的提升，5 个指标得分出现下降。其中，污染排放、资源消耗、社会经济状态等三个准则层包含的所有指标得分均有所提高，最为突出的是大气环境状态、水资源消耗、社会经济发展水平和水环境状态，得分分别提高了 12.50 分、8.56 分、6.67 分和 5.31 分。生态状态、环境整治、城市绿化、环境风险防范和推动产业循环等 5 个指标得分出现了下降，其中推动产业循环指标退步较大，得分下降达 9.61 分。

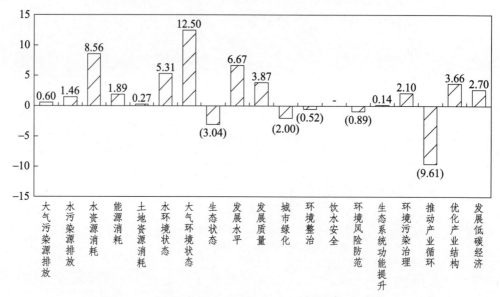

图 3-3 成都市生态文明发展水平评价各指标变化情况

（三）主要结论

2018 年成都市生态文明发展的整体水平较高，位居全省首位。其发展的主要特点是：污染排放、资源消耗、社会经济状态、改善人居环境、发展生态经济等五方面表现较好，均处于全省前列；在生态环境状态、维护生态安全方面短板较突出，排名全省中下游，是成都市生态文明发展的瓶颈所在。

2018 年成都市生态文明发展水平较 2017 年有较大提高，主要原因在于生态环境质量改善、社会经济发展优化以及资源利用效率提升，尤其是在水资源消耗、大气环境状态、社会经济发展质量等指标上提升显著。具体来讲，相比 2017 年，成都市在压力层和状态层的准则指标综合值增长较大，表明成都市在生态文明发展过程中受污染物排放和资源消耗的压力整体降低，生态环境质量和社会经济呈现趋好态势；但是响应层指标进展不大，在改善人居环境、发展生态经济方面出现下降，表明成都市生态文明建设的成果并不稳固，针对短板和薄弱领域的建设力度还需进一步加强。

四、自贡市生态文明发展水平评价

（一）2018 年生态文明发展水平评价结果

2018 年，自贡市的生态文明发展指数为 58.89 分，在 21 个市（州）中排名第 10 位。其中，压力指数得分 71.12 分，排名第 4 位；状态指数得分 36.56 分，排名第 20 位；响应指数得分 68.69 分，排名第 7 位。自贡市压力指数、响应指数均处于全省上游水平，状态指数较弱，处于全省下游水平。

具体来看，自贡市在污染排放方面总体得分为 76.25 分，排名第 5 位。其中，大气污染源排放和水污染源排放得分分别为 64.21 分和 88.26 分，位于全省第 6 和第 7 位。

资源消耗方面,自贡市总体得分为 65.99 分,排名第 6 位。其中,土地资源消耗得分 33.69 分,排名第 19 位;能源消耗得分 83.17 分,排名第 6 位;水资源消耗得分 82.01 分,排名第 2 位。

生态环境状态方面,自贡市总体得分为 28.80 分,排名第 21 位,生态环境状态较差。其中,生态状态得分 13.48 分,排名第 18 位;水环境状态得分 55.95 分,排名第 20 位;大气环境状态得分 16.16 分,排名第 21 位。

社会经济状态方面,自贡市总体得分为 44.81 分,排名第 5 位。其中,发展水平得分 44.60 分,排名第 4 位;发展质量得分 45.02 分,排名第 11 位。

改善人居环境方面,自贡市的总体得分为 92.45 分,排名第 3 位。其中,环境整治得分 93.80 分,排名第 9 位;饮水安全得分 100.00 分,排名第 1 位;城市绿化得分 83.33 分,排名第 2 位。

维护生态安全方面,自贡市总体得分为 46.92 分,排名第 13 位。其中,环境风险防范得分 98.12 分,排名第 5 位;生态系统功能提升得分 7.72 分,排名第 19 位;环境污染治理得分 36.11 分,排名第 10 位。

发展生态经济方面,自贡市总体得分为 68.67 分,排名第 3 位。其中,发展低碳经济得分 56.76 分,排名第 9 位;优化产业结构得分 51.02 分,排名第 5 位;推动产业循环得分 98.75 分,排名第 3 位。以上得分具体参见表 4-1 与图 4-1。

表 4-1 自贡市生态文明发展水平指数各级指标得分和排名表

指标	得分	排名
生态文明发展指数	58.89	10
一、压力指数	71.12	4
1. 污染排放	76.25	5
大气污染源排放	64.21	6
水污染源排放	88.26	7
2. 资源消耗	65.99	6
土地资源消耗	33.69	19
能源消耗	83.17	6
水资源消耗	82.01	2
二、状态指数	36.56	20
3. 生态环境状态	28.80	21
生态状态	13.48	18
水环境状态	55.95	20
大气环境状态	16.16	21
4. 社会经济状态	44.81	5
发展水平	44.60	4
发展质量	45.02	11

续表

指标	得分	排名
三、响应指数	68.69	7
5. 改善人居环境	92.45	3
环境整治	93.80	9
饮水安全	100.00	1
城市绿化	83.33	2
6. 维护生态安全	46.92	13
环境风险防范	98.12	5
生态系统功能提升	7.72	19
环境污染治理	36.11	10
7. 发展生态经济	68.67	3
发展低碳经济	56.76	9
优化产业结构	51.02	5
推动产业循环	98.75	3

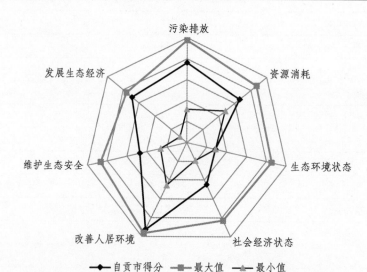

图 4-1　自贡市生态文明发展水平评价准则层指数雷达图

（二）生态文明发展水平变化情况

从 2017 年与 2018 年的数据对比来看（见图 4-2），自贡市总体的生态文明发展指数得分增长约 6.49 分，增长较大。7 个准则层指标，除污染排放得分下降之外，2018 年其他指标得分均高于 2017 年，尤其以响应层的三个准则指标得分增长较明显：改善人居环境、维护生态安全和发展生态经济三项准则指标得分分别增长了 27.01 分、9.62 分和 7.88 分。

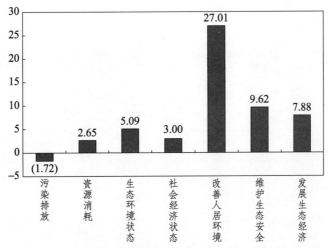

图 4-2　自贡市生态文明发展水平评价准则层指数变化情况

从具体指标的增长柱状图来看（见图 4-3），相比 2017 年，自贡市大部分指标都得到了优化，19 个指标中有 16 个指标得分有不同程度的提升，仅 2 个指标出现了下降。在污染排放方面，自贡市在大气污染源排放方面有一定的改进，但是水污染源排放方面有了较大退步；在资源利用方面，自贡市在水、能源和土地资源消耗方面均有所改善；在生态环境状态方面，自贡市的水环境状态、大气环境状态和生态状态均有所改善，其中以大气环境状态改善最为明显，得分提高了 8.87 分；在社会经济状态方面，发展水平和发展质量两方面均得到了一定的进步；在改善人居生活方面，自贡市在城市绿化、环境整治方面均取得了明显的提升，并且始终保证饮水安全，集中式水源地水质优良比例保持在 100%；在维护生态安全方面，自贡市高度重视环境污染治理，取得了尤为显著的提升，得分提升达 29.40 分，但在生态系统功能提升方面出现了退步；在发展生态经济方面，自贡市在推动产业循环、优化产业结构和发展低碳经济方面均取得了明显的提升。

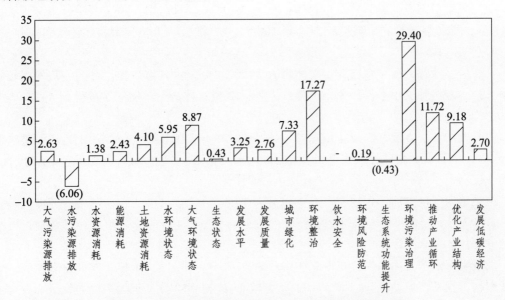

图 4-3　自贡市生态文明发展水平评价各指标变化情况

（三）主要结论

自贡市生态文明发展的特点是：污染排放、资源消耗、社会经济状态、改善人居环境、发展生态经济等五方面表现较好，均处于全省前列；但生态环境状态、维护生态安全方面仍较弱，尤其是生态环境状态，位于全省末位，是自贡市生态文明发展的制约因素。

相比 2017 年，自贡市生态文明发展水平进步明显，状态层和响应层的准则层指标均得到了提升，表明地方政府高度重视生态文明建设，以加大环境治理投入、政治人居环境、推动产业循环等措施为抓手加大响应力度，并取得了显著成效，生态环境质量改善明显，社会经济保持平稳健康发展。但以水污染源排放为主的污染排放压力趋大，水资源消耗压力纾解不明显，依然威胁着自贡市的生态文明发展。

五、攀枝花市生态文明发展水平评价

（一）2018 年生态文明发展水平评价结果

2018 年，攀枝花市的生态文明发展指数为 60.22 分，在 21 个市（州）中排名第 7 位。其中，压力指数得分 50.39 分，排名第 19 位；状态指数得分 71.67 分，排名第 1 位；响应指数得分 58.65 分，排名第 17 位。攀枝花市状态指数较好，位居全省首位；压力指数和响应指数较弱，均处于全省下游水平。

具体来看，攀枝花市在污染排放方面总体得分为 51.97 分，排名第 17 位。其中，大气污染源排放得分 72.68 分，排名第 3 位；水污染源排放得分 31.30 分，排名第 20 位。

资源消耗方面，攀枝花市总体得分为 48.81 分，排名第 21 位。其中，土地资源消耗得分 49.50 分，排名第 14 位；能源消耗得分 29.76 分，排名第 20 位；水资源消耗得分 67.16 分，排名第 7 位。

生态环境状态方面，攀枝花市总体得分为 73.04 分，排名第 7 位。其中，生态状态得分 59.13 分，排名第 5 位；水环境状态得分 100.00 分，排名第 1 位；大气环境状态得分 59.19 分，排名第 8 位。

社会经济状态方面，攀枝花市总体得分为 70.21 分，排名第 2 位，社会经济发展较好。其中，社会经济发展水平得分 90.99 分，排名第 2 位；社会经济发展质量得分 49.43 分，排名第 7 位。

改善人居环境方面，攀枝花市总体得分为 88.50 分，排名第 7 位。其中，环境整治得分 95.35 分，排名第 6 位；饮水安全得分 100.00 分，排名第 1 位；城市绿化得分 69.80 分，排名第 7 位。

维护生态安全方面，攀枝花市总体得分为 77.04 分，排名第 2 位。其中，环境风险防范得分 99.77 分，排名第 1 位；生态系统功能提升得分 64.43 分，排名第 2 位；环境污染治理得分 67.31 分，排名第 3 位。

发展生态经济方面，攀枝花市总体得分为 8.73 分，排名第 21 位。发展低碳经济、优化产业结构、推动产业循环分别得分 8.11 分、17.25 分和 0.58 分，三项指标均位于全省末位。以上得分具体参见表 5-1 与图 5-1。

表 5-1　攀枝花市生态文明发展水平指数各级指标得分和排名表

指标	得分	排名
生态文明发展指数	60.22	7
一、压力指数	50.39	19
1. 污染排放	51.97	17
大气污染源排放	72.68	3
水污染源排放	31.30	20
2. 资源消耗	48.81	21
土地资源消耗	49.50	14
能源消耗	29.76	20
水资源消耗	67.16	7
二、状态指数	71.67	1
3. 生态环境状态	73.04	7
生态状态	59.13	5
水环境状态	100.00	1
大气环境状态	59.19	8
4. 社会经济状态	70.21	2
发展水平	90.99	2
发展质量	49.43	7
三、响应指数	58.65	17
5. 改善人居环境	88.50	7
环境整治	95.35	6
饮水安全	100.00	1
城市绿化	69.80	7
6. 维护生态安全	77.04	2
环境风险防范	99.77	1
生态系统功能提升	64.43	2
环境污染治理	67.31	3
7. 发展生态经济	8.73	21
发展低碳经济	8.11	21
优化产业结构	17.25	21
推动产业循环	0.58	21

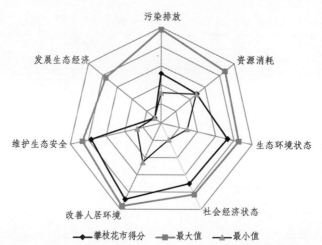

图 5-1　攀枝花市生态文明发展水平评价准则层指数雷达图

（二）生态文明发展水平变化情况

从 2017 年与 2018 年的数据对比来看（见图 5-2），攀枝花市总体的生态文明发展指数得分增长约 4.30 分。7 个准则层指标得分 2018 年均高于 2017 年，其中污染排放、生态环境状况和维护生态安全三项准则指标得分增长显著，分别增长为 7.04 分、6.18 分和 6.30 分。

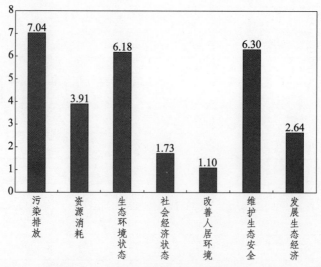

图 5-2　攀枝花市生态文明发展水平评价准则层指数变化情况

从具体指标的增长柱状图来看（见图 5-3），相比 2017 年，2018 年攀枝花市大部分指标都得到了优化，19 个指标中有 14 个指标得分有不同程度的提升。其中，资源消耗、社会经济状态、改善人居环境、维护生态安全四个准则层所包含的所有指标得分均有所提高，最为突出的是生态状态、环境污染治理、水污染源排放和优化产业结构，得分分别提高了 22.61 分、17.62 分、14.90 分和 10.67 分。推动产业循环、大气环境状态、大气污染源排放等 3 个指标得分出现了下降，得分分别降低了 11.09 分、3.89 分和 0.84 分，其中推动产业循环指标退步最大。

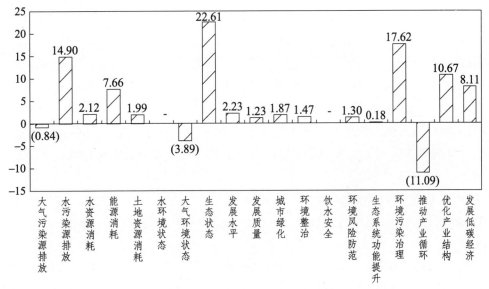

图 5-3　攀枝花市生态文明发展水平评价各指标变化情况

（三）主要结论

攀枝花市虽然生态文明发展的总体状态较好，但发展压力较大，响应力度不够，生态文明发展存在的风险和隐患较大。各方面发展不平衡，生态环境状态、社会经济状态、改善人居环境、维护生态安全等四方面表现较好，均处于全省前列；污染排放、资源消耗、发展生态经济等方面表现不佳，均处于全省下游水平。

相比 2017 年，2018 年攀枝花市生态文明发展水平进步明显，压力层、状态层和响应层的准则层指标得分均得到了提升，表明地方政府高度重视生态文明建设，以增加环境治理投入、优化产业结构、发展生态经济等措施为主要抓手加大响应力度，并取得了突出成效，生态环境质量改善明显。但以大气污染源排放为主的污染排放压力趋大，大气环境压力纾解不明显，产业循环尚不畅通，依然制约着攀枝花市的生态文明发展。

六、泸州市生态文明发展水平评价

（一）2018 年生态文明发展水平评价结果

2018 年，泸州市的生态文明发展指数为 57.92 分，在 21 个市（州）中排名第 12 位。其中，压力指数得分 55.53 分，排名第 17 位；状态指数得分 50.50 分，排名第 11 位；响应指数得分 67.44 分，排名第 9 位。

具体来看，泸州市在污染排放方面总体得分为 59.90 分，排名第 13 位。其中，大气污染源排放得分 43.29 分，排名第 15 位；水污染源排放得分 76.46 分，排名第 13 位。

资源消耗方面，泸州市总体得分为 51.17 分，排名第 20 位，资源消耗量低。其中，土地资源消耗得分 16.49 分，排名第 21 位；能源消耗得分 68.35 分，排名第 15 位；水资源消耗得分 69.62 分，排名第 6 位。

生态环境状态方面,泸州市总体得分为 60.46 分,排名第 11 位。其中,生态状态得分 48.26 分,排名第 9 位;水环境状态得分 82.00 分,排名第 12 位;大气环境状态得分 50.48 分,排名第 11 位。

社会经济状态方面,泸州市总体得分为 39.91 分,排名第 10 位。其中,发展水平得分 36.16 分,排名第 8 位;发展质量得分 43.67 分,排名第 13 位。

改善人居环境方面,泸州市的总体得分为 89.97 分,排名第 6 位。其中,环境整治得分 94.48 分,排名第 7 位;饮水安全得分 100.00 分,排名第 1 位;城市绿化得分 75.13 分,排名第 6 位。

维护生态安全方面,泸州市总体得分为 58.05 分,排名第 9 位。其中,环境风险防范得分 92.32 分,排名第 10 位;生态系统功能提升得分 36.94 分,排名第 10 位;环境污染治理得分 45.54 分,排名第 9 位。

发展生态经济方面,泸州市总体得分为 55.16 分,排名第 12 位。其中,发展低碳经济得分 43.24 分,排名第 16 位;优化产业结构得分 26.65 分,排名第 18 位;推动产业循环得分 96.44 分,排名第 5 位。以上得分具体参见表 6-1 与图 6-1。

表 6-1　泸州市生态文明发展水平指数各级指标得分和排名表

指标	得分	排名
生态文明发展指数	57.92	12
一、压力指数	55.53	17
1. 污染排放	59.90	13
大气污染源排放	43.29	15
水污染源排放	76.46	13
2. 资源消耗	51.17	20
土地资源消耗	16.49	21
能源消耗	68.35	15
水资源消耗	69.62	6
二、状态指数	50.50	11
3. 生态环境状态	60.46	11
生态状态	48.26	9
水环境状态	82.00	12
大气环境状态	50.48	11
4. 社会经济状态	39.91	10
发展水平	36.16	8
发展质量	43.67	13

续表

指标	得分	排名
三、响应指数	67.44	9
5. 改善人居环境	89.97	6
环境整治	94.48	7
饮水安全	100.00	1
城市绿化	75.13	6
6. 维护生态安全	58.05	9
环境风险防范	92.32	10
生态系统功能提升	36.94	10
环境污染治理	45.54	9
7. 发展生态经济	55.16	12
发展低碳经济	43.24	16
优化产业结构	26.65	18
推动产业循环	96.44	5

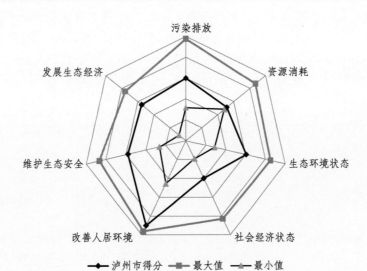

图 6-1 泸州市生态文明发展水平评价准则层指数雷达图

（二）生态文明发展水平变化情况

从 2017 年与 2018 年的数据对比来看（见图 6-2），泸州市总体的生态文明发展指数得分增长约 3.65 分，增长较大。7 个准则层指标得分均高于 2017 年，尤其以状态层的生态环境状态指标得分增长较明显，增长了 8.63 分。

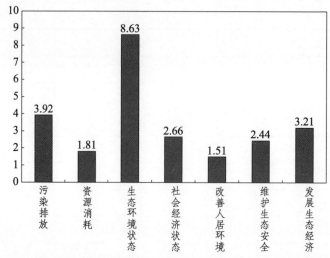

图 6-2　泸州市生态文明发展水平评价准则层指数变化情况

从具体指标的增长柱状图来看（见图 6-3），相比 2017 年，2018 年泸州市大部分指标都得到了优化，19 个指标中有 15 个指标得分有不同程度的提升，仅 3 个指标出现了下降。在污染排放方面，泸州市在大气和水污染源排放方面有一定的改进；在资源利用方面，泸州市在水资源和能源消耗方面有所改善，但土地资源消耗出现退步现象；在生态环境状态方面，泸州市的水环境状态、大气环境状态和生态状态均有所改善，其中以大气环境状态改善最为明显，得分提高了 18.87 分；在社会经济状态方面，发展水平和发展质量两方面均得到了一定的进步；在改善人居环境方面，泸州市在城市绿化、环境整治等方面均取得了明显提升，并且始终保证饮水安全，集中式水源地水质优良比例保持在 100%；在维护生态安全方面，泸州市除环境风险防范外，在生态系统功能提升和环境污染治理方面进展都不足；在发展生态经济方面，泸州市在推动产业循环、优化产业结构和发展低碳经济方面均取得了一定的进步。

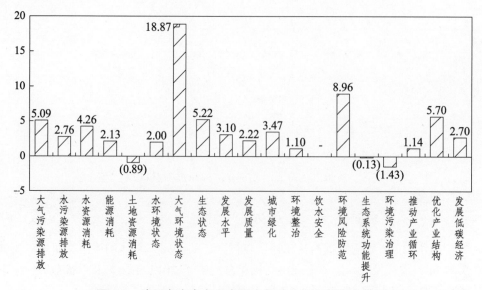

图 6-3　泸州市生态文明发展水平评价各指标变化情况

（三）主要结论

泸州市生态文明发展水平不高，生态文明发展的压力较大，除人居环境改善方面成效相对较好之外，其余各方面均处于全省中下游水平。

相比 2017 年，2018 年泸州市生态文明发展水平进步较大，所有准则层指标均得到了提升，尤其是生态环境质量得到了显著改善。但仍有个别具体指标表现不稳定，土壤资源消耗、生态系统功能提升、环境污染治理等指标出现下降，仍需进一步稳固提升建设成效。

七、德阳市生态文明发展水平评价

（一）2018 年生态文明发展水平评价结果

2018 年，德阳市的生态文明发展指数为 65.03 分，在 21 个市（州）中排名第 4 位。其中，压力指数得分 76.47 分，排名第 2 位；状态指数得分 47.98 分，排名第 13 位；响应指数得分 70.47 分，排名第 2 位。

具体来看，德阳市在污染排放方面总体得分为 82.32 分，排名第 2 位。其中，大气污染源排放得分 74.23 分，排名第 2 位；水污染源排放得分 90.39 分，排名第 6 位。

资源消耗方面，德阳市总体得分为 70.62 分，排名第 3 位。其中，土地资源消耗得分 76.69 分，排名第 3 位；能源消耗得分 80.58 分，排名第 9 位；水资源消耗得分 54.42 分，排名第 15 位。

生态环境状态方面，德阳市总体得分为 47.27 分，排名第 16 位。其中，生态状态得分 18.26 分，排名第 17 位；水环境状态得分 81.25 分，排名第 13 位；大气环境状态得分 41.27 分，排名第 17 位。

社会经济状态方面，德阳市总体得分为 48.74 分，排名第 3 位。其中，发展水平得分 53.94 分，排名第 3 位；发展质量得分 43.55 分，排名第 14 位。

改善人居环境方面，德阳市的总体得分为 91.14 分，排名第 4 位。其中，环境整治得分 93.29 分，排名第 12 位；饮水安全得分 100.00 分，排名第 1 位；城市绿化得分 79.87 分，排名第 3 位。

维护生态安全方面，德阳市总体得分为 64.23 分，排名第 5 位。其中，环境风险防范得分 98.97 分，排名第 3 位；生态系统功能提升得分 13.85 分，排名第 16 位；环境污染治理得分 81.39 分，排名第 2 位。

发展生态经济方面，德阳市总体得分为 56.61 分，排名第 10 位。其中，发展低碳经济得分 56.76 分，排名第 10 位；优化产业结构得分 42.51 分，排名第 8 位；推动产业循环得分 71.01 分，排名第 12 位。以上得分具体参见表 7-1 与图 7-1。

表 7-1 德阳市生态文明发展水平指数各级指标得分和排名表

指标	得分	排名
生态文明发展指数	65.03	4
一、压力状态	76.47	2
1. 污染排放	82.32	2
大气污染源排放	74.23	2
水污染源排放	90.39	6
2. 资源消耗	70.62	3
土地资源消耗	76.69	3
能源消耗	80.58	9
水资源消耗	54.42	15
二、状态指数	47.98	13
3. 生态环境状态	47.27	16
生态状态	18.26	17
水环境状态	81.25	13
大气环境状态	41.27	17
4. 社会经济状态	48.74	3
发展水平	53.94	3
发展质量	43.55	14
三、响应指数	70.47	2
5. 改善人居环境	91.14	4
环境整治	93.29	12
饮水安全	100.00	1
城市绿化	79.87	3
6. 维护生态安全	64.23	5
环境风险防范	98.97	3
生态系统功能提升	13.85	16
环境污染治理	81.39	2
7. 发展生态经济	56.61	10
发展低碳经济	56.76	10
优化产业结构	42.51	8
推动产业循环	71.01	12

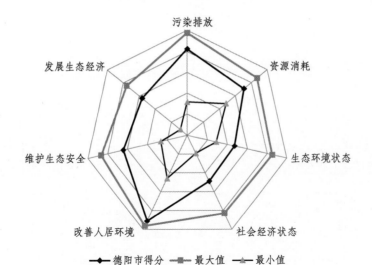

图 7-1 德阳市生态文明发展水平评价准则层指数雷达图

（二）生态文明发展水平变化情况

从 2017 年与 2018 年的数据对比来看（见图 7-2），德阳市总体的生态文明发展指数得分增长约 7.64 分，是全省增长幅度最大的市。7 个准则层指标得分均高于 2017 年，其中生态环境状态、发展生态经济和维护生态安全三项准则指标得分增长显著，分别增长 17.15 分、12.94 分和 10.73 分。

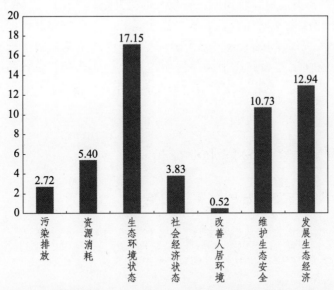

图 7-2 德阳市生态文明发展水平评价准则层指数变化情况

从具体指标的增长柱状图来看（见图 7-3），相比 2017 年，2018 年德阳市绝大部分指标都得到了优化，19 个指标中有 17 个指标得分有不同程度的提升，仅 1 个指标出现了下降。表现最为突出的是水环境状态、大气环境状态、环境污染治理和推动产业循环四个指标，得分别提高了 31.25 分、18.47 分、31.87 分和 35.19 分。城市绿化指标略有下降，得分下降了 0.13 分。

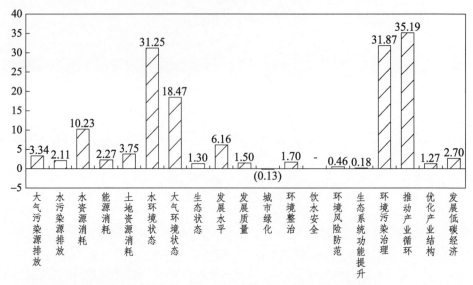

图 7-3　德阳市生态文明发展水平评价各指标变化情况

（三）主要结论

德阳市生态文明发展的特点是：污染排放、资源消耗、社会经济状态、改善人居环境、维护生态安全等五方面表现较好，均处于全省前列。但生态环境状态总体较差，特别是水环境状态、大气环境状态和生态状态均处于全省下游水平，是生态文明发展的制约因素。此外德阳市在发展生态经济方面总体较弱，还有较大的提升空间。

2018 年，德阳市生态文明综合发展水平进步显著，是全省提升幅度最大的市，主要得益于水环境状态、大气环境状态、环境污染治理和推动产业循环四个指标的提升，表明地方政府高度重视生态文明建设，以加大环境治理投入、推动产业循环等措施为主要抓手持续控制污染排放，提高资源利用效率，较大地改善了生态环境质量，保持社会经济保持平稳健康发展。

八、绵阳市生态文明发展水平评价

（一）2018 年生态文明发展水平评价结果

2018 年，绵阳市的生态文明发展指数为 65.19 分，在 21 个市（州）中排名第 3 位。其中，压力指数得分 70.79 分，排名第 5 位；状态指数得分 55.26 分，排名第 6 位；响应指数得分 69.39 分，排名第 4 位。

具体来看，绵阳市在污染排放方面总体得分为 79.04 分，排名第 3 位。其中，大气污染源排放得分为 69.85 分，排名第 5 位；水污染源排放得分为 88.21 分，排名第 8 位。

资源消耗方面，绵阳市总体得分为 62.53 分，排名第 11 位。其中，土地资源消耗得分 46.94 分，排名第 16 位；能源消耗得分 86.01 分，排名第 3 位；水资源消耗得分 55.08 分，排名第 13 位。

生态环境状态方面，绵阳市总体得分为 62.28 分，排名第 9 位。其中，生态状态得分 51.30 分，排名第 8 位；水环境状态得分 91.67 分，排名第 9 位；大气环境状态得分 42.98 分，排名第 14 位。

社会经济状态方面，绵阳市总体得分为 47.80 分，排名第 4 位。其中，发展水平得分 43.98 分，排名第 6 位；发展质量得分 51.63 分，排名第 4 位。

改善人居环境方面，绵阳市的总体得分为 88.02 分，排名第 8 位。其中，环境整治得分 96.30 分，排名第 4 位；饮水安全得分 100.00 分，排名第 1 位；城市绿化得分 67.40 分，排名第 10 位。

维护生态安全方面，绵阳市总体得分为 48.21 分，排名第 11 位。其中，环境风险防范得分 74.31 分，排名第 16 位；生态系统功能提升得分 56.73 分，排名第 8 位；环境污染治理得分 13.32 分，排名第 20 位。

发展生态经济方面，绵阳市总体得分为 73.88 分，排名第 2 位。其中，发展低碳经济得分 56.76 分，排名第 11 位；优化产业结构得分 66.33 分，排名第 2 位；推动产业循环得分 98.77 分，排名第 2 位。以上得分具体参见表 8-1 与图 8-1。

表 8-1　绵阳市生态文明发展水平指数各级指标得分和排名表

指标	得分	排名
生态文明发展指数	65.19	3
一、压力指数	70.79	5
1. 污染排放	79.04	3
大气污染源排放	69.85	5
水污染源排放	88.21	8
2. 资源消耗	62.53	11
土地资源消耗	46.94	16
能源消耗	86.01	3
水资源消耗	55.08	13
二、状态指数	55.26	6
3. 生态环境状态	62.28	9
生态状态	51.30	8
水环境状态	91.67	9
大气环境状态	42.98	14
4. 社会经济状态	47.80	4
发展水平	43.98	6
发展质量	51.63	4

续表

指标	得分	排名
三、响应指数	69.39	4
5. 改善人居环境	88.02	8
环境整治	96.30	4
饮水安全	100.00	1
城市绿化	67.40	10
6. 维护生态安全	48.21	11
环境风险防范	74.31	16
生态系统功能提升	56.73	8
环境污染治理	13.32	20
7. 发展生态经济	73.88	2
发展低碳经济	56.76	11
优化产业结构	66.33	2
推动产业循环	98.77	2

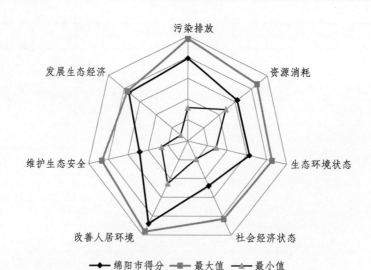

图 8-1　绵阳市生态文明发展水平评价准则层指数雷达图

（二）生态文明发展水平变化情况

从 2017 年与 2018 年的数据对比来看（见图 8-2），绵阳市总体的生态文明发展指数得分增长约 1.77 分。7 个准则层指标中，污染排放、资源消耗、社会经济状态和发展生态经济四个指标得分均高于 2017 年，分别增长了 1.33 分、5.40 分、6.62 分和 4.64 分；生态环境状态、改善人居环境和维护生态安全三个指标得分下降，分别下降了 0.28 分、0.39 分和 6.51 分。

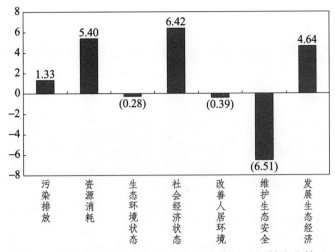

图 8-2　绵阳市生态文明发展水平评价准则层指数变化情况

从具体指标的增长柱状图来看（见图 8-3），相比 2017 年，2018 年绵阳市 19 个指标中有 6 个指标得分出现不同程度的下降，环境污染治理下降明显。在污染排放方面，绵阳市在大气污染源排放方面有一定的改进，但是水污染源排放方面出现退步；在资源消耗方面，绵阳市在水、能源和土地资源消耗方面均有所改善，尤其是水资源消耗，得分提高达 10.82 分；在生态环境状态方面，绵阳市除生态状态外，水环境状态、大气环境状态都有所下降；在社会经济状态方面，发展水平和发展质量两方面均得到了明显的进步；在改善人居环境方面，绵阳市在环境整治方面表现欠佳，得分下降了 1.32 分；在维护生态安全方面，绵阳市在环境风险防范和环境污染治理方面出现了退步，尤其是环境污染治理得分下降明显，不过在生态系统功能提升方面有所提升；在发展生态经济方面，绵阳市在推动产业循环、优化产业结构方面取得了明显的提升。

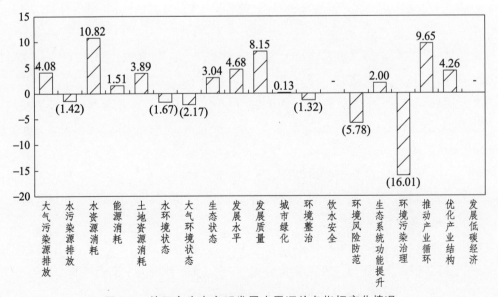

图 8-3　绵阳市生态文明发展水平评价各指标变化情况

（三）主要结论

总体来讲，2018年绵阳市生态文明发展实现了压力、状态和响应的良性循环和协调发展，准则指标基本都处于全省中上游水平；但仍存在个别短板指标，如土地资源消耗、环境风险防范、环境污染治理等，制约着绵阳市生态文明进一步发展。

相比2017年，2018年绵阳市生态文明发展总体水平虽有一定提升，但仍有大量指标表现不稳定。改善人居环境和维护生态安全力度不足，大气环境状态和水环境状态下降，生态文明发展风险隐患较大。

九、广元市生态文明发展水平评价

（一）2018年生态文明发展水平评价结果

2018年，广元市的生态文明发展指数为59.99分，在21个市（州）中排名第8位。其中，压力指数得分58.92分，排名第13位；状态指数得分52.93分，排名第9位；响应指数得分67.87分，排名第8位。

具体来看，广元市在污染排放方面总体得分为64.56分，排名第9位。其中，大气污染源排放得分49.02分，排名第12位；水污染源排放得分80.06分，排名第11位。

资源消耗方面，广元市总体得分为53.28分，排名第19位。其中，土地资源消耗得分23.28分，排名第20位；能源消耗得分83.55分，排名第5位；水资源消耗得分53.85分，排名第16位。

生态环境状态方面，广元市总体得分为79.36分，排名第3位。其中，生态状态得分73.48分，排名第3位；水环境状态得分92.98分，排名第7位；大气环境状态得分71.20分，排名第5位。

社会经济状态方面，广元市总体得分为24.85分，排名第20位。其中，发展水平得分24.85分，排名第16位；发展质量得分24.85分，排名第20位。

改善人居环境方面，广元市的总体得分为87.08分，排名第11位。其中，环境整治得分98.85分，排名第2位；饮水安全得分100.00分，排名第1位；城市绿化得分62.00分，排名第13位。

维护生态安全方面，广元市总体得分为58.33分，排名第8位。其中，环境风险防范得分69.40分，排名第17位；生态系统功能提升得分59.13分，排名第7位；环境污染治理得分46.43分，排名第8位。

发展生态经济方面，广元市总体得分为59.07分，排名第9位。其中，发展低碳经济得分59.46分，排名第6位；优化产业结构得分42.22分，排名第9位；推动产业循环得分76.05分，排名第11位。以上得分具体参见表9-1与图9-1。

表 9-1　广元市生态文明发展水平指数各级指标得分和排名表

指标	得分	排名
生态文明发展指数	59.99	8
一、压力指数	58.92	13
1. 污染排放	64.56	9
大气污染源排放	49.02	12
水污染源排放	80.06	11
2. 资源消耗	53.28	19
土地资源消耗	23.28	20
能源消耗	83.55	5
水资源消耗	53.85	16
二、状态指数	52.93	9
3. 生态环境状态	79.36	3
生态状态	73.48	3
水环境状态	92.98	7
大气环境状态	71.20	5
4. 社会经济状态	24.85	20
发展水平	24.85	16
发展质量	24.85	20
三、响应指数	67.87	8
5. 改善人居环境	87.08	11
环境整治	98.85	2
饮水安全	100.00	1
城市绿化	62.00	13
6. 维护生态安全	58.33	8
环境风险防范	69.40	17
生态系统功能提升	59.13	7
环境污染治理	46.43	8
7. 发展生态经济	59.07	9
发展低碳经济	59.46	6
优化产业结构	42.22	9
推动产业循环	76.05	11

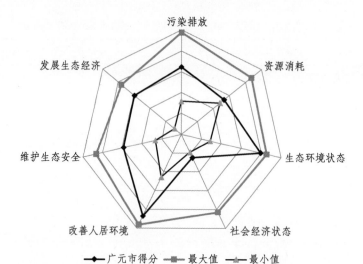

图 9-1 广元市生态文明发展水平评价准则层指数雷达图

（二）生态文明发展水平变化情况

从 2017 年与 2018 年的数据对比来看（见图 9-2），广元市总体的生态文明发展指数得分增长约 4.04 分，增长显著。7 个准则层指标中有 6 个指标得分提高，其中发展生态经济是得分提升幅度最大的指标，增长达 13.76 分。维护生态安全得分明显下降，下降了 8.17 分。

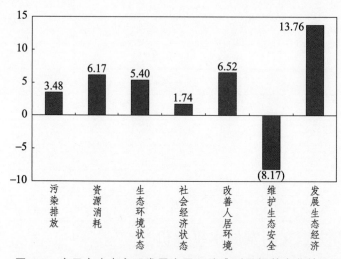

图 9-2 广元市生态文明发展水平评价准则层指数变化情况

从具体指标的增长柱状图来看（见图 9-3），相比 2017 年，2018 年广元市大部分指标都得到了优化，19 个指标中有 14 个指标得分有不同程度的提升，4 个指标出现了下降。在污染排放方面，广元市在大气污染源排放方面有一定的改进，但是水污染源排放方面有了略微退步；在资源消耗方面，广元市在水、能源和土地资源消耗方面均有所改善；在生态环境状态方面，广元市的大气环境状态和生态状态有所改善，其中以生态状态改善最为明显，得分提高了 20.87 分，但水环境状态出现了较大退步；在社会经济状态方面，发展水平和发展质量两方面均得到了一定的进步；在改善人居生活方面，广元市在城市绿化、环境整治方面均取得了明显的提升，并且始终保证饮水安全，集中式水源地水质优良比例保持在 100%；在维护生态安全方面，广元市生态系统功能提升方面有所改善，但在环境风险防范和环境污染治理方面出现明显退步，尤其是环境风险防范，得分下降达 25.99 分；在发展生态经济方面，广元市在推动产业循环、优化产业结构和发展低碳经济方面均取得了提升，尤其是推动产业循环方面，进步显著，得分增加达 36.19 分。

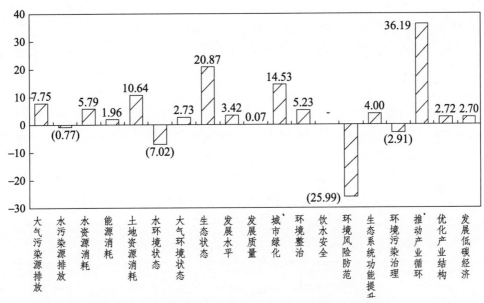

图 9-3　广元市生态文明发展水平评价各指标变化情况

（三）主要结论

2018 年广元市生态文明发展的主要特点是：生态环境状态位居全省前列，资源消耗强度大，但社会经济发展滞后，发展与保护的矛盾突出。

与 2017 年相比，2018 年广元市生态文明发展水平进步较快的主要原因是产业循环得到有效推动，生态状态改善明显，城市绿化建设成效显著，但环境风险防范工作没有做到位，涉及水污染源排放的压力增大，水环境质量下降。

十、遂宁市生态文明发展水平评价

（一）2018 年生态文明发展水平评价结果

2018 年，遂宁市的生态文明发展指数为 59.00 分，在 21 个市（州）中排名第 9 位。其中，压力指数得分 65.43 分，排名第 6 位；状态指数得分 47.69 分，排名第 14 位；响应指数得分 63.73 分，排名第 13 位。

具体来看，遂宁市在污染排放方面总体得为 67.61 分，排名第 7 位。其中，大气污染源排放得分 44.22 分，排名第 14 位；水污染源排放得分 90.95 分，排名第 5 位。

资源消耗方面，遂宁市总体得分为 63.25 分，排名第 8 位。其中，土地资源消耗得分 45.18

分，排名第 17 位；能源消耗得分 83.88 分，排名第 4 位；水资源消耗得分 61.19 分，排名第
10 位。

生态环境状态方面，遂宁市总体得分为 55.60 分，排名第 13 位。其中，生态状态得分
12.61 分，排名第 19 位；水环境状态得分 91.67 分，排名第 9 位；大气环境状态得分 61.44
分，排名第 6 位。

社会经济状态方面，遂宁市总体得分为 39.28 分，排名第 11 位。其中，发展水平得分 34.82
分，排名第 9 位；发展质量得分 43.74 分，排名第 12 位。

改善人居环境方面，遂宁市的总体得分为 87.34 分，排名第 10 位。其中，环境整治得分
93.78 分，排名第 10 位；饮水安全得分 100.00 分，排名第 1 位；城市绿化得分 67.87 分，排
名第 9 位。

维护生态安全方面，遂宁市总体得分为 43.66 分，排名第 17 位。其中，环境风险防范得
分 93.97 分，排名第 8 位；生态系统功能提升得分 7.63 分，排名第 20 位；环境污染治理得
分 30.49 分，排名第 11 位。

发展生态经济方面，遂宁市总体得分为 62.02 分，排名第 6 位。其中，发展低碳经济得
分 59.46 分，排名第 7 位；优化产业结构得分 40.65 分，排名第 10 位；推动产业循环得分 86.59
分，排名第 10 位。以上得分具体参见表 10-1 与图 10-1。

表 10-1　遂宁市生态文明发展水平指数各级指标得分和排名表

指标	得分	排名
生态文明发展指数	59.00	9
一、压力指数	65.43	6
1. 污染排放	67.61	7
大气污染源排放	44.22	14
水污染源排放	90.95	5
2. 资源消耗	63.25	8
土地资源消耗	45.18	17
能源消耗	83.88	4
水资源消耗	61.19	10
二、状态指数	47.69	14
3. 生态环境状态	55.60	13
生态状态	12.61	19
水环境状态	91.67	9
大气环境状态	61.44	6
4. 社会经济状态	39.28	11
发展水平	34.82	9
发展质量	43.74	12

续表

指标	得分	排名
三、响应指数	63.73	13
5. 改善人居环境	87.34	10
环境整治	93.78	10
饮水安全	100.00	1
城市绿化	67.87	9
6. 维护生态安全	43.66	17
环境风险防范	93.97	8
生态系统功能提升	7.63	20
环境污染治理	30.49	11
7. 发展生态经济	62.02	6
发展低碳经济	59.46	7
优化产业结构	40.65	10
推动产业循环	86.59	10

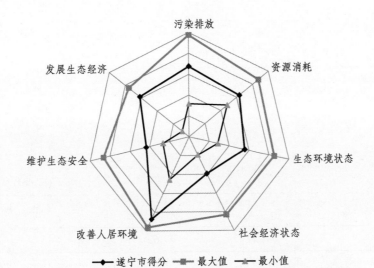

图 10-1　遂宁市生态文明发展水平评价准则层指数雷达图

（二）生态文明发展水平变化情况

从 2017 年与 2018 年的数据对比来看（见图 10-2），遂宁市总体的生态文明发展指数得分增长约 2.25 分。7 个准则层指标中有 6 个指标得分提高，其中发展生态经济是得分提升幅度最大的指标，增长达 11.75 分。维护生态安全指标得分明显下降，下降了 17.32 分。

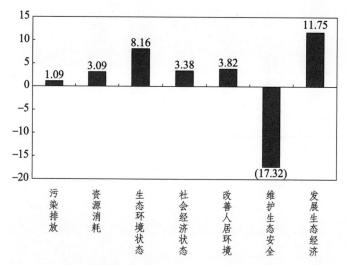

图 10-2   遂宁市生态文明发展水平评价准则层指数变化情况

从具体指标的增长柱状图来看（见图 10-3），相比 2017 年，2018 年遂宁市大部分指标都得到了优化，19 个指标中有 16 个指标得分有不同程度的提升，尤其是推动产业循环、环境风险防控和大气环境状态等指标提升显著，得分分别提高了 22.76 分、15.35 分和 10.04 分。但环境污染治理指标得分下降严重，降低了 67.66 分。

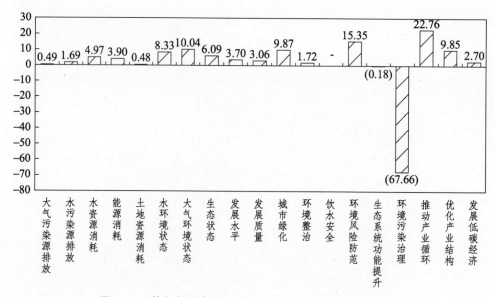

图 10-3   遂宁市生态文明发展水平评价各指标变化情况

（三）主要结论

遂宁市生态文明发展处于全省中游水平，各方面发展相对均衡，没有突出的优势，也没有明显的弱点。

相比 2017 年，2018 年遂宁市生态文明发展水平取得了一定的进步，压力层和状态层的准则层指标均得到了提升，表明地方政府在生态文明建设工作中，以加大推动产业循环、提高环境风险防范意识等措施为抓手加大响应力度，并取得了成效，生态环境质量改善明显，社会经济保持平稳健康发展。但与 2017 年相比，遂宁市环境污染治理资金投入大幅度降低，遏制了遂宁市生态文明发展水平的快速提升。

十一、内江市生态文明发展水平评价

（一）2018 年生态文明发展水平评价结果

2018 年，内江市的生态文明发展指数为 47.75 分，在 21 个市（州）中排名第 21 位。其中，压力指数得分 46.03 分，排名第 21 位；状态指数得分 37.83 分，排名第 19 位；响应指数得分 59.05 分，排名第 16 位。

具体来看，内江市在污染排放方面总体得分为 31.65 分，排名第 21 位。其中，大气污染源排放得分 44.62 分，排名第 13 位；水污染源排放得分 18.71 分，排名第 21 位。

资源消耗方面，内江市总体得分为 60.40 分，排名第 13 位。其中，土地资源消耗得分 55.16 分，排名第 12 位；能源消耗得分 46.50 分，排名第 19 位；水资源消耗得分 79.70 分，排名第 3 位。

生态环境状态方面，内江市总体得分为 40.02 分，排名第 18 位。其中，生态状态得分 5.65 分，排名第 20 位；水环境状态得分 62.96 分，排名第 18 位；大气环境状态得分 50.76 分，排名第 10 位。

社会经济状态方面，内江市总体得分为 35.50 分，排名第 14 位。其中，发展水平得分 33.80 分，排名第 11 位；发展质量得分 37.19 分，排名第 17 位。

改善人居环境方面，内江市的总体得分为 78.17 分，排名第 15 位。其中，环境整治得分 90.59 分，排名第 15 位；饮水安全得分 100.00 分，排名第 1 位；城市绿化得分 43.27 分，排名第 16 位。

维护生态安全方面，内江市总体得分为 46.32 分，排名第 15 位。其中，环境风险防范得分 91.18 分，排名第 11 位；生态系统功能提升得分 1.56 分，排名第 21 位；环境污染治理得分 47.58 分，排名第 7 位。

发展生态经济方面，内江市总体得分为 53.82 分，排名第 13 位。其中，发展低碳经济得分 29.73 分，排名第 20 位；优化产业结构得分 44.80 分，排名第 6 位；推动产业循环得分 87.20 分，排名第 9 位。以上得分具体参见表 11-1 与图 11-1。

表 11-1 内江市生态文明发展水平指数各级指标得分和排名表

指标	得分	排名
生态文明发展指数	47.75	21
一、压力指数	46.03	21
1. 污染排放	31.65	21
大气污染源排放	44.62	13
水污染源排放	18.71	21
2. 资源消耗	60.40	13
土地资源消耗	55.16	12
能源消耗	46.50	19
水资源消耗	79.70	3
二、状态指数	37.83	19
3. 生态环境状态	40.02	18
生态状态	5.65	20
水环境状态	62.96	18
大气环境状态	50.76	10
4. 社会经济状态	35.50	14
发展水平	33.80	11
发展质量	37.19	17
三、响应指数	59.05	16
5. 改善人居环境	78.17	15
环境整治	90.59	15
饮水安全	100.00	1
城市绿化	43.27	16
6. 维护生态安全	46.32	15
环境风险防范	91.18	11
生态系统功能提升	1.56	21
环境污染治理	47.58	7
7. 发展生态经济	53.82	13
发展低碳经济	29.73	20
优化产业结构	44.80	6
推动产业循环	87.20	9

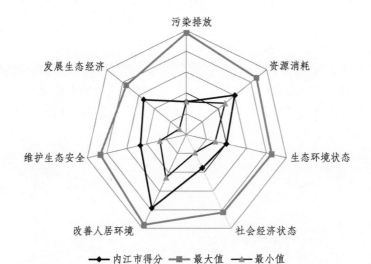

图 11-1　内江市生态文明发展水平评价准则层指数雷达图

（二）生态文明发展水平变化情况

从 2017 年与 2018 年的数据对比来看（见图 11-2），内江市总体的生态文明发展指数得分增长约 7.36 分，增长幅度较大。7 个准则层指标得分均高于 2017 年，其中维护生态安全和发展生态经济、生态环境状态三项准则指标得分增长尤为显著，分别增长了 14.81 分、13.69 分和 10.15 分。

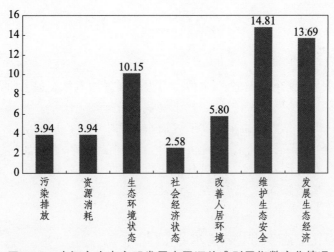

图 11-2　内江市生态文明发展水平评价准则层指数变化情况

从具体指标的增长柱状图来看（见图 11-3），相比 2017 年，2018 年内江市大部分指标都得到了优化，19 个指标中有 15 个指标得分有不同程度的提升，仅 3 个指标出现了下降。在污染排放方面，内江市在水污染源排放方面有显著改善，但是大气污染源排放方面有所下降；在资源利用方面，内江市在水资源、能源和土地资源消耗方面均有所改善；在生态环境状态方面，内江市的水环境状态和大气环境状态改善明显，得分分别提高了 15.90 分和 15.24 分，但生态状态出现略微下降；在社会经济状态方面，发展水平和发展质量两方面均得到了一定的进步；在改善人居环境方面，内江市在城市绿化、环境整治方面均取得提升，尤其是城市绿化，得分提高了17.47分，并且始终保证饮水安全，集中式水源地水质优良比例保持在100%；在维护生态安全方面，内江市高度重视环境污染治理和环境风险防范，取得了尤为显著的提升，其中环境污染治理得分提升达31.75分，但在生态系统功能提升方面进展不足；在发展生态经济方面，内江市在推动产业循环、优化产业结构和发展低碳经济方面均取得了明显的提升。

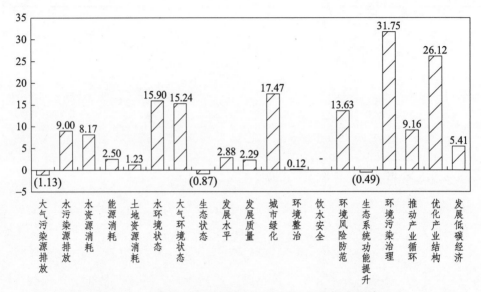

图 11-3　内江市生态文明发展水平评价各指标变化情况

（三）主要结论

内江市生态文明发展指数位于全省末位，各方面表现均不尽人意，均处于全省中下游水平，生态文明发展的短板明显，生态文明建设任重而道远。

相比2017年，2018年内江市生态文明发展水平进步明显，压力层、状态层和响应层等准则层指标绝大部分得到了提升，表明地方政府已逐渐意识到生态文明建设的重要性，并以加大环境治理投入、优化产业结构、提升环境风险防范意识等措施来提高响应力度，显著改善大气和环境质量，有效降低了水污染源排放和水资源消耗。

十二、乐山市生态文明发展水平评价

（一）2018年生态文明发展水平评价结果

2018年，乐山市的生态文明发展指数为61.47分，在21个市（州）中排名第5位。其中，压力指数得分58.35分，排名第14位；状态指数得分56.78分，排名第5位；响应指数得分69.05分，排名第6位。

具体来看，乐山市在污染排放方面总体得分为60.70分，排名第12位。其中，大气污染源排放得分70.55分，排名第4位；水污染源排放得分50.88分，排名第18位。

资源消耗方面，乐山市总体得分为 55.99 分，排名第 15 位。其中，土地资源消耗得分 64.75 分，排名第 6 位；能源消耗得分 47.92 分，排名第 18 位；水资源消耗得分 55.06 分，排名第 14 位。

生态环境状态方面，乐山市总体得分为 70.49 分，排名第 8 位。其中，生态状态得分 77.39 分，排名第 2 位；水环境状态得分 86.67 分，排名第 11 位；大气环境状态得分 46.93 分，排名第 13 位。

社会经济状态方面，乐山市总体得分为 42.22 分，排名第 8 位。其中，发展水平得分 44.49 分，排名第 5 位；发展质量得分 39.94 分，排名第 16 位。

改善人居环境方面，乐山市的总体得分为 87.46 分，排名第 9 位。其中，环境整治得分 92.86 分，排名第 13 位；饮水安全得分 100.00 分，排名第 1 位；城市绿化得分 69.13 分，排名第 8 位。

维护生态安全方面，乐山市总体得分为 67.27 分，排名第 4 位。其中，环境风险防范得分 78.39 分，排名第 14 位；生态系统功能提升得分 63.71 分，排名第 3 位；环境污染治理得分 59.83 分，排名第 6 位。

发展生态经济方面，乐山市总体得分为 52.57 分，排名第 14 位。其中，发展低碳经济得分 37.84 分，排名第 18 位；优化产业结构得分 60.15 分，排名第 3 位；推动产业循环得分 59.49 分，排名第 14 位。以上得分具体参见表 12-1 与图 12-1。

表 12-1　乐山市生态文明发展水平指数各级指标得分和排名表

指标	得分	排名
生态文明发展指数	61.47	5
一、压力指数	58.35	14
1. 污染排放	60.70	12
大气污染源排放	70.55	4
水污染源排放	50.88	18
2. 资源消耗	55.99	15
土地资源消耗	64.75	6
能源消耗	47.92	18
水资源消耗	55.06	14
二、状态指数	56.78	5
3. 生态环境状态	70.49	8
生态状态	77.39	2
水环境状态	86.67	11
大气环境状态	46.93	13
4. 社会经济状态	42.22	8
发展水平	44.49	5
发展质量	39.94	16

续表

指标	得分	排名
三、响应指数	69.05	6
5. 改善人居环境	87.46	9
环境整治	92.86	13
饮水安全	100.00	1
城市绿化	69.13	8
6. 维护生态安全	67.27	4
环境风险防范	78.39	14
生态系统功能提升	63.71	3
环境污染治理	59.83	6
7. 发展生态经济	52.57	14
发展低碳经济	37.84	18
优化产业结构	60.15	3
推动产业循环	59.49	14

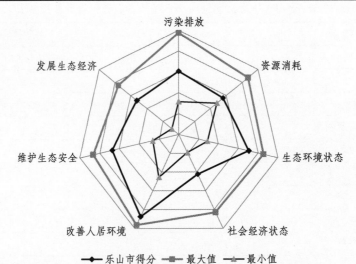

图 12-1　乐山市生态文明发展水平评价准则层指数雷达图

（二）生态文明发展水平变化情况

从 2017 年与 2018 年的数据对比来看（见图 12-2），绵阳市总体的生态文明发展指数得分增长约 6.17 分。7 个准则层指标中，2018 年污染排放、资源消耗、生态环境状态、社会经济状态和改善人居环境五个指标得分均高于 2017 年，分别增长了 13.00 分、5.72 分、11.18 分、2.40 分和 10.82 分；维护生态安全和发展生态经济两个响应层指标得分下降，分别下降了 0.61 分和 2.95 分。

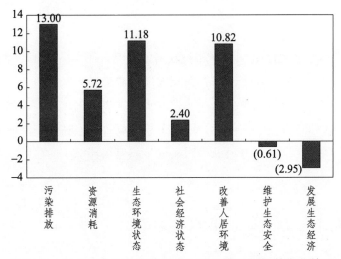

图 12-2　乐山市生态文明发展水平评价准则层指数变化情况

从具体指标的增长柱状图来看（见图 12-3），相比 2017 年，2018 年乐山市大部分指标都得到了优化，19 个指标中有 16 个指标得分有不同程度的提升，仅 2 个指标出现了下降。在污染排放方面，乐山市在水和大气污染源排放方面有一定的改进；在资源利用方面，乐山市在水资源、能源和土地资源消耗方面均有所改善；在生态环境状态方面，乐山市的水环境状态、大气环境状态和生态状态均有所改善，其中以大气环境状态改善最为明显，得分提高了 22.65 分；在社会经济状态方面，发展水平和发展质量两方面均取得了一定的进步；在改善人居环境方面，乐山市在城市绿化、环境整治方面均取得了明显的提升，其中城市绿化得分提升了 28.33 分，并且始终保证饮水安全，集中式水源地水质优良比例保持在 100%；在维护生态安全方面，乐山市在环境污染治理和生态系统功能提升方面取得了进步，但在环境风险防范方面退步较大；在发展生态经济方面，乐山市在优化产业结构和发展低碳经济方面均取得了进步，但在推动产业循环方面退步明显。

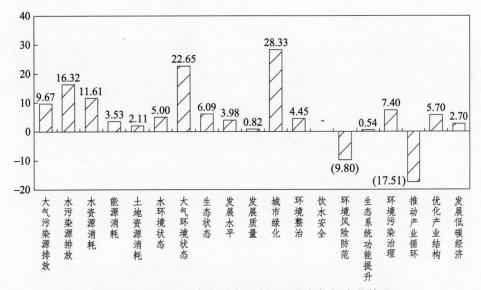

图 12-3　乐山市生态文明发展水平评价各指标变化情况

（三）主要结论

2018 年，乐山市整体生态文明水平相对较高，响应力度大，生态环境良好，社会经济健康发展，但发展压力大，生态文明发展存在较大风险和隐患。

相比 2017 年，2018 年乐山市生态文明发展水平进步显著，压力层和状态层等准则层指标均得到了提升，表明地方生态文明建设取得了显著成效。但在生态文明响应方面，尽管乐山市在城市绿化、环境污染治理方面取得明显进步，但在环境风险防范、推动产业循环方面响应力度不够。

十三、南充市生态文明发展水平评价

（一）2018 年生态文明发展水平评价结果

2018 年，南充市的生态文明发展指数为 54.71 分，在 21 个市（州）中排名第 18 位。其中，压力指数得分 64.18 分，排名第 8 位；状态指数得分 39.35 分，排名第 18 位；响应指数得分 60.45 分，排名第 14 位。

具体来看，南充市在污染排放方面总体得分为 65.74 分，排名第 8 位。其中，大气污染源排放得分 37.04 分，排名第 18 位；水污染源排放得分 94.37 分，排名第 4 位。

资源消耗方面，南充市总体得分为 62.61 分，排名第 10 位。其中，土地资源消耗得分 40.67 分，排名第 18 位；能源消耗得分 82.65 分，排名第 7 位；水资源消耗得分 65.11 分，排名第 9 位。

生态环境状态方面，南充市总体得分为 45.60 分，排名第 17 位。其中，生态状态得分 27.83 分，排名第 15 位；水环境状态得分 66.14 分，排名第 17 位；大气环境状态得分 42.20 分，排名第 15 位。

社会经济状态方面，南充市总体得分为 32.71 分，排名第 16 位。其中，发展水平得分 28.27 分，排名第 14 位；发展质量得分 37.15 分，排名第 18 位。

改善人居环境方面，南充市的总体得分为 96.22 分，排名第 1 位。其中，环境整治得分 93.33 分，排名第 11 位；饮水安全得分 100.00 分，排名第 1 位；城市绿化得分 95.20 分，排名第 1 位。

维护生态安全方面，南充市总体得分为 39.95 分，排名第 20 位。其中，环境风险防范得分 86.65 分，排名第 13 位；生态系统功能提升得分 15.49 分，排名第 15 位；环境污染治理得分 18.45 分，排名第 18 位。

发展生态经济方面，南充市总体得分为 47.05 分，排名第 16 位。其中，发展低碳经济得分 59.46 分，排名第 8 位；优化产业结构得分 39.54 分，排名第 13 位；推动产业循环得分 42.36 分，排名第 16 位。以上得分具体参见表 13-1 与图 13-1。

表 13-1 南充市生态文明发展水平指数各级指标得分和排名表

指标	得分	排名
生态文明发展指数	54.71	18
一、压力指数	64.18	8
1. 污染排放	65.74	8
大气污染源排放	37.04	18
水污染源排放	94.37	4
2. 资源消耗	62.61	10
土地资源消耗	40.67	18
能源消耗	82.65	7
水资源消耗	65.11	9
二、状态指数	39.35	18
3. 生态环境状态	45.60	17
生态状态	27.83	15
水环境状态	66.14	17
大气环境状态	42.20	15
4. 社会经济状态	32.71	16
发展水平	28.27	14
发展质量	37.15	18
三、响应指数	60.45	14
5. 改善人居环境	96.22	1
环境整治	93.33	11
饮水安全	100.00	1
城市绿化	95.20	1
6. 维护生态安全	39.95	20
环境风险防范	86.65	13
生态系统功能提升	15.49	15
环境污染治理	18.45	18
7. 发展生态经济	47.05	16
发展低碳经济	59.46	8
优化产业结构	39.54	13
推动产业循环	42.36	16

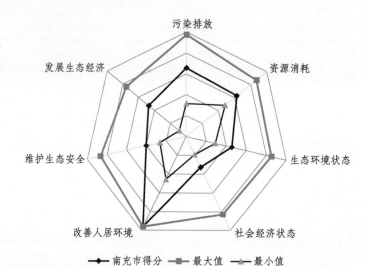

图 13-1　南充市生态文明发展水平评价准则层指数雷达图

（二）生态文明发展水平变化情况

从 2017 年与 2018 年的数据对比来看（见图 13-2），2018 年南充市总体的生态文明发展指数得分增长约 1.75 分，7 个准则层指标除维护生态安全、发展生态经济得分下降之外，其他指标得分均高于 2017 年。

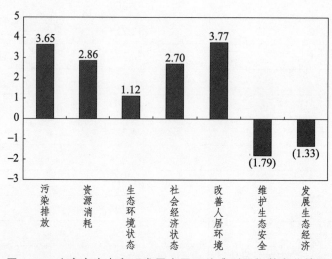

图 13-2　南充市生态文明发展水平评价准则层指数变化情况

从具体指标的增长柱状图来看（见图 13-3），相比 2017 年，2018 年南充市大部分指标都得到了优化，19 个指标中有 15 个指标得分有不同程度的提升，仅 3 个指标出现了下降。在污染排放方面，南充市在水和大气污染源排放方面有一定的改进，尤其是大气污染源排放指标得分增加 6.19 分；在资源利用方面，南充市在水资源、能源和土地资源消耗方面均有所改善；在生态环境状态方面，南充市的大气环境状态和生态状态均有所改善，但水环境状态得分出现下降，下降了 4.17 分；在社会经济状态方面，发展水平和发展质量两方面均得到了一定的进步；在改善人居环境方面，南充市在城市绿化、环境整治方面均取得了一定的提升，尤其是环境整治，得分提高了 10.22 分，并且始终保证饮水安全，集中式水源地水质优良比例保持在 100%；在维护生态安全方面，南充市生态系统功能提升和环境污染治理方面取得了进展，但在环境风险防范方面出现明显退步，得分降低达 11.57 分；在发展生态经济方面，南充市在优化产业结构和发展低碳经济方面均取得了提升，但推动产业循环下降明显，得分下降了 9.99 分。

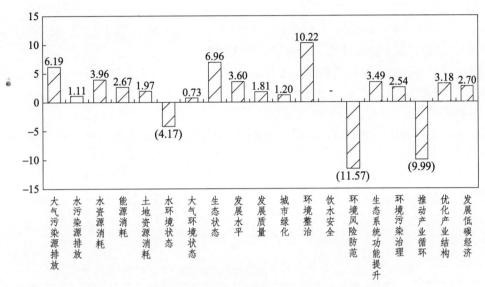

图 13-3　南充市生态文明发展水平评价各指标变化情况

（三）主要结论

南充市生态文明发展的整体水平不高，主要特点是：污染排放和改善人居环境两方面表现较好，均处于全省前列，尤其是改善人居环境，排名全省第一；但生态环境状态、社会经济状态、维护生态安全、发展生态经济方面仍较弱，尤其是维护生态安全，位于全省倒数第二，是南充市生态文明发展的制约因素。

与 2017 年相比，南充市生态文明发展水平进步的主要原因是以加大环境整治、增加环境治理投入为抓手，提高资源利用效率，减少污染源排放，同时高度重视生态保护工作。但环境风险防范工作及推动产业循环工作没有做到位，水环境状态质量出现下降。

十四、眉山市生态文明发展水平评价

（一）2018 年生态文明发展水平评价结果

2018 年，眉山市的生态文明发展指数为 56.31 分，在 21 个市（州）中排名第 15 位。其中，压力指数得分 59.77 分，排名第 11 位；状态指数得分 44.65 分，排名第 17 位；响应指数得分 64.26 分，排名第 12 位。

具体来看，眉山市在污染排放方面总体得分为 64.39 分，排名第 10 位。其中，大气污染源排放得分 51.83 分，排名第 10 位；水污染源排放得分 76.93 分，排名第 12 位。

资源消耗方面，眉山市总体得分为 55.15 分，排名第 17 位。其中，土地资源消耗得分 63.31 分，排名第 7 位；能源消耗得分 74.36 分，排名第 12 位；水资源消耗得分 27.55 分，排名第 20 位。

生态环境状态方面，眉山市总体得分为 48.56 分，排名第 15 位。其中，生态状态得分 44.35 分，排名第 12 位；水环境状态得分 59.52 分，排名第 19 位；大气环境状态得分 41.48 分，排名第 16 位。

社会经济状态方面，眉山市总体得分为 40.49 分，排名第 9 位。其中，发展水平得分 33.72 分，排名第 12 位；发展质量得分 47.26 分，排名第 9 位。

改善人居环境方面，眉山市的总体得分为 85.98 分，排名第 12 位。其中，环境整治得分 91.50 分，排名第 14 位；饮水安全得分 100.00 分，排名第 1 位；城市绿化得分 66.00 分，排名第 12 位。

维护生态安全方面，眉山市总体得分为 43.97 分，排名第 16 位。其中，环境风险防范得分 69.37 分，排名第 18 位；生态系统功能提升得分 35.20 分，排名第 11 位；环境污染治理得分 27.60 分，排名第 13 位。

发展生态经济方面，眉山市总体得分为 64.67 分，排名第 5 位。其中，发展低碳经济得分 56.76 分，排名第 12 位；优化产业结构得分 44.03 分，排名第 7 位；推动产业循环得分 93.85 分，排名第 6 位。以上得分具体参见表 14-1 与图 14-1。

表 14-1　眉山市生态文明发展水平指数各级指标得分和排名表

指标	得分	排名
生态文明发展指数	56.31	15
一、压力指数	59.77	11
1. 污染排放	64.39	10
大气污染源排放	51.83	10
水污染源排放	76.93	12
2. 资源消耗	55.15	17
土地资源消耗	63.31	7
能源消耗	74.36	12
水资源消耗	27.55	20
二、状态指数	44.65	17
3. 生态环境状态	48.56	15
生态状态	44.35	12
水环境状态	59.52	19
大气环境状态	41.48	16
4. 社会经济状态	40.49	9
发展水平	33.72	12
发展质量	47.26	9

续表

指标	得分	排名
三、响应指数	64.26	12
5. 改善人居环境	85.98	12
环境整治	91.50	14
饮水安全	100.00	1
城市绿化	66.00	12
6. 维护生态安全	43.97	16
环境风险防范	69.37	18
生态系统功能提升	35.20	11
环境污染治理	27.60	13
7. 发展生态经济	64.67	5
发展低碳经济	56.76	12
优化产业结构	44.03	7
推动产业循环	93.85	6

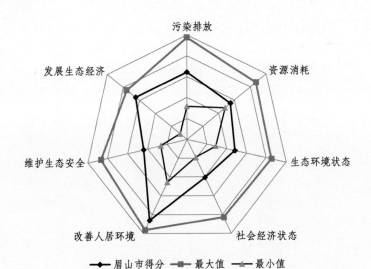

图 14-1　眉山市生态文明发展水平评价准则层指数雷达图

（二）生态文明发展水平变化情况

从 2017 年与 2018 年的数据对比来看（见图 14-2），2018 年眉山市总体的生态文明发展指数得分增长约 6.90 分，增长幅度较大，7 个准则层指标得分均高于 2017 年，尤其以生态环境状态准则指标得分增长最明显，指标得分增长了 18.60 分。

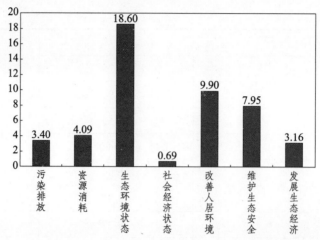

图 14-2　眉山市生态文明发展水平评价准则层指数变化情况

从具体指标的增长柱状图来看（见图 14-3），相比 2017 年，2018 年眉山市大部分指标都得到了优化，19 个指标中有 14 个指标得分有不同程度的提升，仅 4 个指标出现了下降。在污染排放方面，眉山市在水和大气污染源排放方面有一定的改进；在资源利用方面，眉山市在水资源、能源和土地资源消耗方面均有所改善，尤其是水资源消耗方面；在生态环境状态方面，眉山市的水环境状态和大气环境状态均有所改善，其中以水环境状态改善最为明显，得分提高了 46.43 分，但生态状态出现退步；在社会经济状态方面，社会经济发展水平得到了一定的进步，但发展质量出现小幅度下降；在改善人居环境方面，眉山市在城市绿化、环境整治方面均取得了明显的提升，尤其是城市绿化，得分提高了 24.07 分，并且始终保证饮水安全，集中式水源地水质优良比例保持在 100%；在维护生态安全方面，眉山市高度重视环境风险防范，得分提升达 34.06 分，但在环境污染治理方面进展不足；在发展生态经济方面，眉山市在优化产业结构和发展低碳经济方面均取得了进展，但是推动产业循环得分小幅度下降。

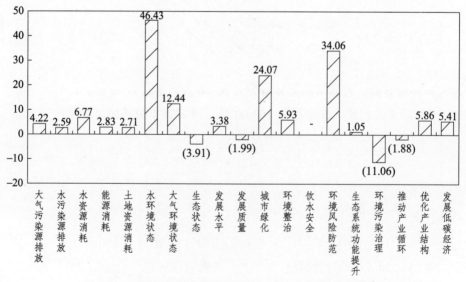

图 14-3　眉山市生态文明发展水平评价各指标变化情况

（三）主要结论

眉山市生态文明发展整体水平不高，各项准则层指标除发展生态经济表现较好之外，其余各项准则层指标均处于中下游水平。

相比 2017 年，2018 年眉山市生态文明发展水平进步显著的原因是水环境质量得到显著改善，城市绿化建设和环境风险防范工作成效显著，但生态环境保护和经济高质量发展的相关工作没有做到位，环境污染治理资金投入减少，推动产业循环力度降低，导致社会经济发展质量和生态质量下降。

十五、宜宾市生态文明发展水平评价

（一）2018 年生态文明发展水平评价结果

2018 年，宜宾市的生态文明发展指数为 58.88 分，在 21 个市（州）中排名第 11 位。其中，压力指数得分 59.33 分，排名第 12 位；状态指数得分 51.21 分，排名第 10 位；响应指数得分 65.91 分，排名第 10 位。

具体来看，宜宾市在污染排放方面总体得分为 53.63 分，排名第 15 位。其中，大气污染源排放得分 49.28 分，排名第 11 位；水污染源排放得分 57.96 分，排名第 17 位。

资源消耗方面，宜宾市总体得分为 65.02 分，排名第 7 位。其中，土地资源消耗得分 48.69 分，排名第 15 位；能源消耗得分 73.97 分，排名第 13 位；水资源消耗得分 72.86 分，排名第 5 位。

生态环境状态方面，宜宾市总体得分为 57.58 分，排名第 12 位。其中，生态状态得分 47.83 分，排名第 10 位；水环境状态得分 97.50 分，排名第 6 位；大气环境状态得分 26.19 分，排名第 19 位。

社会经济状态方面，宜宾市总体得分为 44.45 分，排名第 6 位。其中，发展水平得分 38.92 分，排名第 7 位；发展质量得分 49.98 分，排名第 6 位。

改善人居环境方面，宜宾市的总体得分为 85.66 分，排名第 13 位。其中，环境整治得分 96.00 分，排名第 5 位；饮水安全得分 100.00 分，排名第 1 位；城市绿化得分 60.53 分，排名第 14 位。

维护生态安全方面，宜宾市总体得分为 53.83 分，排名第 10 位。其中，环境风险防范得分 67.49 分，排名第 20 位；生态系统功能提升得分 31.86 分，排名第 13 位；环境污染治理得分 62.81 分，排名第 4 位。

发展生态经济方面，宜宾市总体得分为 59.35 分，排名第 8 位。其中，发展低碳经济得分 48.65 分，排名第 15 位；优化产业结构得分 32.21 分，排名第 16 位；推动产业循环得分 98.01 分，排名第 4 位。以上得分具体参见表 15-1 与图 15-1。

表 15-1　宜宾市生态文明发展水平指数各级指标得分和排名表

指标	得分	排名
生态文明发展指数	58.88	11
一、压力指数	59.33	12
1. 污染排放	53.63	15
大气污染源排放	49.28	11
水污染源排放	57.96	17
2. 资源消耗	65.02	7
土地资源消耗	48.69	15
能源消耗	73.97	13
水资源消耗	72.86	5
二、状态指数	51.21	10
3. 生态环境状态	57.58	12
生态状态	47.83	10
水环境状态	97.50	6
大气环境状态	26.19	19
4. 社会经济状态	44.45	6
发展水平	38.92	7
发展质量	49.98	6
三、响应指数	65.91	10
5. 改善人居环境	85.66	13
环境整治	96.00	5
饮水安全	100.00	1
城市绿化	60.53	14
6. 维护生态安全	53.83	10
环境风险防范	67.49	20
生态系统功能提升	31.86	13
环境污染治理	62.81	4
7. 发展生态经济	59.35	8
发展低碳经济	48.65	15
优化产业结构	32.21	16
推动产业循环	98.01	4

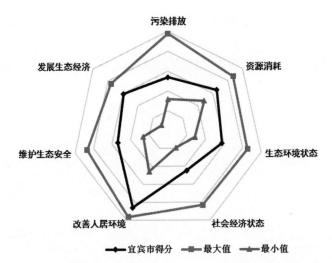

图 15-1 宜宾市生态文明发展水平评价准则层指数雷达图

（二）生态文明发展水平变化情况

从 2017 年与 2018 年的数据对比来看（见图 15-2），2018 年宜宾市总体的生态文明发展指数得分增长约 4.13 分，增长较大，7 个准则层指标得分均高于 2017 年，尤其以响应层的发展生态经济准则指标得分增长较明显，增长了 12.16 分。

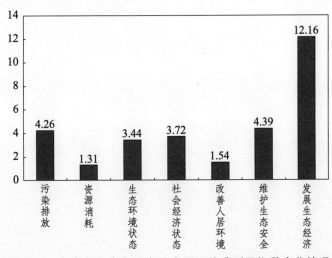

图 15-2 宜宾市生态文明发展水平评价准则层指数变化情况

从具体指标的增长柱状图来看（见图 15-3），相比 2017 年，2018 年宜宾市大部分指标都得到了优化，19 个指标中有 14 个指标得分有不同程度的提升，仅 2 个指标出现了下降。在污染排放方面，宜宾市在水和大气污染源排放方面有一定的改进；在资源利用方面，宜宾市在水资源和能源资源消耗方面均有所改善，但是土地资源消耗方面出现退步；在生态环境状态方面，宜宾市大气环境状态和生态状态均有所改善，其中以生态状态改善最为明显，得分提高了 7.83 分，水环境状态保持稳定；在社会经济状态方面，发展水平和发展质量两方面均得到了一定的进步；在改善人居环境方面，宜宾市在城市绿化、环境整治方面均取得进步，并且始终保证饮水安全，集中式水源地水质优良比例保持在 100%；在维护生态安全方面，宜宾市高度重视环境污染治理，取得了尤为显著的提升，得分提升达 16.67 分，但在环境风险防范方面出现较大退步，得分降低约 8.11 分；在发展生态经济方面，宜宾市高度重视推动产业循环，得分提升了 33.89 分。

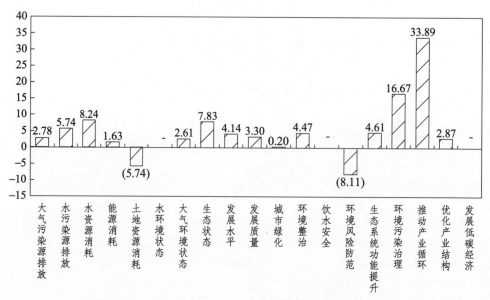

图 15-3　宜宾市生态文明发展水平评价各指标变化情况

（三）主要结论

宜宾市生态文明发展处于全省中游水平，各方面发展相对均衡，没有明显的短板也没有突出的优势。

相比 2017 年，宜宾市生态文明发展水平进步明显的原因是环境污染治理投入大幅度上升及推动产业循环工作成效显著，但环境风险防范和土地资源消耗的相关工作没有做到位。

十六、广安市生态文明发展水平评价

（一）2018 年生态文明发展水平评价结果

2018 年，广安市的生态文明发展指数为 56.44 分，在 21 个市（州）中排名第 14 位。其中，压力指数得分 64.64 分，排名第 7 位；状态指数得分 44.98 分，排名第 16 位；响应指数得分 59.60 分，排名第 15 位。

具体来看，广安市在污染排放方面总体得分为 60.86 分，排名第 11 位。其中，大气污染源排放得分 58.32 分，排名第 8 位；水污染源排放得分 63.40 分，排名第 15 位。

资源消耗方面，广安市总体得分为 68.42 分，排名第 5 位。其中，土地资源消耗得分 54.23 分，排名第 13 位；能源消耗得分 75.57 分，排名第 11 位；水资源消耗得分 75.85 分，排名第 4 位。

生态环境状态方面，广安市总体得分为 51.92 分，排名第 14 位。其中，生态状态得分 28.70 分，排名第 14 位；水环境状态得分 75.00 分，排名第 15 位；大气环境状态得分 51.36 分，排名第 9 位。

社会经济状态方面，广安市总体得分为 37.60 分，排名第 13 位。其中，发展水平得分 26.51 分，排名第 15 位；发展质量得分 48.70 分，排名第 8 位。

改善人居环境方面，广安市的总体得分为 92.69 分，排名第 2 位。其中，环境整治得分 99.97 分，排名第 1 位；饮水安全得分 100.00 分，排名第 1 位；城市绿化得分 77.87 分，排名第 4 位。

维护生态安全方面，广安市总体得分为 43.46 分，排名第 18 位。其中，环境风险防范得分 98.27 分，排名第 4 位；生态系统功能提升得分 12.44 分，排名第 17 位；环境污染治理得分 20.62 分，排名第 17 位。

发展生态经济方面，广安市总体得分为 44.12 分，排名第 18 位。其中，发展低碳经济得分 37.84 分，排名第 19 位；优化产业结构得分 40.45 分，排名第 11 位；推动产业循环得分 54.19 分，排名第 15 位。以上得分具体参见表 16-1 与图 16-1。

表 16-1　广安市生态文明发展水平指数各级指标得分和排名表

指标	得分	排名
生态文明发展指数	56.44	14
一、压力指数	64.64	7
1. 污染排放	60.86	11
大气污染源排放	58.32	8
水污染源排放	63.40	15
2. 资源消耗	68.42	5
土地资源消耗	54.23	13
能源消耗	75.57	11
水资源消耗	75.85	4
二、状态指数	44.98	16
3. 生态环境状态	51.92	14
生态状态	28.70	14
水环境状态	75.00	15
大气环境状态	51.36	9
4. 社会经济状态	37.60	13
发展水平	26.51	15
发展质量	48.70	8

续表

指标	得分	排名
三、响应指数	59.60	15
5. 改善人居环境	92.69	2
环境整治	99.97	1
饮水安全	100.00	1
城市绿化	77.87	4
6. 维护生态安全	43.46	18
环境风险防范	98.27	4
生态系统功能提升	12.44	17
环境污染治理	20.62	17
7. 发展生态经济	44.12	18
发展低碳经济	37.84	19
优化产业结构	40.45	11
推动产业循环	54.19	15

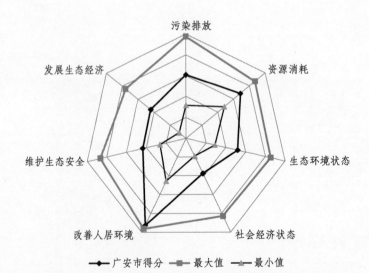

图 16-1　广安市生态文明发展水平评价准则层指数雷达图

（二）生态文明发展水平变化情况

从 2017 年与 2018 年的数据对比来看（见图 16-2），2018 年广安市总体的生态文明发展指数得分增长约 2.10 分，7 个准则层除发展生态经济指标得分下降之外，其他指标得分均高于 2017 年。

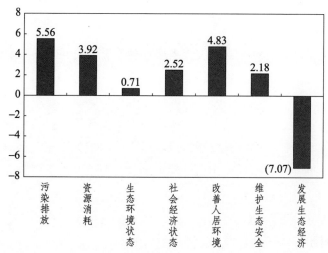

图 16-2　广安市生态文明发展水平评价准则层指数变化情况

　　从具体指标的增长柱状图来看（见图 16-3），相比 2017 年，广安市 19 个准则指标中有 13 个指标得分有不同程度的提升，4 个指标出现了下降。在污染排放方面，广安市在水和大气污染源排放方面有明显的改进；在资源利用方面，广安市在水资源、能源和土地资源消耗方面均有所改善；在生态环境状态方面，广安市的生态状态改善明显，得分提高了 7.83 分，但水和大气环境状态得分均出现下降；社会经济状态的两方面指标均得到了一定的进步；在改善人居环境方面，广安市在城市绿化方面取得了明显的提升，得分提高达 14.67 分，并且始终保证饮水安全，集中式水源地水质优良比例保持在 100%，但环境整治出现了略微下降；在维护生态安全方面，广安市在环境风险防范、生态系统功能提升、环境污染治理方面均取得了一定进步；在发展生态经济方面，广安市在优化产业结构方面均取得了提升，但在推动产业循环方面出现显著下降，降低了 25.96 分。

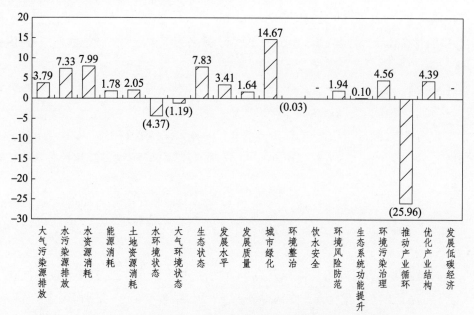

图 16-3　广安市生态文明发展水平评价各指标变化情况

（三）主要结论

广安市生态文明发展的特点是：除改善人居环境及资源消耗方面表现较好之外，其余各方面均处于全省中下游水平，短板明显。

相比2017年，2018年广安市生态文明发展水平进步的原因是城市绿化建设、环境污染治理、产业结构优化等工作成效显著，污染排放和资源消耗压力得到了有效的纾解，生态状况改善明显，社会经济保持平稳健康发展。但环境整治的相关工作没有做到位，大气和水环境质量成效不稳固，推动产业循环工作出现严重倒退，严重遏制了广安市生态文明的进一步发展。

十七、达州市生态文明发展水平评价

（一）2018年生态文明发展水平评价结果

2018年，达州市的生态文明发展指数为52.87分，在21个市（州）中排名第19位。其中，压力指数得分55.70分，排名第16位；状态指数得分47.47分，排名第15位；响应指数得分55.37分，排名第19位。

具体来看，达州市在污染排放方面总体得分为50.92分，排名第18位。其中，大气污染源排放得分33.45分，排名第19位；水污染源排放得分68.34分，排名第14位。

资源消耗方面，达州市总体得分为60.49分，排名第12位。其中，土地资源消耗得分55.40分，排名第11位；能源消耗得分65.49分，排名第17位；水资源消耗得分60.70分，排名第11位。

生态环境状态方面，达州市总体得分为61.66分，排名第10位。其中，生态状态得分53.04分，排名第7位；水环境状态得分92.11分，排名第8位；大气环境状态得分38.91分，排名第18位。

社会经济状态方面，达州市总体得分为32.40分，排名第17位。其中，发展水平得分24.41分，排名第17位；发展质量得分40.39分，排名第15位。

改善人居环境方面，达州市的总体得分为75.98分，排名第17位。其中，环境整治得分89.02分，排名第16位；饮水安全得分100.00分，排名第1位；城市绿化得分38.20分，排名第20位。

维护生态安全方面，达州市总体得分为46.56分，排名第14位。其中，环境风险防范得分90.54分，排名第12位；生态系统功能提升得分34.74分，排名第12位；环境污染治理得分14.77分，排名第19位。

发展生态经济方面，达州市总体得分为44.37分，排名第17位。其中，发展低碳经济得分40.54分，排名第17位；优化产业结构得分59.87分，排名第4位；推动产业循环得分32.24分，排名第18位。以上得分具体参见表17-1与图17-1。

表 17-1　达州市生态文明发展水平指数各级指标得分和排名表

指标	得分	排名
生态文明发展指数	52.87	19
一、压力指数	55.70	16
1. 污染排放	50.92	18
大气污染源排放	33.45	19
水污染源排放	68.34	14
2. 资源消耗	60.49	12
土地资源消耗	55.40	11
能源消耗	65.49	17
水资源消耗	60.70	11
二、状态指数	47.47	15
3. 生态环境状态	61.66	10
生态状态	53.04	7
水环境状态	92.11	8
大气环境状态	38.91	18
4. 社会经济状态	32.40	17
发展水平	24.41	17
发展质量	40.39	15
三、响应指数	55.37	19
5. 改善人居环境	75.98	17
环境整治	89.02	16
饮水安全	100.00	1
城市绿化	38.20	20
6. 维护生态安全	46.56	14
环境风险防范	90.54	12
生态系统功能提升	34.74	12
环境污染治理	14.77	19
7. 发展生态经济	44.37	17
发展低碳经济	40.54	17
优化产业结构	59.87	4
推动产业循环	32.24	18

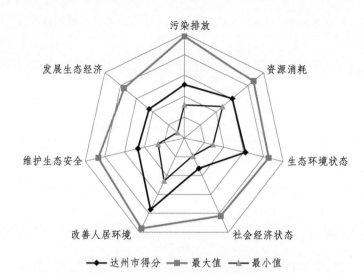

图 17-1　达州市生态文明发展水平评价准则层指数雷达图

（二）生态文明发展水平变化情况

从 2017 年与 2018 年的数据对比来看（见图 17-2），2018 年达州市总体的生态文明发展指数得分增长约 5.54 分，增长较大，7 个准则层指标除维护生态安全和发展生态经济得分下降之外，其他指标得分均高于 2017 年，尤其以响应层的改善人居环境准则指标得分增长较明显，增长了 44.78 分。

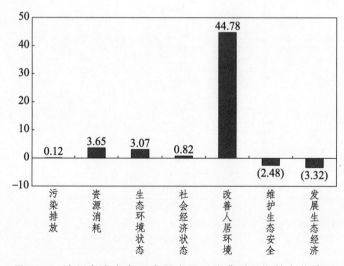

图 17-2　达州市生态文明发展水平评价准则层指数变化情况

从具体指标的增长柱状图来看（见图 17-3），相比 2017 年，2018 年达州市 19 个指标中有 11 个指标得分有不同程度的提升，以环境整治、城市绿化和生态状态指标提升尤为显著，得分分别提高了 85.29 分、25.87 分和 16.96 分；7 个指标出现了下降，其中推动产业循环下降幅度较大，下降了 15.00 分。

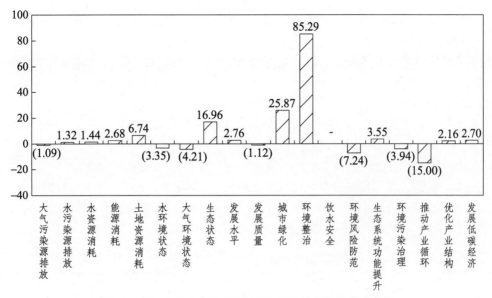

图 17-3　达州市生态文明发展水平评价各指标变化情况

（三）主要结论

达州市生态文明发展指数位于全省下游水平，各方面表现均不尽人意，均处于全省中下水平，生态文明发展的短板明显，生态文明建设任重而道远。

相比 2017 年，2018 年达州市生态文明发展水平进步明显的主要原因是城市绿化建设、环境整治等工作成效显著，生态状态得到有效提升。但推动产业循环、环境污染治理、环境风险防范等相关工作没有做到位，压力纾解不明显，大气污染源排放压力甚至有增大趋势，大多数状态指标表现不佳，有恶化趋势。

十八、雅安市生态文明发展水平评价

（一）2018 年生态文明发展水平评价结果

2018 年，雅安市的生态文明发展指数为 65.24 分，在 21 个市（州）中排名第 2 位。其中，压力指数得分 61.81 分，排名第 10 位；状态指数得分 59.47 分，排名第 4 位；响应指数得分 74.16 分，排名第 1 位。

具体来看，雅安市在污染排放方面总体得分为 67.85 分，排名第 6 位。其中，大气污染源排放得分 53.35 分，排名第 9 位；水污染源排放得分 82.32 分，排名第 10 位。

资源消耗方面，雅安市总体得分为 55.76 分，排名第 16 位。其中，土地资源消耗得分 61.10 分，排名第 8 位；能源消耗得分 66.59 分，排名第 16 位；水资源消耗得分 39.43 分，排名第 18 位。

生态环境状态方面，雅安市总体得分为 85.37 分，排名第 1 位。其中，生态状态得分 94.35 分，排名第 1 位；水环境状态得分 100.00 分，排名第 1 位；大气环境状态得分 61.33 分，排名第 7 位。

社会经济状态方面，雅安市总体得分为 31.96 分，排名第 18 位。其中，发展水平得分34.17 分，排名第 10 位；发展质量得分 29.74 分，排名第 19 位。

改善人居环境方面，雅安市的总体得分为 83.91 分，排名第 14 位。其中，环境整治得分84.78 分，排名第 18 位；饮水安全得分 100.00 分，排名第 1 位；城市绿化得分 66.47 分，排名第 11 位。

维护生态安全方面，雅安市总体得分为 86.88 分，排名第 1 位。其中，环境风险防范得分 76.17 分，排名第 15 位；生态系统功能提升得分 90.46 分，排名第 1 位；环境污染治理得分 93.90 分，排名第 1 位。

发展生态经济方面，雅安市总体得分为 50.52 分，排名第 15 位。其中，发展低碳经济得分 72.97 分，排名第 2 位；优化产业结构得分 39.28 分，排名第 14 位；推动产业循环得分 39.66分，排名第 17 位。以上得分具体参见表 18-1 与图 18-1。

表 18-1　雅安市生态文明发展水平指数各级指标得分和排名表

指标	得分	排名
生态文明发展指数	65.24	2
一、压力指数	61.81	10
1. 污染排放	67.85	6
大气污染源排放	53.35	9
水污染源排放	82.32	10
2. 资源消耗	55.76	16
土地资源消耗	61.10	8
能源消耗	66.59	16
水资源消耗	39.43	18
二、状态指数	59.47	4
3. 生态环境状态	85.37	1
生态状态	94.35	1
水环境状态	100.00	1
大气环境状态	61.33	7
4. 社会经济状态	31.96	18
发展水平	34.17	10
发展质量	29.74	19
三、响应指数	74.16	1
5. 改善人居环境	83.91	14
环境整治	84.78	18
饮水安全	100.00	1
城市绿化	66.47	11

075

续表

指标	得分	排名
6. 维护生态安全	86.88	1
环境风险防范	76.17	15
生态系统功能提升	90.46	1
环境污染治理	93.90	1
7. 发展生态经济	50.52	15
发展低碳经济	72.97	2
优化产业结构	39.28	14
推动产业循环	39.66	17

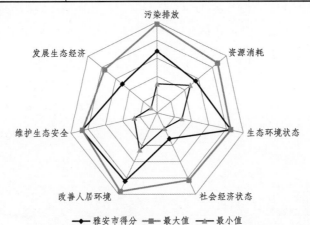

图 18-1 雅安市生态文明发展水平评价准则层指数雷达图

（二）生态文明发展水平变化情况

从 2017 年与 2018 年的数据对比来看（见图 18-2），雅安市总体的生态文明发展指数得分增长约 4.12 分，增长明显，7 个准则层指标得分均高于 2017 年，尤其以响应层的发展生态经济准则指标得分增长较明显，增长了 9.24 分。

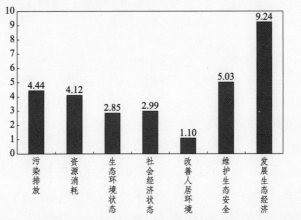

图 18-2 雅安市生态文明发展水平评价准则层指数变化情况

　　从具体指标的增长柱状图来看（见图 18-3），相比 2017 年，2018 年雅安市大部分指标都得到了优化，19 个指标中有 13 个指标得分有不同程度的提升，3 个指标出现了下降。在污染排放方面，雅安市在大气污染源排放方面有明显的改进，得分提高了 10.10 分，但是水污染源排放方面出现退步；在资源利用方面，雅安市在水资源、能源和土地资源消耗方面均有所改善，尤其是水资源消耗方面，提升了 9.15 分；在生态环境状态方面，雅安市的大气环境状态提升明显，得分提高了 12.56 分，但生态状态出现明显下降，水环境状态保持稳定；在社会经济状态方面，发展水平和发展质量两方面均得到了一定的进步；在"改善人居生活"方面，雅安市在城市绿化、环境整治方面均取得了一定的提升，并且始终保证饮水安全，集中式水源地水质优良比例保持在 100%；在维护生态安全方面，雅安市高度重视环境污染治理，取得了尤为显著的提升，得分提升达 16.85 分，但在提升环境风险防范方面进展不足；在发展生态经济方面，雅安市在推动产业循环、优化产业结构方面均取得了提升，尤其是推动产业循环方面，得分提升达 26.12 分，发展低碳经济指标保持稳定。

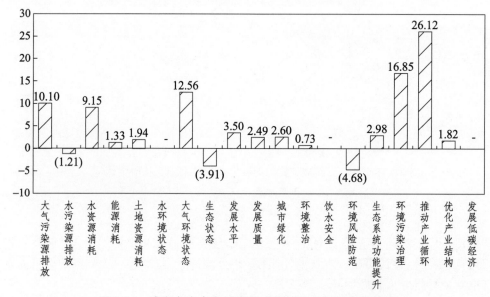

图 18-3　雅安市生态文明发展水平评价各指标变化情况

（三）主要结论

　　雅安市生态文明发展水平整体较好，位居全省第二，仅次于成都市，主要得益于其位居全省首位的生态环境状态及维护生态安全工作；但是社会经济状态较差，资源利用效率低下，发展生态经济和改善人居环境工作滞后，短板仍较突出。

　　相比 2017 年，2018 年雅安市生态文明发展水平进步明显的主要原因是推动产业循环工作成效显著，环境污染治理资金大量投入，大气污染源排放压力和水资源消耗压力纾解明显，大气环境质量改善显著。但仍有部分指标表现不稳定，环境风险防范力度不足，生态质量下降，水污染排放压力趋大，生态文明发展存在隐患。

十九、巴中市生态文明发展水平评价

（一）2018 年生态文明发展水平评价结果

2018 年，巴中市的生态文明发展指数为 56.70 分，在 21 个市（州）中排名第 13 位。其中，压力指数得分 56.46 分，排名第 15 位；状态指数得分 49.08 分，排名第 12 位；响应指数得分 64.33 分，排名第 11 位。

具体来看，巴中市在污染排放方面总体得分为 50.10 分，排名第 19 位。其中，大气污染源排放得分为 13.55 分，排名第 21 位；水污染源排放得分为 86.57 分，排名第 9 位。

资源消耗方面，巴中市总体得分为 62.82 分，排名第 9 位。其中，土地资源消耗得分 57.94 分，排名第 10 位；能源消耗得分 79.53 分，排名第 10 位；水资源消耗得分 51.13 分，排名第 17 位。

生态环境状态方面，巴中市总体得分为 77.20 分，排名第 4 位。其中，生态状态得分 58.26 分，排名第 6 位；水环境状态得分 100.00 分，排名第 1 位；大气环境状态得分 72.63 分，排名第 4 位。

社会经济状态方面，巴中市总体得分为 19.20 分，排名第 21 位。其中，发展水平得分 13.62 分，排名第 20 位；发展质量得分 24.78 分，排名第 21 位。

改善人居环境方面，巴中市的总体得分为 73.66 分，排名第 18 位。其中，环境整治得分 79.72 分，排名第 20 位；饮水安全得分 100.00 分，排名第 1 位；城市绿化得分 40.47 分，排名第 19 位。

维护生态安全方面，巴中市总体得分为 63.67 分，排名第 6 位。其中，环境风险防范得分 99.09 分，排名第 2 位；生态系统功能提升得分 61.84 分，排名第 4 位；环境污染治理得分 30.12 分，排名第 12 位。

发展生态经济方面，巴中市总体得分为 55.73 分，排名第 11 位。其中，发展低碳经济得分 54.05 分，排名第 13 位；优化产业结构得分 23.20 分，排名第 19 位；推动产业循环得分 90.91 分，排名第 8 位。以上得分具体参见表 19-1 与图 19-1。

表 19-1　巴中市生态文明发展水平指数各级指标得分和排名表

指标	得分	排名
生态文明发展指数	56.70	13
一、压力指数	56.46	15
1. 污染排放	50.10	19
大气污染源排放	13.55	21
水污染源排放	86.57	9
2. 资源消耗	62.82	9
土地资源消耗	57.94	10
能源消耗	79.53	10
水资源消耗	51.13	17

续表

指标	得分	排名
二、状态指数	49.08	12
3. 生态环境状态	77.20	4
生态状态	58.26	6
水环境状态	100.00	1
大气环境状态	72.63	4
4. 社会经济状态	19.20	21
发展水平	13.62	20
发展质量	24.78	21
三、响应指数	64.33	11
5. 改善人居环境	73.66	18
环境整治	79.72	20
饮水安全	100.00	1
城市绿化	40.47	19
6. 维护生态安全	63.67	6
环境风险防范	99.09	2
生态系统功能提升	61.84	4
环境污染治理	30.12	12
7. 发展生态经济	55.73	11
发展低碳经济	54.05	13
优化产业结构	23.20	19
推动产业循环	90.91	8

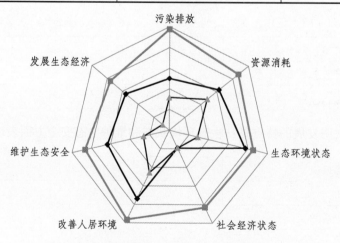

图 19-1　巴中市生态文明发展水平评价准则层指数雷达图

（二）生态文明发展水平变化情况

从 2017 年与 2018 年的数据对比来看（见图 19-2），巴中市总体的生态文明发展指数得分降低约 0.22 分，是全省唯一一个指数下降的市。7 个准则层指标中，社会经济状态、改善人居环境和发展生态经济得分出现下降，分别下降 6.87 分、7.98 分和 0.90 分，其余 4 项指标得分虽然得到提升，但提升幅度不大。

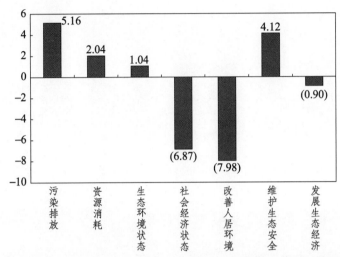

图 19-2　巴中市生态文明发展水平评价准则层指数变化情况

从具体指标的增长柱状图来看（见图 19-3），相比 2017 年，2018 年巴中市 19 个指标中仅 10 个指标得分有不同程度的提升，5 个指标出现明显下降。在污染排放方面，巴中市在大气污染源排放方面有明显的改进，但是水污染源排放方面略微退步；在资源利用方面，巴中市在水资源、能源和土地资源消耗方面均有所改善；在生态环境状态方面，巴中市的大气环境状态提到提升，水环境状态和生态状态保持稳定无变化；在社会经济状态方面，发展质量出现明显下降，得分下降达 16.02 分；在改善人居环境方面，除饮水安全保持稳定外，城市绿化、环境整治两方面指标得分下降明显，分别下降了 15.47 分、8.71 分；在维护生态安全方面，巴中市环境污染治理、生态系统功能提升、环境风险防范等方面指标均得到提升；在发展生态经济方面，巴中市在推动产业循环方面出现明显退步。

（三）主要结论

巴中市生态文明发展的特点是：生态环境状态和维护生态安全方面表现较好，均处于全省前列；但污染排放、社会经济状态和改善人居环境方面表现较差，尤其是社会经济状态，位于全省末位，是巴中市生态文明发展的制约因素。

相比 2017 年，2018 年巴中市生态文明发展水平是全省唯一出现退步的市，主要原因是社会经济质量出现断层式下降，城市绿化和环境整治工作力度减弱，此外在推动产业循环方面还需进一步努力。同时，巴中市在维护生态安全、缓解生态文明发展压力方面取得了较大进步，未来需进一步巩固成效。

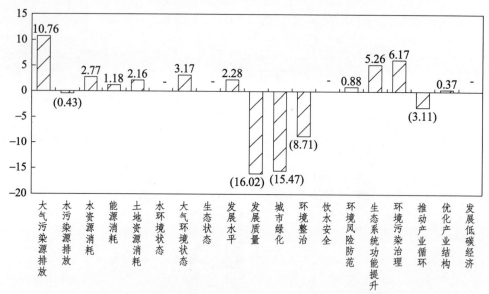

图 19-3　巴中市生态文明发展水平评价各指标变化情况

二十、资阳市生态文明发展水平评价

（一）2018 年生态文明发展水平评价结果

2018 年，资阳市的生态文明发展指数为 51.36 分，在 21 个市（州）中排名第 20 位。其中，压力指数得分 74.84 分，排名第 3 位；状态指数得分 35.94 分，排名第 21 位；响应指数得分 43.52 分，排名第 21 位。

具体来看，资阳市在污染排放方面总体得分为 78.13 分，排名第 4 位。其中，大气污染源排放得分 61.64 分，排名第 7 位；水污染源排放得分 94.59 分，排名第 3 位。

资源消耗方面，资阳市总体得分为 71.55 分，排名第 2 位。其中，土地资源消耗得分 60.49 分，排名第 9 位；能源消耗得分 93.77 分，排名第 2 位；水资源消耗得分 60.69 分，排名第 12 位。

生态环境状态方面，资阳市总体得分为 34.21 分，排名第 20 位。其中，生态状态得分 1.30 分，排名第 21 位；水环境状态得分 52.08 分，排名第 21 位；大气环境状态得分 48.69 分，排名第 12 位。

社会经济状态方面，资阳市总体得分为 37.79，排名第 12 位。其中，发展水平得分 29.84 分，排名第 13 位；发展质量得分 45.74 分，排名第 10 位。

改善人居环境方面，资阳市的总体得分为 45.61 分，排名第 21 位。其中，环境整治得分 97.49 分，排名第 3 位；饮水安全得分 0 分，排名第 21 位；城市绿化得分 40.73 分，排名第 18 位。

维护生态安全方面，资阳市总体得分为 26.53 分，排名第 21 位。其中，环境风险防范得分 67.63 分，排名第 19 位；生态系统功能提升得分 11.38 分，排名第 18 位；环境污染治理得分 1.03 分，排名第 21 位。

　　发展生态经济方面，资阳市总体得分为 59.97 分，排名第 7 位。其中，发展低碳经济得分 54.05 分，排名第 14 位；优化产业结构得分 27.07 分，排名第 17 位；推动产业循环得分 99.80 分，排名第 1 位。以上得分具体参见表 20-1 与图 20-1。

表 20-1　资阳市生态文明发展水平指数各级指标得分和排名表

指标	得分	排名
生态文明发展指数	51.36	20
一、压力指数	74.84	3
1. 污染排放	78.13	4
大气污染源排放	61.64	7
水污染源排放	94.59	3
2. 资源消耗	71.55	2
土地资源消耗	60.49	9
能源消耗	93.77	2
水资源消耗	60.69	12
二、状态指数	35.94	21
3. 生态环境状态	34.21	20
生态状态	1.30	21
水环境状态	52.08	21
大气环境状态	48.69	12
4. 社会经济状态	37.79	12
发展水平	29.84	13
发展质量	45.74	10
三、响应指数	43.52	21
5. 改善人居环境	45.61	21
环境整治	97.49	3
饮水安全	0	21
城市绿化	40.73	18
6. 维护生态安全	26.53	21
环境风险防范	67.63	19
生态系统功能提升	11.38	18
环境污染治理	1.03	21
7. 发展生态经济	59.97	7
发展低碳经济	54.05	14
优化产业结构	27.07	17
推动产业循环	99.80	1

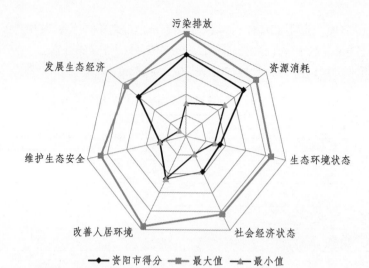

图 20-1　资阳市生态文明发展水平评价准则层指数雷达图

（二）生态文明发展水平变化情况

从 2017 年与 2018 年的数据对比来看（见图 20-2），2018 年资阳市总体的生态文明发展指数得分增长约 2.10 分，7 个准则层指标除污染排放得分下降之外，其他指标得分均高于 2017年，尤其以压力层的资源消耗准则指标得分增长较明显，得分增长了 5.22 分。

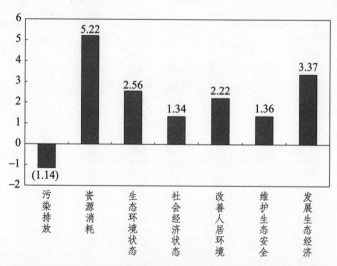

图 20-2　资阳市生态文明发展水平评价准则层指数变化情况

从具体指标的增长柱状图来看（见图 20-3），相比 2017 年，2018 年资阳市 19 个指标中仅 11 个指标得分有不同程度的提升，6 个指标出现了下降。在污染排放方面，资阳市在水污染源排放方面有一定的改进，但是大气污染源排放方面有了较大退步，得分降低 3.85 分；在资源利用方面，资阳市在水资源、能源和土地资源消耗方面均有所改善，尤其土地资源消耗改善最为明显，得分提升了 10.20 分；在生态环境状态方面，资阳市的水环境状态改善最为明显，得分提高了 10.42 分，但大气环境状态和生态状态均出现退步；资阳市社会经济状态变动较小；在改善人居环境方面，资阳市高度重视环境整治，取得了尤为显著的提升，得分提升达 11.45 分，但城市绿化出现明显下降；在维护生态安全方面，资阳市环境风险防范和生态系统功能提升取得了提升，但环境污染治理退步明显，得分降低 4.15 分；在发展生态经济方面，资阳市在推动产业循环和优化产业结构方面均取得了明显的提升，得分分别提高了 3.00 分和 7.01 分。

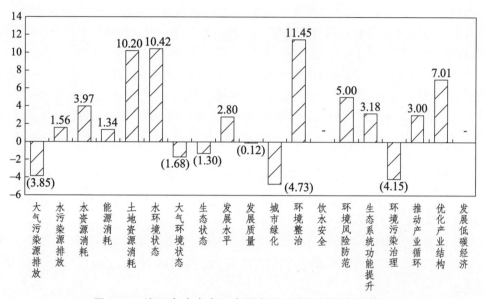

图 20-3　资阳市生态文明发展水平评价各指标变化情况

（三）主要结论

资阳市生态文明发展水平不高，位于全省倒数第二。各方面发展极不平衡，缓解生态文明发展压力方面表现较好，各指标均位于全省前列，但响应力度严重不足，地方重视程度不够，响应指数位列全省末位，从而导致各方面状态表现均不佳，尤其是生态环境状态，位于全省倒数第二。资阳市生态文明发展的短板明显，生态文明建设任重而道远。

就指标增减情况来看，2018 年资阳市生态文明发展水平取得了一定的进步，主要源于土地资源消耗压力降低、水环境质量显著改善和环境整治工作成效显著，同是推动产业循环也取得了较大进步；但仍有部分指标表现欠佳，大气污染源排放压力显著增大，城市绿化工作力度不足，环境污染治理投入降低明显。

二十一、阿坝州生态文明发展水平评价

（一）2018 年生态文明发展水平评价结果

2018 年，阿坝州的生态文明发展指数为 60.77 分，在 21 个市（州）中排名第 6 位。其中，压力指数得分 49.75 分，排名第 20 位；状态指数得分 63.09 分，排名第 2 位；响应指数得分 69.22 分，排名第 5 位。

具体来看，阿坝州在污染排放方面总体得分为 43.14 分，排名第 20 位。其中，大气污染源排放得分 38.06 分，排名第 17 位；水污染源排放得分 48.21 分，排名第 19 位。

资源消耗方面，阿坝州总体得分为 56.36 分，排名第 14 位。其中，土地资源消耗得分 87.96 分，排名第 1 位；能源消耗得分 13.70 分，排名第 21 位；水资源消耗得分 66.54 分，排名第 8 位。

生态环境状态方面，阿坝州总体得分为 81.60 分，排名第 2 位。其中，生态状态得分 47.83 分，排名第 11 位；水环境状态得分 100.00 分，排名第 1 位；大气环境状态得分 96.42 分，排名第 1 位。

社会经济状态方面，阿坝州总体得分为 43.43 分，排名第 7 位。其中，发展水平得分 20.49 分，排名第 18 位；发展质量得分 66.36 分，排名第 2 位。

改善人居环境方面，阿坝州的总体得分为 72.76 分，排名第 19 位。其中，环境整治得分 73.31 分，排名第 21 位；饮水安全得分 100.00 分，排名第 1 位；城市绿化得分 44.13 分，排名第 15 位。

维护生态安全方面，阿坝州总体得分为 70.01 分，排名第 3 位。其中，环境风险防范得分 94.87 分，排名第 7 位；生态系统功能提升得分 54.55 分，排名第 9 位；环境污染治理得分 61.07 分，排名第 5 位。

发展生态经济方面，阿坝州总体得分为 64.82 分，排名第 4 位。其中，发展低碳经济得分 70.27 分，排名第 3 位；优化产业结构得分 33.38 分，排名第 15 位；推动产业循环得分 91.77 分，排名第 7 位。以上得分具体参见表 21-1 与图 21-1。

表 21-1　阿坝州生态文明发展水平指数各级指标得分和排名表

指标	得分	排名
生态文明发展指数	60.77	6
一、压力指数	49.75	20
1. 污染排放	43.14	20
大气污染源排放	38.06	17
水污染源排放	48.21	19
2. 资源消耗	56.36	14
土地资源消耗	87.96	1
能源消耗	13.70	21
水资源消耗	66.54	8
二、状态指数	63.09	2
3. 生态环境状态	81.60	2
生态状态	47.83	11
水环境状态	100.00	1
大气环境状态	96.42	1
4. 社会经济状态	43.43	7
发展水平	20.49	18
发展质量	66.36	2

指标	得分	排名
三、响应指数	69.22	5
5. 改善人居环境	72.76	19
环境整治	73.31	21
饮水安全	100.00	1
城市绿化	44.13	15
6. 维护生态安全	70.01	3
环境风险防范	94.87	7
生态系统功能提升	54.55	9
环境污染治理	61.07	5
7. 发展生态经济	64.82	4
发展低碳经济	70.27	3
优化产业结构	33.38	15
推动产业循环	91.77	7

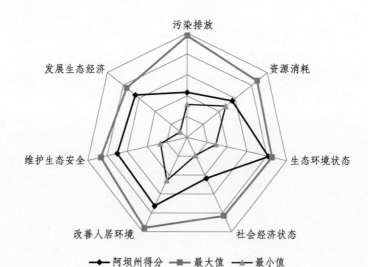

图 21-1　阿坝州生态文明发展水平评价准则层指数雷达图

（二）生态文明发展水平变化情况

从 2017 年与 2018 年的数据对比来看（见图 21-2），2018 年阿坝州总体的生态文明发展指数得分增长约 5.28 分，增长较大，7 个准则层指标得分均高于 2017 年，尤其以响应层的发展生态经济准则指标得分增长最明显，指标得分增长 12.48 分。

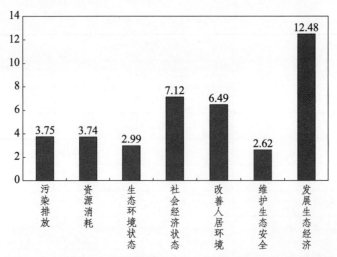

图 21-2　阿坝州生态文明发展水平评价准则层指数变化情况

从具体指标的增长柱状图来看（见图 21-3），相比 2017 年，2018 年阿坝州大部分指标都得到了优化，19 个指标中有 12 个指标得分有不同程度的提升，5 个指标出现了下降。在污染排放方面，阿坝州在水污染源排放方面改进明显，但是大气污染源排放方面出现略微退步；在资源利用方面，阿坝州在水资源、能源和土地资源消耗方面均有所改善，尤其是能源消耗方面；在生态环境状态方面，阿坝州的生态状态改善明显，得分提高了 10.43 分；在社会经济状态方面，发展水平和发展质量两方面均有一定的进步，其中发展质量进步明显，提升了 12.38 分；在改善人居环境方面，阿坝州在环境整治方面，取得了明显提升，得分上升 29.25 分，但是城市绿化退步明显；在维护生态安全方面，阿坝州重视环境污染治理，得分上升 12.07 分，但在生态系统功能提升方面进展不足，且在环境风险防范方面下降明显；在发展生态经济方面，阿坝州高度重视推动产业循环，得分提升达 32.43 分，优化产业结构方面也取得了一定的进步，但发展低碳经济方面出现了一定的退步。

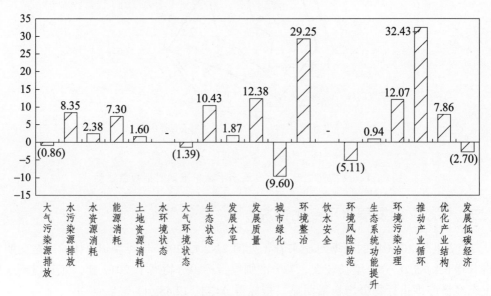

图 21-3　阿坝州生态文明发展水平评价各指标变化情况

（三）主要结论

阿坝州生态文明发展水平整体较好，位居全省第六位。阿坝州高度重视生态文明建设，在维护生态安全和发展生态经济方面的工作均走在了全省前列。同时生态环境质量总体较好，社会经济平稳健康发展。但生态文明发展压力较大，污染排放效率和资源利用效率低下。

相比 2017 年，2018 年阿坝州生态文明发展水平进步显著，压力层、状态层和响应层的准则层指标均得到了提升，表明地方政府高度重视生态文明建设，以推动产业循环、加大环境治理投入等措施为抓手加大响应力度，并取得了显著成效，生态状态改善明显，社会经济保持平稳健康发展；但以大气污染源排放为主的污染排放压力趋大，环境风险防范不足，城市绿化工作力度不足，依然威胁着阿坝州的生态文明发展。

二十二、甘孜州生态文明发展水平评价

（一）2018 年生态文明发展水平评价结果

2018 年，甘孜州的生态文明发展指数为 55.45 分，在 21 个市（州）中排名第 16 位。其中，压力指数得分 64.11 分，排名第 9 位；状态指数得分 54.18 分，排名第 7 位；响应指数得分 48.28 分，排名第 20 位。

具体来看，甘孜州在污染排放方面总体得分为 59.27 分，排名第 14 位。其中，大气污染源排放得分 22.48 分，排名第 20 位；水污染源排放得分 95.98 分，排名第 2 位。

资源消耗方面，甘孜州总体得分为 68.94 分，排名第 4 位。其中，土地资源消耗得分 86.14 分，排名第 2 位；能源消耗得分 81.68 分，排名第 8 位；水资源消耗得分 38.54 分，排名第 19 位。

生态环境状态方面，甘孜州总体得分为 75.80 分，排名第 5 位。其中，生态状态得分 36.09 分，排名第 13 位；水环境状态得分 100.00 分，排名第 1 位；大气环境状态得分 90.57 分，排名第 2 位。

社会经济状态方面，甘孜州总体得分为 31.20 分，排名第 19 位。其中，发展水平得分 6.12 分，排名第 21 位；发展质量得分 56.28 分，排名第 3 位。

改善人居环境方面，甘孜州的总体得分为 62.37 分，排名第 20 位。其中，环境整治得分 80.84 分，排名第 19 位；饮水安全得分 100.00 分，排名第 1 位；城市绿化得分 5.13 分，排名第 21 位。

维护生态安全方面，甘孜州总体得分为 40.76 分，排名第 19 位。其中，环境风险防范得分 35.23 分，排名第 21 位；生态系统功能提升得分 59.57 分，排名第 6 位；环境污染治理得分 26.89 分，排名第 14 位。

发展生态经济方面，甘孜州总体得分为 42.41 分，排名第 19 位。其中，发展低碳经济得分 97.30 分，排名第 1 位；优化产业结构得分 22.79 分，排名第 20 位；推动产业循环得分 7.72 分，排名第 19 位。以上得分具体参见表 22-1 与图 22-1。

表 22-1　甘孜州生态文明发展水平指数各级指标得分和排名表

指标	得分	排名
生态文明发展指数	55.45	16
一、压力指数	64.11	9
1. 污染排放	59.27	14
大气污染源排放	22.48	20
水污染源排放	95.98	2
2. 资源消耗	68.94	4
土地资源消耗	86.14	2
能源消耗	81.68	8
水资源消耗	38.54	19
二、状态指数	54.18	7
3. 生态环境状态	75.80	5
生态状态	36.09	13
水环境状态	100.00	1
大气环境状态	90.57	2
4. 社会经济状态	31.20	19
发展水平	6.12	21
发展质量	56.28	3
三、响应指数	48.28	20
5. 改善人居环境	62.37	20
环境整治	80.84	19
饮水安全	100.00	1
城市绿化	5.13	21
6. 维护生态安全	40.76	19
环境风险防范	35.23	21
生态系统功能提升	59.57	6
环境污染治理	26.89	14
7. 发展生态经济	42.41	19
发展低碳经济	97.30	1
优化产业结构	22.79	20
推动产业循环	7.72	19

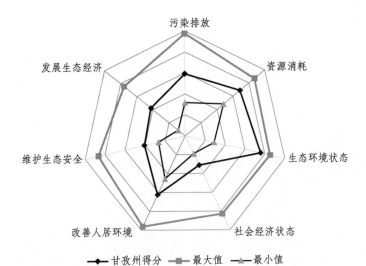

图 22-1　甘孜州生态文明发展水平评价准则层指数雷达图

（二）生态文明发展水平变化情况

从 2017 年与 2018 年的数据对比来看（见图 22-2），2018 年甘孜州总体的生态文明发展指数得分增长约 5.14 分，增长较大，7 个准则层指标除发展生态经济得分下降之外，其他指标得分均高于 2017 年，尤其以响应层维护生态安全准则指标得分增长较明显，指标得分增长了 12.19 分。

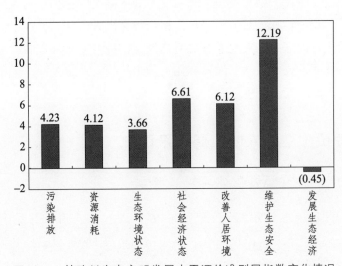

图 22-2　甘孜州生态文明发展水平评价准则层指数变化情况

从具体指标的增长柱状图来看（见图 22-3），相比 2017 年，2018 年甘孜州绝大部分指标都得到了优化，19 个指标中有 16 个指标得分有不同程度的提升，仅优化产业结构这一指标出现了下降。在得分提升的 16 个指标中，环境风险防范得分提升尤为显著，增长了 35.23 分。此外，环境整治、社会经济发展质量和生态状态等指标提升幅度也较大，分别提升 13.41 分、10.46 分和 8.70 分。

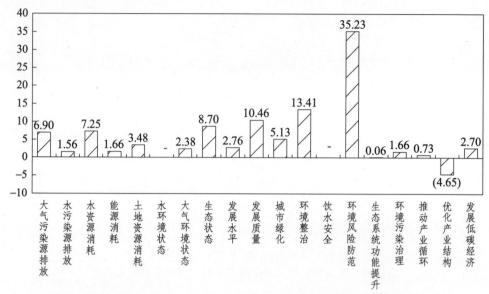

图 22-3 甘孜州生态文明发展水平评价各指标变化情况

（三）主要结论

甘孜州整体生态文明发展水平较低，发展特点是：资源消耗、生态环境状态方面表现较好，均处于全省前五；但社会经济状态、改善人居环境、维护生态安全和发展生态经济方面表现欠佳，位于全省后三位，是甘孜州生态文明发展的制约因素。

相比 2017 年，2018 年甘孜州绝大多数指标均得到提升，从而促使整体生态文明发展水平进步明显，表明地方政府高度重视生态文明建设，以提升生态环境和社会经济质量为基础多措并举提升生态文明发展水平。但优化产业结构工作仍有一定欠缺，未来还需提高重视程度，加大工作力度，助推经济高质量发展。

二十三、凉山州生态文明发展水平评价

（一）2018 年生态文明发展水平评价结果

2018 年，凉山州的生态文明发展指数为 55.06 分，在 21 个市（州）中排名第 17 位。其中，压力指数得分 53.48 分，排名第 18 位；状态指数得分 54.04 分，排名第 8 位；响应指数得分 57.59 分，排名第 18 位。

具体来看，凉山州在污染排放方面总体得分为 52.32 分，排名第 16 位。其中，大气污染源排放得分 43.08 分，排名第 16 位；水污染源排放得分 61.54 分，排名第 16 位。

资源消耗方面，凉山州总体得分为 54.64 分，排名第 18 位。其中，土地资源消耗得分 73.13 分，排名第 4 位；能源消耗得分 72.98 分，排名第 14 位；水资源消耗得分 17.31 分，排名第 21 位。

生态环境状态方面，凉山州总体得分为 74.03 分，排名第 6 位。其中，生态状态得分 62.61 分，排名第 4 位；水环境状态得分 77.38 分，排名第 14 位；大气环境状态得分 82.01 分，排名第 3 位。

社会经济状态方面，凉山州总体得分为 32.80 分，排名第 15 位。其中，发展水平得分 15.19 分，排名第 19 位；发展质量得分 50.40 分，排名第 5 位。

改善人居环境方面，凉山州的总体得分为 77.09 分，排名第 16 位。其中，环境整治得分 88.43 分，排名第 17 位；饮水安全得分 100.00 分，排名第 1 位；城市绿化得分 42.13 分，排名第 17 位。

维护生态安全方面，凉山州总体得分为 60.83 分，排名第 7 位。其中，环境风险防范得分 98.10 分，排名第 6 位；生态系统功能提升得分 61.72 分，排名第 5 位；环境污染治理得分 22.64 分，排名第 16 位。

发展生态经济方面，凉山州总体得分为 34.56 分，排名第 20 位。其中，发展低碳经济得分 62.16 分，排名第 5 位；优化产业结构得分 39.78 分，排名第 12 位；推动产业循环得分 1.57 分，排名第 20 位。以上得分具体参见表 23-1 与图 23-1。

表 23-1　凉山州生态文明发展水平指数各级指标得分和排名表

指标	得分	排名
生态文明发展指数	55.06	17
一、压力指数	53.48	18
1. 污染排放	52.32	16
大气污染源排放	43.08	16
水污染源排放	61.54	16
2. 资源消耗	54.64	18
土地资源消耗	73.13	4
能源消耗	72.98	14
水资源消耗	17.31	21
二、状态指数	54.04	8
3. 生态环境状态	74.03	6
生态状态	62.61	4
水环境状态	77.38	14
大气环境状态	82.01	3
4. 社会经济状态	32.80	15
发展水平	15.19	19
发展质量	50.40	5

续表

指标	得分	排名
三、响应指数	57.59	18
5. 改善人居环境	77.09	16
环境整治	88.43	17
饮水安全	100.00	1
城市绿化	42.13	17
6. 维护生态安全	60.83	7
环境风险防范	98.10	6
生态系统功能提升	61.72	5
环境污染治理	22.64	16
7. 发展生态经济	34.56	20
发展低碳经济	62.16	5
优化产业结构	39.78	12
推动产业循环	1.57	20

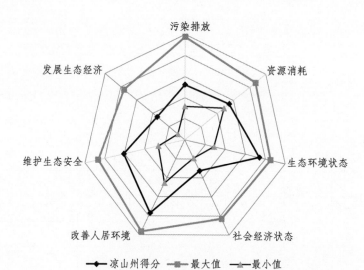

图 23-1　凉山州生态文明发展水平评价准则层指数雷达图

（二）生态文明发展水平变化情况

从 2017 年与 2018 年的数据对比来看（见图 23-2），2018 年凉山州总体的生态文明发展指数得分增长约 0.62 分，7 个准则层指标中污染排放、资源消耗和社会经济状态指标得分高于 2017 年，而生态环境状态、改善人居环境、维护生态安全和发展生态经济四项准则指标得分则出现下降。

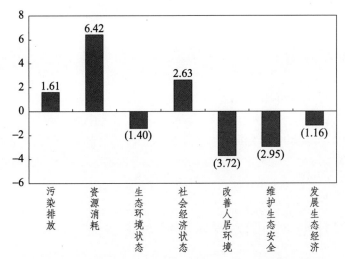

图 23-2　凉山州生态文明发展水平评价准则层指数变化情况

从具体指标的增长柱状图来看（见图 23-3），相比 2017 年，凉山州 19 个指标中有 10 个指标得分有不同程度的提升，8 个指标出现了下降。在污染排放方面，凉山州在大气和水污染源排放方面有一定的改进；在资源利用方面，凉山州水资源消耗改善明显，得分提升了 16.89 分，能源消耗出现轻微下降；在生态环境状态方面，凉山州除生态状态外，大气环境状态和水环境状态均出现退步；在社会经济状态方面，发展水平和发展质量两方面均得到了一定的进步；在改善人居环境方面，凉山州在环境整治方面取得了提升，但城市绿化得分明显下降，降低了 13.67 分；在维护生态安全方面，凉山州除生态系统功能提升指标上升外，其他指标都出现不同程度的下降，其中环境污染治理降低了 9.49 分；在发展生态经济方面，凉山州注重优化产业结构，得分提升了 7.85 分，但推动产业循环和发展低碳经济方面都出现了下降，分别下降 8.91 分和 2.70 分。

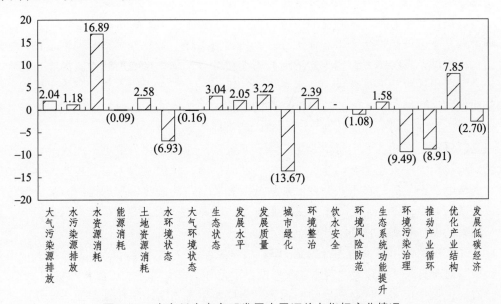

图 23-3　凉山州生态文明发展水平评价各指标变化情况

（三）主要结论

凉山整体生态文明发展水平较低，其生态文明发展的特点是：生态环境状态和维护生态安全方面表现较好，均处于全省前列；但污染排放、资源消耗、发展生态经济和改善人居环境方面表现较差，均位于全省中下游水平。

相比 2017 年，2018 年凉山州生态文明发展水平进步不明显，有近一半的指标出现下降。尽管凉山州在 2018 年水资源消耗压力改善显著，优化产业结构相关工作表现良好，但能源消耗压力趋大，环境污染治理投入不足，推动产业循环和城市绿化工作力度不够，从而导致大气和水环境质量下降，生态文明发展水平进步不明显。

二十四、提升生态文明发展水平的对策建议

（一）四川省生态文明发展建议

根据评价结果，四川省生态文明发展呈良好态势，特别是污染防治攻坚战成效显著，但生态文明建设的响应相对不足，特别是维护生态安全和推进低碳经济发展成效不明显。因此，提出如下建议。

一是以成都平原区、川东北经济区、川南经济区和攀西经济区为重点，深入打好污染防治攻坚战。以协同控制 PM2.5（细颗粒物）和臭氧污染为重点，深化大气污染防治；以协同控制温室气体排放为重点，推动二氧化碳排放尽早达峰。统筹水环境治理、水生态修复、水资源保护，严格落实河（湖）长制，提升饮用水水源保护区规范化建设水平，开展地下水污染防治。深入推进土壤污染隐患排查，实施农用地分类管控和建设用地风险管控，推进土壤环境控源治污，持续推进重金属污染防治，强化固体废弃物分类处置。健全环境治理体系，提升生态环境监测监管能力，强化环境风险管控。

二是以川西北生态示范区和盆周山区为重点，加强生态系统保护和修复。构建"四屏八带一环多点"生态屏障，严守生态保护红线，实施生态环境管控分区，筑牢生态安全格局。统筹山水林田湖草系统治理，实施岩溶地区石漠化综合治理、横断山区水源涵养与生物多样性保护、大巴山区生物多样性保护与生态修复、重点生态区矿山生态修复等重要生态系统保护修复和生物多样性保护重大工程。健全以国家公园为主体的自然保护地体系，加强外来入侵物种防治。加强应对气候变化与生态保护修复协同增效。

三是以重点生态功能区生态产业化、重点开发区产业生态化为重点，加快推动生产方式的绿色低碳转型。在重点生态功能区加强生态产品供给，积极发展生态农牧业、生态文化旅游业和清洁能源产业等；在重点开发区加快低效和落后产能淘汰，推进钢铁、水泥等传统行业绿色转型和升级改造，加强节能环保产业与 5G、物联网、人工智能等产业深度融合。强化资源节约集约循环利用，加强清洁能源使用，稳步提高非化石能源占比。

四是开展美丽四川建设的先行先试。坚持将国家生态文明建设示范市县、"绿水青山就是金山银山"创新实践基地以及"美丽"系列试点示范作为载体和平台，深化和巩固创建成果，构建"省—区域—市州—区县—乡镇—社区"多层级生态文明示范体系。加快建立生态产品价值实现机制，开展生态产品价值核算，完善自然资源资产有偿使用制度，推进"两山"转化。

（二）市（州）生态文明发展建议

四川省地域广阔，自然地理、社会经济发展差异较大，地区间生态文明建设各具特色，同时发展水平也存在不均衡。在分析市（州）DEC评价结果的基础上，结合各地实际，提出发展路径和建设重点，为市（州）推进生态文明建设提供参考。

路径一：稳中求进，重点突破

主要包括成都市、绵阳市、德阳市、雅安市和阿坝州。这类地区生态文明发展水平总体处于全省前列，但仍存在薄弱环节，需在保持整体力度不降低的基础上，更加聚焦薄弱环节的突破，以带动生态文明发展水平进一步提高。

成都市应立足全球公园城市实践典范和高品质生活宜居地的发展定位，以构建现代环境治理体系为抓手，进一步提升精准治污和科学治污的能力，加强西北部龙门山和东部龙泉山生态修复和生态保护，推进环保基础设施稳定有效运行，全面实现生态环境质量改善和人居环境提升。

绵阳市应围绕建设具有国际影响力的中国科技城和国家重要国防科研生产基地，加快产业结构优化和能源结构调整，加强危险废物风险管控和安全处置，提升环保基础设施建设和运行效率。

德阳市应发挥装备制造比较优势，以强链育群、产业循环、清洁低碳等推进生态工业园区建设，同时作为成德眉资同城化发展和支撑成都都市圈高质量发展的重要板块，加强城市生态建设和环境精细管理，结合乡村振兴推进农业面源污染治理和农村人居环境改善，突出抓好沱江、凯江等重点流域综合整治和生态修复，全面改善生态环境质量。

雅安市应立足打造成渝地区绿美生态高地目标，进一步加大环保基础设施建设和运行管理投入，加强城区绿化和精细化管理，利用支持建设成都都市圈重要功能协作基地的机遇，加快产业结构调整，降低对自然资源的依赖度，提高资源利用效率和固体废弃物安全处置利用，在持续巩固良好生态环境质量的同时，实现社会经济发展质量提升。

阿坝州应以打造国家生态文明建设示范区、国家全域旅游示范区和国际生态文化旅游目的地为契机，加强生态修复和地质灾害防治，因地制宜推进乡镇、农村、景区、道路沿线环保基础设施建设，丰富和提升"两山"转化路径和效率，实现产业结构调整，缓解污染物排放压力，逐步提升发展质量。

路径二：补齐短板，绿色发展

主要包括自贡市、攀枝花市、泸州市、遂宁市、乐山市、宜宾市。这类地区生态文明发展水平总体处于全省中上水平，但普遍面临较大的污染排放或资源消耗的压力，产业结构亟待优化，转型发展动力不足。

遂宁市和乐山市同处成都平原区，在融入成都平原经济区一体化发展的同时，遂宁立足建设成渝发展主轴绿色经济强市，乐山围绕巴蜀文化旅游走廊和"中国绿色硅谷"建设，加快产业转型升级，优化产业结构，降低能耗和污染物排放；推进污染治理精准化、科学化水平，建设丘区城市绿色生态隔离带和水生态廊道，加强环保基础设施建设和管理，提升城市生态韧性和人居品质。

地处川南经济区的自贡市、泸州市、宜宾市，以建设川南渝西融合发展试验区、承接东部地区产业转移创新发展示范区为机遇，加快推进区域产业结构优化和转型升级，发展文教、商贸等低碳产业，推动经济增长由资源依赖、要素拉动为主，向创新驱动为主转变；强化区域大气污染联防联控，加强越溪河、茫溪河等小流域综合治理，强化长江岸线修复和环境风险防控，创新环境基础设施建设和运营管理模式，不断提升治理效率。

攀枝花市立足阳光等特色资源优势，围绕打造成渝地区阳光康养度假旅游"后花园"目标，加快产业转型和结构优化；加强工业企业污染治理，推行清洁生产；加强干热河谷等生态脆弱区修复，强化矿产、水电等资源开发利用过程中的生态环境监管，提高资源利用效率和固体废弃物处置利用率。

路径三：立足优势，优化发展

主要包括广元市、巴中市、甘孜州和凉山州。这类地区生态环境本底优势突出，对生态文明发展水平指数评价贡献较大，但这些地区社会经济发展质量不高，生态文明建设力度有待加强，同时也面临较大的资源消耗压力。

这些地区应进一步加大环保投入和技术创新力度，加强工业污染治理，推进环保基础设施建设和有效运行，强化水电、矿产等资源利用的生态环境监管，提升资源利用效率和废弃物处置利用率，加强生态空间保护和修复，筑牢"绿水青山"的绿色本底。同时在保护优先的前提下，充分发挥自身良好的生态环境优势，健全"两山"转化制度，丰富绿色生态产品供给，打造清洁能源、山地绿色农林资源、生态旅游等新的经济增长点，加强生态价值核算、生态补偿、碳汇等环境经济政策在该区域的探索与创新，促进区域经济社会与资源环境的协调发展。

巴中市2018年生态文明发展水平列全省第13位，处于中游，却是全省唯一的生态文明发展水平指数下降的市，主要原因是社会经济状态以及人居环境改善等方面较上年出现较大波动，同时大气污染排放压力大、水资源消耗压力大、产业结构亟待优化等都是影响其生态文明发展水平的主要因素。巴中市应围绕建设成渝地区绿色产品供给地和产业协作配套基地，推进生态产业化和产业生态化，优化产业结构，提升经济发展质量和效益；同时加强环保基础设施建设和运行管理，立足城市实际，优化城市绿化格局，加强生态廊道建设，提升城市建设质量。

路径四：整体推进，形成特色

主要包括内江市、南充市、眉山市、广安市、达州市和资阳市。这类地区生态环境状态排名靠后，社会经济发展总体不高，生态文明建设短板较突出、总体力度不足，生态文明发展水平指数处于全省靠后位置。

眉山市、资阳市应抓住成德眉资同城化发展，南充市打造嘉陵江绿色生态经济示范市，达州市、广安市应立足川渝两地省际交界区域高质量发展引领区建设，内江市应围绕成渝特大城市功能配套服务中心建设等重大战略机遇，加强生态环境保护，综合施策，科学治污，以生态环境高水平保护促进区域经济高质量发展。一是以重点行业大气污染深度治理和超低排放改造、"散乱污"企业整治、扬尘污染治理、重污染天气应对等措施为主要抓手，统筹推进大气污染防治；二是以重点流域、生活污水、黑臭水体、饮用水源地为核心积极开展水污染防治，深入推动工业企业和园区污水整治，提升污水处理设施建设和运行管理水平；三是培育现代产业体系，提高绿色发展水平，加快推动产业结构战略性调整，积极发展现代物流、电子商务、健康养老产业等特色产业，着力推动服务业提质增效；四是加强区域交流合作，特别是加强跨界污染协同治理、深化跨流域区域生态保护合作、健全联防联控机制，汲取先进经验，补齐自身短板，形成治理合力，突破生态文明建设瓶颈，全面实现生态文明发展水平的提升。

分 报 告

强化生态文明建设战略定力，筑牢长江、黄河上游生态屏障
——市（州）生态文明建设的主要做法

向蔓菁　刘冬梅　王恒　何蓉　李甜甜

四川省环境政策研究与规划院

【摘　要】基于四川省各市（州）生态文明建设推进情况，从构建工作格局、推动绿色发展、改善环境质量、夯实生态本底、健全治理体系、践行绿色生活等方面梳理了各地的新经验、好做法，并结合存在问题，从建立多方共治的生态环境治理格局、推进污染治理和生态修复从"治标"转向"治本"、分区分类推进生态环境保护和生态文明建设、打通"两山"转化通道、推进治理能力现代化等方面提出工作建议，为各地互相借鉴学习、取长补短，不断创新生态文明建设思路、提升生态环境治理能力提供参考。

【关键词】生态文明建设；经验做法；对策建议

　　四川省是长江、黄河上游重要生态屏障，各市（州）党委政府认真学习贯彻习近平生态文明思想和习近平总书记对四川工作系列重要指示精神，牢固树立"上游意识"，落实"上游责任"，坚持共抓大保护，不搞大开发，立足地区生态资源特点，统筹好经济高质量发展和生态环境高水平保护关系，积极推进生态文明建设各项工作，为奋力谱写美丽中国的四川篇章探索出若干地方工作亮点和典型经验做法。

一、加强统筹部署，形成"一盘棋"工作格局

　　一是坚持高位推动，强化政治责任。各地均成立了由主要领导牵头的议事协调机构，建立了在常委会和常务会定期研究生态环境保护的工作机制，主要领导带队深入基层，现场调研、督导生态文明建设工作，高位推动生态环保各项措施落到实处。成都主动担当公园城市首提地理论研究和实践创新的政治责任，市委、市政府主要领导主持召开专题会议，统筹推进生态文明思想的公园城市实践创新。资阳市委、市政府主要领导，带头调研督导中央、省环保督察所反馈问题的整改工作和河（湖）长制工作落实。眉山实行市级领导全覆盖包案、全过程督导，市级包案领导多次带队对问题整改工作逐一开展调研督导和现场检查。宜宾市委、市人大、市政府、市政协负责人分别联系重点县（区），并定期带队督查督导生态环境保护工作。

　　二是加大考核力度，用好绿色"指挥棒"。成都、眉山逐年提高生态环境保护指标在职能目标分值中占比。广元取消重点生态功能区有关区县经济增速、固定投资等考核要求。自贡把生态环境保护工作作为各级党政领导班子和领导干部年度考核及述职的重要内容，对表现

突出的给予特别奖励加分，对区县、市级相关部门实行差异化考核。

三是理顺权责分工，健全工作落实长效机制。南充将生态环境保护纳入部门"三定"方案，机构改革后在全省率先修订出台市直部门生态环保工作职责。资阳在全省率先建立市、县、乡、村四级环境保护责任体系，出台各级"职责清单"。巴中市委实施当月点评指出、次月会上交账的工作方式，确保工作有序推进。绵阳定期通报县（市、区）、园区目标任务完成情况，利用《绵阳日报》每月发布重点任务推进战报，每两个月安排一次环境质量排名靠后的县（市、区）、园区主要负责人在市政府常务会述职。

四是丰富教育形式，强化思想武装。成都以"不忘初心、牢记使命"主题教育、专题党课等形式深入学习习近平生态文明思想。泸州邀请生态环境部西南督察局局长开展"以习近平生态文明思想为统领努力提高绿色发展的能力和水平"专题讲座。广元将习近平生态文明思想和生态环境保护法律法规政策纳入全市干部教育培训计划，举办生态环境治理相关专题培训班。内江在中国人民大学、哈尔滨工业大学等高校举办生态文明建设培训班。

二、推动生产方式绿色化，加快培育绿色发展原动力

一是优化空间布局，落实空间管控措施。成都强化"两山两网、两环六片"的市域生态安全格局，科学划定并严守三区三线，优化调整66个产业功能区，建立14个产业生态圈。攀枝花科学合理布局国土空间和建设用地，在全省率先完成基本农田储备区划定。泸州严格落实主体功能区规划，出台《泸州市进一步优化全市工业产业和园区布局的指导意见》《关于推进工业企业退城入园改造升级促进高质量发展的意见（试行）》等文件。

二是加快产业转型，推动新旧动能转换。遂宁着力打造"5＋2＋1"现代产业体系，将锂电及新材料产业作为全市产业发展"一号工程"，以天府旅游名县创建带动文化旅游产业发展壮大，成功申建省级城乡高效配送试点城市，服务业增加值增速全省第一。绵阳率先在全省开展市级绿色制造体系建设，制定《绵阳市绿色制造体系评价标准》，获国家级绿色产品 8 款，国家级、省级绿色工厂12户，省级绿色园区2个，2户企业入选全国首批绿色制造系统解决方案供应商。凉山稳步发展分布式风电、分布式光伏发电系统，以"三江"水电开发为重点，推进水电有序开发，提高水电综合供应能力，建成全国最大水电开发基地。泸州稳步推进页岩气、煤层气勘探开发，提升天然气供给能力；启动古蔺德耀风电场项目验收，建成投用泸州国家高新区沙湾综合充电站，加强风电开发利用。

三是打造循环经济体系，提升绿色发展永续力。成都实施10个园区循环化改造，加快推进长安静脉产业园国家资源循环利用基地建设，完成5万余亩农业高效节水灌溉改造。南充扎实抓好国家级资源循环利用基地建设，加快南充经开区、阆中经开区、蓬安工业园区等循环化改造，打造营山、南部循环经济产业园。

四是创新环境经济政策支持，服务高质量发展。广元出台《加强环保执法服务民营经济发展"十条措施"》，禁止"发现问题就处罚""一律关停""先停再说"等做法。绵阳实施生态环保支持民营经济发展10条措施，建立重点企业"一对一"服务机制，推出"环保贷"绿色金融产品，引导更多金融资本进入生态环保领域。遂宁出台《四川省绿色金融发展规划》配套实施意见，搭建绿色信贷融资对接平台，授信金额达276.9亿元。

三、推进污染防治精准化、科学化，生态环境质量持续改善

一是突出问题导向，改善环境质量。宜宾聚焦长江生态环境问题，以督察整改为契机，开展长江干流岸线利用项目整治、长江生态综合治理，推进长江上游珍稀特有鱼类自然保护区餐饮趸船拆除整改工作，整改成果作为全省先进典型上报中央环保督查办，受到高度评价。内江以事关人民群众切身利益的城乡水环境污染问题为重点，落实河（湖）长制，设置由市级领导担任的国控考核断面"断面长"，以全国首批流域水环境综合治理与可持续发展试点城市和全国城市黑臭水体治理示范城市2个试点为依托，抓实水体整治，开设水环境治理项目审批"绿色通道"。凉山深入推进土壤环境治理，在矿产资源集中的4个县执行重点污染物特别排放限值，实施尾矿库"一库一策"，建成45万吨/年规模的磷石膏资源综合利用生产线。广元试点开展"清尘行动"，在城区重点工地实行"四个一"驻点监督，即一名领导干部、一名执法人员、一套现场监测设备、一组志愿者队伍，有效解决扬尘防控难点。

二是加强区域协作，强化风险防控。泸州、甘孜、凉山、攀枝花、宜宾签订《四川省长江（金沙江）流域突发环境事件联防联控合作协议》，建立联合监测、检查、演练、预警以及信息互通和协同应对工作机制，在长江出川断面突发环境事件应急演练11省市现场参演中，受到生态环境部表扬。遂宁以遂潼合作为契机，与重庆潼南一起落实"河长＋警长"制，协调开展涪江川渝省级河长联合巡河、遂资潼三地市级河长巡河。广安深化与合川、南充等周边区域合作，签订突发环境事件联防联控合作协议，共同应对环境突发事件。自贡牵头组建川南节能环保产业联盟，建立沱江、岷江干支流共同治污长效机制。

三是强化科技支撑，抓紧污染治理"牛鼻子"。成都在西部率先建成大气复合污染综合观测站，编制27万余户固定污染源企业动态清单，实施多尺度喷淋系统、VOCs（挥发性有机物）走航等科技治污项目。攀枝花推进颗粒物、臭氧源解析工作，实施挥发性有机物、氮氧化物走航监测，邀请科研院所驻点对环境空气质量进行科学研判，城市空气质量科技管理水平有效提升。遂宁启动涪江全流域水质调查、琼江主要污染物削减等科研项目，在全省率先实现涪江流域（遂宁段）水质监测全覆盖，为全面提升流域水质提供科学支撑。眉山在全省率先创新采用"工业余热回收利用＋市政污泥低温干化＋高温焙烧固化"处理方式，解决污水处理厂污泥处理难题；建成环境空气质量监管平台、93个空气微站、4套机动车遥感监测设施，建立集监测数据分析、平台预警、网格点长巡查、行业部门管理为一体的大气网格化管理体系。

四是抓作风比技术，打造生态环保"铁军"。巴中通江生态环境局刘永涛同志荣获国家第二届生态文明奖，被评为全国"十大最美基层环保人"。宜宾注重环境监测队伍建设，在四川省第二届生态环境监测专业技术人员大比武暨生态环境监测技能竞赛中取得第一名。遂宁深度挖掘生态环境保护领域典型事迹，蓬溪县拱市联村蒋乙嘉同志被生态环境部表彰为"中国生态文明奖先进个人"。

四、加强生态保护与修护，进一步夯实"绿水青山"生态本底

一是坚持系统治理，提升生态功能。凉山以大规模绿化凉山行动为统筹，推进造林增绿、

江流渠系绿化、草原生态修复、国省干线公路绿化和岩溶地区石漠化综合治理，森林覆盖率同比提高 1.15 个百分点。甘孜加强川西北生态脆弱区综合治理和生态修复，积极开展"山植树""路种花""河变湖"等全方位植绿护绿行动，实现森林覆盖率和蓄积量双增长。

二是实施城市"增蓝添绿"，增强城市韧性。成都加快五级城市绿化体系建设，实施"拆围增景""拆墙透绿"等立体绿化工程，推进绿道节点、乡村郊野公园、城市街区公园等山水生态公园场景建设，龙泉山城市森林公园增绿增景 10 万余亩。遂宁开展"生态宜居城镇建设行动"，实施"引水入城""引绿入城"工程，推进滩涂治理、湿地建设、堤岸柔化和裸露山体修复，合理布局城市山水林湖，被命名为第九批国家节水型城市。广安围绕嘉陵江流域国家生态文明先行示范区建设，加强嘉陵江、渠江等沿江生态廊道保护与修复。

三是加强示范引领，推进生态文明示范区建设。各市（州）积极推进国家生态文明建设示范区和"绿水青山就是金山银山"实践创新基地建设，切实担负"探索一批可复制可推广的生态文明建设经验"的使命，将生态优势转化为经济优势。成都、巴中、甘孜等市（州）编制印发国家生态文明建设示范市（州）规划，阿坝等 8 个市（州）的 17 个县（区）编制印发了国家生态文明建设示范县（区）规划，绵阳等 7 个市（州）的 9 个县（区）获国家生态文明建设示范区命名、3 个县（区）获国家"绿水青山就是金山银山"实践创新基地命名。

五、纵深推进生态文明体制改革，不断健全环境治理体系

一是探索创新，推进重点领域制度改革。成都、自贡、泸州、德阳等 9 市共同签署《沱江流域横向生态保护补偿机制方案》。南充完成生态环境领域国家改革试点 3 项，环境信用评价、领导干部自然资源资产离任审计等改革取得突破。成都上调饮用水水源保护考核激励资金、生活垃圾跨区（市）县处理环境补偿资金标准，设立生态环境司法部门，顺利办结全省首例生态环境损害赔偿案件。甘孜启动国有林区主体改革，深化集体林权制度改革，完成九龙县集体林地经营权流转 8.28 万亩。

二是加快地方环保立法进程。成都出台《成都市龙泉山城市森林公园保护条例》《成都市都江堰灌区保护条例》等地方性法规，加快《美丽宜居公园城市建设条例》《生活垃圾管理条例》等立法进程。巴中出台《巴中市城市集中式饮用水水源保护条例》《巴中市城乡污水处理条例》，《扬尘污染防治条例》《烟花爆竹管理条例》进入人大审议阶段。攀枝花制定《攀枝花市环境噪声污染防治条例》。乐山制定《乐山市集中式饮用水水源保护管理条例》《乐山市中心城区绿心保护条例》。

三是强化司法保障，提升监管能力。攀枝花建立"两法衔接"环境监管机制，环境执法与司法联动，督促企业严格履行污染治理主体责任，有效破解了"守法成本高，违法成本低"的难题。泸州制定《环境执法联动协作工作机制》，建立健全环保行政执法与刑事司法衔接工作联络机制和环保重大案件联席会议制度。甘孜严格执行森林资源管控"四个最严"制度和 16 条措施，组建"7 + 11"森林草原灭火应急大队，加强监管执法队伍建设。内江对危险废物产生、贮存、转运、处置的全过程进行监管，在全省率先建成危险废物精细化管理系统。

六、大力传播生态文明理念，低碳绿色生活方式逐步形成

一是打通宣传渠道，培育公众环保意识。乐山等多个市（州）组织开展环保设施向公众开放的活动，引导广大群众理解、支持、参与环境保护工作。攀枝花制作《逐绿花城》《我宣誓》等生态环境工作宣传片，并在腾讯和优酷等线上平台上推送；市生态环境官方微信关注人数超万人，环保知识 App "曲雨花城"累计答题 8 万余人次。眉山代表四川接受全国人大组织的中华环保世纪行采访宣传活动，近 20 家中央主流媒体深度报道眉山良好生态环境和治理经验。成都积极开展节水节能创建，创建节水型学校、企业和小区 47 个。广元积极申报国家生态环境教育科普基地，利用世界环境日举办环保主题摄影比赛，在中小学开展"上好环保一堂课""环保手抄报比赛"等活动。

二是健全配套设施，转变生活方式。成都构建城市轨道、公交和慢行"三网"融合的公共交通体系，重构机动车道、非机动车道和专业自行车道路权分配，主城区公共交通机动化出行分担率达 57%；发布首批节能环保技术装备推荐目录，打造"碳惠天府"平台。甘孜积极推进新型建材替代传统木材建房改革试点工作，完成试点建房 3 000 余户，有效化解居民建房与生态保护的矛盾。乐山开展"公交都市"建设，新增或更新公交车百余辆，推进住宅小区和公共场所建设电动汽车充电基础设施，增加共享单车、共享电单车布点。泸州出台《泸州市餐厨垃圾管理办法》，开展垃圾分类高校联盟，在全省率先建成市级环境信用评价系统，将 155 家企业纳入市级环境信用评价试点范围。广元开展生活垃圾分类试点城市建设，建成生活垃圾分类示范片区 15 个。

三是抓实环境整治，优化人居环境。自贡加强农村环境治理，实施农民聚居点污水处理设施升级改造 38 处，新改建农户卫生厕所近 3 万户，全市 90%以上行政村实现生活垃圾有效治理。南充推行"厕所＋三格化粪池""厕所＋沼气池"等模式，升级改造 751 个粪污处理设施，完成 305 座公共厕所改造。

七、进一步推进生态文明建设建议

可以看到，全省各市（州）在全面推进生态文明建设过程中，探索并积累了许多好的做法和经验，特别是生态环境质量改善取得显著成效。但我们也必须认识到，部分地区生态环境质量改善的成效还不稳固，区域性流域性生态环境问题仍然突出，持续改善压力巨大；产业结构偏重的局面还没有根本性改变，产业生态化和生态产业化程度不高，新动能培育不足；现代环境治理体系尚未健全，市场投入和生态产品交易机制、科技支撑能力、全民行动体系等还有较大差距，治理能力不能适应高水平保护需求。

四川省肩负着维护长江黄河上游生态安全的重任，在防控疫情和经济增长的双重压力下，要保持加强生态文明建设的战略定力，将"绿色"作为发展的先决条件和评判标准，强化风险意识和底线思维，坚持方向不变、道路不偏、力度不减，推动生态环境高水平保护和经济高质量发展。

一是坚持党的领导，深化多方共治的生态环境治理格局。始终坚持党委统揽全局的基本原则，进一步压实生态环境保护党政同责、一岗双责；深化企业主体责任，加快实施排污许可证管理，完善生产者责任延伸制度；健全环境社会治理机制，完善公众监督和举报反馈机制，实现多元共治环保格局。

二是坚持绿色发展，推进污染治理和生态修复从"治标"转向"治本"。以调整产业结构、能源结构和交通运输结构，优化空间布局，提升资源能源利用水平等"治本"措施为重点，加快推进实施"三线一单"，完善环境准入源头管控，强化生态环境承载能力的刚性约束。

三是坚持精准、科学，分区分类推进生态环境保护和生态文明建设。突出依法、科学、精准治污，用科学思维、科技手段，剖析并解决面临的复杂生态环境问题。立足各地区实际，瞄准重点区域、重点行业、重点领域等分区施策、分类施治，提高生态环境效益和功能。

四是坚持推动市场化转型，打通"两山"转化通道。发挥市场经济政策的激励作用，重点研究制定影响深度污染防治的经济政策，基于生态价值，健全资源价格收费机制，探索建立生态产品交易机制，将生态优势转化为发展优势。

五是坚持项目支撑，推进治理能力现代化。加大资金投入，集合中省财政资金、一般债券、专项债券和绿色信贷等，聚焦主要短板和重大民生关注，重点集成现有成熟的科技成果和技术方法，升级环境治污和生态修复技术模式，利用物联网、人工智能、区块链、云计算、大数据、5G 等技术推动监管创新，努力提高治理效能。

践行习近平生态文明思想

四川实践篇

　　党的十八大以来，以习近平同志为核心的党中央深刻回答了为什么建设生态文明、建设什么样的生态文明、怎样建设生态文明的重大理论和实践问题，提出了一系列新理念新思想新战略，形成了习近平生态文明思想。本篇立足四川实际，从深邃历史观、科学自然观、绿色发展观、基本民生观、整体系统观、严密法治观、全民行动观、全球共赢观八个方面梳理了近年来全省各地自觉践行习近平生态文明思想的主要做法和典型案例。

深邃历史观：生态兴则文明兴

立足习近平生态文明思想深邃历史观
扎实推进四川生态文明建设

曹乔

四川省改革与政策协同创新中心

赵锐

西南交通大学

【摘　要】习近平总书记指出"生态文明建设是关系中华民族永续发展的根本大计"，他从人类历史发展的角度，对人与自然的关系、文明兴衰与民族命运、环境质量与人民福祉进行阐述，将如何处理人类生产与自然环境的关系的认识论发展到了新高度。四川省肩负着维护国家生态安全的责任使命，承担着成渝地区双城经济圈建设"高品质生活宜居地"的时代重任，更需要始终坚持"生态兴则文明兴，生态衰则文明衰"的深邃历史观，为治蜀兴川再上新台阶厚植生态优势。

【关键词】生态兴则文明兴；绿色发展；生态环境保护

一、牢牢把握习近平生态文明思想深邃历史观内涵，因地制宜推进四川生态文明建设实践

习近平生态文明思想深邃的历史观根植于中华文明丰富的生态智慧和文化土壤，蕴含了马克思主义的立场观点方法，形成和发展于习近平总书记丰富的地方工作实践，内涵丰富、科学系统。四川牢牢把握习近平生态文明思想深邃历史观的科学内涵，着力强认识、建体系、抓落实，全面加强生态环境保护，加快推进美丽四川建设，全面推动巴蜀大地天更蓝、山更绿、水更清、环境更美。

（一）牢牢把握习近平生态文明思想深邃历史观中的中华传统文化基因。习近平生态文明思想扎根绵延 5 000 多年的中华文明，既包含了"人法地，地法天，天法道，道法自然""草木荣华滋硕之时，则斧斤不入山林，不夭其生，不绝其长也""顺天时，量地利，则用力少而成功多"等我国传统生态文化精髓，也对我国楼兰、河西走廊、黄土高原等地区历史上破坏生态环境的惨痛教训进行了反思，既将历史作为教科书，又将其作为清醒剂，为我们推进生态文明建设指明了方向、提供了方法。

四川深入学习领会习近平生态文明思想中的传统文化内涵，坚持高位推动、改革攻坚、法治保障，不断提升生态文明建设的历史责任感与使命感。全面加强党对生态文明建设的领导。省委十一届三次、六次、七次全会《决定》均专章对生态文明建设进行具体安排，省委、省政府主要领导多次对生态文明建设作出批示指示，深入基层一线调研督导，坚定推动中央决策部署在四川具体化。持续推进生态环境领域改革。相继出台生态文明建设实施方案等 19 个改革方案，健全自然资源资产产权制度、自然资源有偿使用制度和生态补偿机制等，生态文明建设改革"四梁八柱"基本搭建完成。坚持依靠法治力量加强生态环境保护。先后出台《四川省环境保护条例》《四川省饮用水水源保护管理条例》等法规规章，基本形成以环境保护条例为龙头，覆盖大气、水、自然保护区等主要生态环境要素的法规体系。特别是党的十八大以来，生态环境保护领域法规规章和规范性文件出台密度前所未有，《四川省辐射污染防治条例》《〈大气污染防治法〉实施办法》等法规相继实施，首次以单独流域立法的方式制定沱江条例，全省生态环境保护领域法规体系日臻完善。

（二）牢牢把握习近平生态文明思想深邃历史观中的马克思主义立场观点方法。习近平总书记在纪念马克思诞辰 200 周年大会上强调，学习马克思，就要学习和实践马克思主义关于人与自然关系的思想。马克思主义生态文明观内涵丰富，主张"人靠自然界生活""人是自然界的一部分"，强调"如果说人靠科学和创造性天才征服了自然力，那么自然力也对人进行报复"。习近平总书记站在坚持和发展中国特色社会主义、实现中华民族伟大复兴中国梦的战略高度，提出坚持生态兴则文明兴、坚持人与自然和谐共生、坚持绿水青山就是金山银山、坚持良好生态环境是最普惠的民生福祉、坚持山水林田湖草是生命共同体、坚持用最严格制度最严密法治保护生态环境、坚持建设美丽中国全民行动、坚持共谋全球生态文明建设等系列重要论述，实现了马克思主义生态文明理论在当代中国的创新发展，展现了当代马克思主义生态文明思想的宏大视野。

四川深入学习领会习近平生态文明思想中的马克思主义立场观点方法，充分用好考核这个"指挥棒"，坚决抓好习近平生态文明思想的贯彻落实。强化"党政同责、一岗双责"，严格落实各级党委、政府生态环境保护主体责任，明确要求各级领导干部在环境污染治理问题上自觉做到不因多年积累的问题而推责，不因涉及复杂利益而回避，不因可能造成一些经济损失、付出一定代价而退缩，不因需要较长时间治理方能见效而延缓。强化考核问责，建立以改善生态环境质量为核心、以约束性生态环境保护指标为导向的目标责任制和考核评价体系，严格责任追究，引导各地树立正确的发展观政绩观，决不以牺牲环境为代价换取一时一地的增长。

（三）牢牢把握习近平生态文明思想深邃历史观形成发展的历史和实践脉络。习近平生态文明思想深邃历史观的形成和发展，离不开习近平同志在不同工作岗位上推动生态文明建设的生动实践。在陕西梁家河，习近平同志带领村民建成了整个陕北地区第一个沼气池，成为总书记青年时代与群众一起发展农村生态经济的生动缩影；在河北正定，习近平同志率先提出"宁肯不要钱，也不要污染"的理念，全力推动正定建成"物质循环和能量转化效率高、生态和经济都呈良性循环"的农业生态经济系统；在福建，习近平同志提出"不能以破坏资源环境为代价换取经济发展""青山绿水是无价之宝，山区要画好'山水画'，做好山水田文章"等极具前瞻性、战略性的生态文明建设理念；在浙江，习近平同志首提"绿水青山就是金山银山"理念，要求"进一步发挥浙江的生态优势，创建生态省，打造'绿色浙江'"；在上海，

108

习近平同志强调"要以对人民群众、对子孙后代高度负责的精神，把环境保护和生态治理放在各项工作的重要位置，下大力气解决一些在环境保护方面的突出问题"。

四川认真践行习近平生态文明思想源自基层、造福人民的精神实质，始终坚持基层导向，持续加强体系建设，不断夯实生态环境治理基层基础。健全生态环境监管体系，顺利完成生态环境保护机构改革，强化生态保护修复和污染防治统一监管，积极探索按流域设置环境监管和行政执法机构、跨地区环保机构，着力完善农村环境治理体制。健全生态环境保护经济政策体系，加大财政投入力度，推进社会化生态环境治理和保护，大力发展绿色信贷、绿色债券等金融产品，稳步推进碳排放权、用能权、排污权等生态环境权益的市场化、资本化试点，积极推进项目合作、园区共建、飞地经济等跨区域生态环境保护补偿合作。健全生态环境保护能力保障体系，加强生态环境保护治理科技支撑，统筹建设全省天地一体化的生态环境监测网络，实现盆地区域空气污染物传输通道全覆盖，重点流域、重点断面自动预警全覆盖；加强生态环境保护干部队伍建设，全力打造政治强、本领高、作风硬、敢担当，特别能吃苦、特别能战斗、特别能奉献的生态环境保护铁军。健全生态环境保护社会行动体系，强化生态环境保护宣传引导，积极培育普及生态文化，完善环境信息公开制度，拓宽公众参与和监督、举报渠道，及时公开涉及群众切身利益的重大项目，重点排污单位全部安装自动在线监控设备并同生态环境主管部门联网。

二、认真践行"生态兴则文明兴"理念，大力推动生态优先、绿色发展

习近平总书记指出，"四川自古就是山清水秀的好地方，生态环境地位独特，生态环境保护任务艰巨，一定要把生态文明建设这篇大文章写好"。为此，全省上下坚持把绿色作为高质量发展的最美底色，坚定走生态优先、绿色发展之路，在保证生态环境质量持续改善的基础上，实现了经济结构的逐步调整和经济发展质量效益的稳步提升。

（一）落实主体功能区规划。统筹推进长江经济带战略环评"三线一单"编制并率先通过生态环境部审核验收，在全省划定13处生态保护红线区块，建立各类自然保护区166个，取消58个重点生态功能区县和生态脆弱国家扶贫开发重点县地区生产总值考核，着力构建以四大生态功能区为重点、八大生态廊道为骨架、典型生态系统为单元的"四区八带多点"生态安全战略格局。实施"一干多支、五区协同"，修订成都平原经济区"十三五"发展规划等5个规划，优化成都平原、川南、川东北、攀西经济区发展定位和空间布局，明确川西北生态示范区重点发展全域旅游、特色农牧业、生态经济等，成都"主干"支撑带动作用进一步增强，成德眉资同城化发展、成都平原经济区一体化发展初见成效，川南、川东北经济区发展持续向好，攀西经济区转型升级步伐加快，川西北生态示范区绿色发展特色鲜明。

（二）加快构建现代产业体系。大力培育以电子信息、装备制造、食品饮料、先进材料、能源化工5个万亿级支柱产业和数字经济为主体的"5＋1"现代工业体系，以川粮（油）、川猪、川茶等十大特色产业和现代种业、智能农机装备制造、烘干冷链物流等三大先导性产业为主体的"10＋3"现代农业体系，以商业贸易、现代物流、金融服务、文体旅游4大支柱服务业和科技信息服务、商务会展服务等6大成长型服务业为主体的"4＋6"现代服务业体系，

成功获批国家数字经济创新发展试验区，科技对经济增长的贡献率达到 58%，产业结构战略性调整成效明显。

（三）深入实施节能减排降耗。加快建立资源节约集约利用体系，持续推进园区循环化改造，开展大宗固体废弃物、资源循环利用基地建设，德阳市、凉山州入选国家工业资源综合利用基地。深入开展园区循环化改造、城市废弃物资源循环利用、秸秆全域综合利用等循环经济试点示范，累计创建国家级和省级绿色工厂 137 家。大力实施国家节水行动，加快推动节水型社会建设，创建节水型企业（单位）332 家、节水型小区 126 个。加快建设清洁能源示范省，2019 年全省水电装机容量 7 689 万千瓦，稳居全国第一；生产页岩气 70 亿立方米，同比增长 66.6%。实施重点用能单位"百千万"行动，推进用能权有偿使用和交易试点，2019 年全省单位 GDP 能耗同比下降 2% 以上。

三、深刻吸取"生态衰则文明衰"历史教训，全力解决生态环境突出问题

四川深刻领会习近平总书记关于古代埃及、古代巴比伦以及我国楼兰、河西走廊、黄土高原生态衰退教训的重要论述，坚持把生态文明建设摆在压倒性位置，坚决守护好巴蜀大地这片生态沃土，不折不扣推动总书记殷殷嘱托和党中央决策部署在四川落地生根、开花结果。

（一）着力打好污染防治攻坚战。综合施策打好蓝天保卫战。将成都平原、川南地区大气环境质量改善作为全省生态环境保护"一号工程"，推动建设大气重点减排项目 285 个，新增燃煤机组超低排放改造 120 万千瓦。截至 2019 年底，累计排查"散乱污"企业 32 772 户，完成整治 32 617 户，全年空气质量优良天数率 89.1%，成都摘得联合国 2018 年度全球绿色低碳领域先锋城市蓝天奖。多措并举打好碧水保卫战。坚决贯彻落实河（湖）长制，严格落实"水十条"工作任务，突出以沱江、岷江为重点的流域管理，沱江流域水质优良率从"十三五"初期的 6.25% 提高至 81.2%，创近十年最好水平。加强城市黑臭水体治理，强化饮用水卫生监测，全省乡镇饮用水卫生监测覆盖率连续 5 年保持 100%，87 个国考断面地表水水质优良断面达到 85 个，10 个出川断面水质全部达到优良标准。统筹推进打好净土保卫战。全面实施土壤污染防治行动计划，率先在全国组织开展"清废行动 2019"省级核查，持续实施城乡垃圾处理设施建设三年推进方案，统筹推进生活垃圾分类和其他固体废物处置。目前，已设立省级土壤环境风险管控区 3 个、省级土壤污染综合防治先行示范区 8 个，在 100 个主要工业园区基本建成水气土污染综合预警体系，全省危险废物处置（利用）能力实现大幅增长。

（二）大力实施生态环境修复。把修复长江生态环境摆在压倒性位置，切实抓好中央环保督察及"回头看"和长江经济带生态环境警示片反馈问题整改，持续推进长江经济带生态环境突出问题和生态环境污染治理"4＋1"工程。扎实抓好四川黄河流域生态保护和治理，统筹推进草原保护修复、沙化土地治理、湿地保护修复、水土流失治理等工作，开展"携手清四乱、保护母亲河"专项行动，实施川西北民生项目木材替代行动。2019 年，黄河四川境内干流及支流水质达标率 100%，草原综合植被盖度达 85.6%，恢复退化沼泽湿地 4.5 万亩。严肃开展风景名胜和生态功能保护区违建别墅问题清理专项行动、"大棚房"问题专项清理整治

行动。全省排查违建别墅问题 752 个，全面完成 4 427 个"大棚房"问题清理整治任务。切实加强自然保护地修复治理，扎实推进大熊猫公园体制试点，加快建立以国家公园为主体的自然保护地体系。截至目前，全省自然保护区内 1 252 个生态环境问题，整改完成 1 248 个，整改完成率达 99.7%。持续开展大规模绿化全川行动，以开展植树造林、推进扩绿增绿、恢复提升生态系统功能为重点，完成营造林 938 万亩，2019 年全省森林覆盖率达 39.6%。

（三）着力补齐城乡环保基础设施短板。深入实施全省城镇污水处理设施建设、农村生活污水治理三年推进方案，基本消除城中村、老旧城区和城乡接合部生活污水收集处理设施空白区，城市生活污水集中收集效能显著提高。深入实施垃圾分类处理，全省 90%的行政村建立了垃圾处理机制，形成了"户分类、村收集、镇运输、县处理"的垃圾收运处理体系。持续推动农村人居环境逐步改善，统筹推进彝家新寨、藏区新居、巴山新居、乌蒙新村、环境优美示范村和幸福美丽新村建设，加快农村饮水安全工程建设，全省农村卫生厕所普及率近70%。加强畜禽粪污资源化利用，畜禽粪综合利用率达到 68%，畜禽规模养殖场粪污处理设施装备配套率达到 88%，大型规模养殖场粪污处理设施装备配套率达到 92.7%。

四、始终着眼生态环境变化对文明兴衰演替的影响规律，继续写好生态文明建设这篇大文章

四川人民自古就有通过顺应自然、尊重自然、保护自然推动文明发展的光荣传统。2000多年前，李冰带领古代川人根据岷江的洪涝规律和成都平原悬江的地势特点，因势利导修建了伟大的都江堰工程，造福当时，泽被后世。当前，四川肩负着维护国家生态安全的责任使命，承担着成渝地区双城经济圈建设"高品质生活宜居地"的时代重任，更需要始终坚持"生态兴则文明兴，生态衰则文明衰"的深邃历史观，为治蜀兴川再上新台阶厚植生态优势。

（一）全力解决制约发展的生态痛点。把持续解决生态环境突出问题作为实现高质量发展的关键，坚决打好污染防治攻坚战持久战。以成都平原、川南、川东北三大区域为重点，进一步完善重点污染源监控体系，推动大气污染区域联防联控持续深化，科学实施工业企业错峰生产，强化"散乱污"企业动态清零，切实减少大气污染物排放总量。深化推进河（湖）长制，进一步提高长江干流以及沱江、岷江、嘉陵江、涪江、渠江等重点流域水生态环境综合治理和沿岸保护实效，持续抓好饮用水水源地环境问题治理，全面补齐城乡生活污染处理设施短板，加快推动工业园区污水处理设施全部达标排放，确保全省水环境质量全面改善。加强土壤环境监测预警，建立健全污染源头预防和风险管控体系，进一步深化矿产资源开发、重点企业和工业园区、农业面源污染、城乡生活垃圾等领域的综合整治，强化重金属污染防控，持续改善土壤环境质量。

（二）不断夯实支撑发展的生态家底。加大生态系统保护修复力度，把确保巴蜀大地青山常在、清水长流、空气常新作为关乎人民福祉和未来发展的千年大计，不断加强谋划、狠抓落实。进一步优化国土空间开发，深化"多规合一"改革，深入落实主体功能区战略，加快构建"四区八带多点"生态安全战略格局。持续推动全省城市群、产业发展、交通设施和生态功能布局科学化、长效化，深入开展川西北生态保护和高质量发展三年行动，坚定不移在川西北生态示范区和大小凉山地区重点发展生态经济、全域旅游、特色农牧业等绿色产业。

统筹山水林田湖草系统治理，深化大规模绿化全川行动，以若尔盖为重点开展天然湿地保护修复，深入推进石漠化、沙化土地治理。用好改革"关键一招"，深化大熊猫国家公园体制试点，健全完善生态保护补偿制度，进一步推广深化项目合作、园区共建、飞地经济等跨区域生态补偿合作。

（三）持续擦亮绿色发展的生态底色。坚持"绿水青山就是金山银山"理念，处理好经济发展同生态环境保护的关系，持续推动生产生活方式绿色转型，为子孙后代留下可持续发展的"绿色银行"。大力发展绿色产业，积极推动高效生态循环农业发展，加大新兴产业支持力度，鼓励传统产业绿色转型，推动现代服务业做大做强。大力发展循环经济，落实好省级园区循环化改造三年行动计划，积极推动资源循环利用基地建设，提升城市废弃物资源化利用水平。不断提升资源节约集约利用水平，扎实推进重点产业能效提升计划，加强用水需求定额管理，逐步完善以规划管控、计划调节、标准控制、市场配置、政策鼓励、监测监管等为重点的节约集约用地制度。

（四）奋力合写成渝地区双城经济圈建设生态篇章。抢抓成渝地区双城经济圈建设重大机遇，立足建设"一极两中心两地"的重要使命，聚焦"高品质生活宜居地"建设目标，加强与重庆的生态共建、环境共保、污染共治。共建生态环境分区管控制度，共同探索长江上游生态环境保护和流域治理协同立法，推动联动执法、联合执法、交叉执法。加快推进区域内长江、嘉陵江、岷江、涪江、沱江、渠江等生态廊道建设，建立大气污染、水污染、危险废物转移等合作机制。落实一张负面清单管两地，科学探索两地统一项目准入标准、统一项目管理平台。以共建共享、受益者补偿和损害者赔偿为原则，探索建立多元化生态补偿机制，探索建立跨区域的生态治理市场化平台和生态项目共同投入机制，推动两地共同守住长江上游生态防线和巴山蜀水的秀美风光。

科学自然观：人与自然和谐共生

习近平生态文明思想的科学自然观内涵
——结合四川实践对人与自然和谐共生的思考

刘越　张凌杰　俞海

生态环境部环境与经济政策研究中心

【摘　要】人与自然和谐共生的科学自然观在习近平生态文明思想的核心要义中具有基石性作用，既阐释生态文明建设最本质的特征，同时给出了生态文明建设的终极实践目标。党的十九届五中全会通过的《中共中央关于制定国民经济和社会发展第十四个五年规划和二〇三五年远景目标的建议》，再次强调要"推动绿色发展，促进人与自然和谐共生""促进经济社会发展全面绿色转型，建设人与自然和谐共生的现代化"。2018 年，习近平总书记在四川考察时强调，"四川自古就是山清水秀的好地方，生态环境地位独特，生态环境保护任务艰巨，一定要把生态文明建设这篇大文章写好"。四川各地立足实际，坚持推进生态文明建设，保持战略定力，努力实现新进步。

【关键词】人与自然和谐共生；生态文明体系；南江县；天府新区；河长制

一、人与自然和谐共生的重要意义

人与自然和谐共生是认识论的发展与突破。人与自然和谐共生，首先解决了为什么要建设生态文明的认识问题。人类社会经历了原始文明、农业文明、工业文明，经历了蒙昧、野蛮并逐步走向文明，对人与自然的关系认识也随之不断发展。在狩猎采集文明或原始文明阶段，人类敬畏自然并完全依附于自然而生存，看似是一种合乎自然法则的文明形态，但由于落后的社会生产力，人自身没有形成发展的根基，文明本身十分脆弱，这一阶段人与自然的"天平"偏向了自然。在农业文明阶段，人类在依附于自然的情况下对其进行改造，让人和自然进入了一种互动的过程中，这一阶段出现了很多人与自然亲和的状态，正如中华文明中"取之有时、用之有度"的生态智慧，但随着生产力的不断发展，过度的农业生产也导致了对自然生态系统其他元素的忽视，这一阶段人与自然的"天平"开始出现波动。进入工业文明阶段以来，资本与技术推动了生产工具进步，进而促进了生产力的进一步发展，人类开始凭借自己强大的力量，有目的、有计划、有组织地改造自然，试图控制并征服自然，将自然的价值仅仅作为经济价值和工具价值的附属品，这一阶段人与自然的"天平"偏向了人类。

当前，人与自然界物质变换能力达到了前所未有的阶段。因此，习近平总书记不断强调，要"坚持人与自然和谐共生"，这是认识到了中华民族要实现生生不息、永续发展，良好的生态环境必然是基础、是保证。人与自然是共生共存的关系，人与自然的"天平"只有保持平衡，才能实现人类的永续发展。建设生态文明归根到底是为了人类自身，一定要防止古代埃及、古代巴比伦等文明衰落的悲剧再次发生。

人与自然和谐共生是国家战略布局的基本方略。习近平总书记在参加十三届全国人大二次会议内蒙古代表团审议时，曾这样阐述生态文明建设的重要战略地位：在"五位一体"总体布局中生态文明建设是其中一位，在新时代坚持和发展中国特色社会主义基本方略中坚持人与自然和谐共生是其中一条基本方略，在新发展理念中绿色是其中一大理念，在三大攻坚战中污染防治是其中一大攻坚战。其中，习近平生态文明思想的"八个坚持"中也特别提到了"人与自然和谐共生"，可见其重要的战略定位。"人与自然和谐共生"是习近平新时代中国特色社会主义思想在生态文明领域的重要体现，既是习近平新时代中国特色社会主义思想"八个明确""十四个坚持"的其中一位，也是习近平生态文明思想"八个坚持"的其中一位。从党的十八大报告提出"人与自然和谐发展"，到十九大报告以"坚持人与自然和谐共生"为题进行专章阐述，再到全国生态环境保护大会专门将其作为"加强生态文明建设必须坚持的原则"进行论述，以及近期十九届五中全会审议通过的《建议》作为生态文明建设部分的标题进行了突出显示，"人与自然和谐共生"已然成为生态文明建设最为核心的要求，勾勒出了现代化建设和生态文明建设的美好愿景和蓝图。

人与自然和谐共生是保持战略定力的必然要求。现阶段，我国总体上仍然是一个缺林少绿、生态脆弱的国家，环境容量有限，生态系统脆弱，污染重、损失大、风险高的生态环境状况还没有根本扭转，并且独特的地理环境加剧了地区间的不平衡。"十三五"时期，虽然污染防治力度加大，生态环境明显改善，但是生态环保依旧任重道远。因此，无论生产力进步与发展到何种高度，都要始终坚持尊重自然、爱护自然的生态文明理念。这既符合人类发展规律，也是顺应人民群众对美好生活期盼的体现。从楼兰古国的衰落到我们的母亲河长江、黄河"生病了"，再到全球屡见不鲜的各类环境公害事件，这些历史的和现代的教训都告诉我们：生态文明建设事关国家安全和发展，事关社会大局稳定，要始终坚持人与自然和谐共生的理念不动摇。要实现人与自然存在的和谐、人与自然互动的和谐、人与自然发展的和谐。

二、人与自然和谐共生的理论内涵和四川实践

习近平生态文明思想博大精深，其中人与自然和谐共生的内涵也十分丰富，总结起来主要体现在三个方面：

一是天地自然为生存之源、发展之本。自然是生命之母，人因自然而生，因此"人与自然和谐共生"首先是要肯定自然本身的价值。习近平总书记在纪念马克思诞辰 200 周年大会上曾指出，学习马克思，就要学习和实践马克思主义关于人与自然关系的思想。马克思认为，"人靠自然界生活"，自然不仅给人类提供了生活资料来源，如肥沃的土地、渔产丰富的江河湖海等，而且给人类提供了生产资料来源。马克思曾提到：撇开社会生产的形态的发展程度不说，劳动生产率是同自然条件相联系的。这些自然条件都可以归结为人本身的自然（如人

种等）和人的周围的自然。外界自然条件在经济上可以分为两大类：生活资料的自然富源，例如土壤的肥力、渔产丰富的水域等；劳动资料的自然富源，如奔腾的瀑布、可以航行的河流、森林、金属、煤炭等。在文化初期，第一类自然富源具有决定性的意义；在较高的发展阶段，第二类自然富源具有决定性的意义。

从要素禀赋来看，四川省有被称为"天府之国"的成都这样非常适合农业发展的平原，也有很多山区适合经济作物，还有各种矿产资源和非常丰富的旅游资源，独特而多样的地形地貌，是大自然赐予四川最好的绿色本底。其中，四川南江县就是依托光雾山这一自然本底，立足人与自然和谐共生的理念，带动群众脱贫致富。光雾山地处我国南北地理、气候和生态的过渡带，自然地理位置特殊，多种植物区系成分在这里交汇，植被覆盖率达97%以上，其中森林覆盖率66.5%。植被多为山地常绿阔叶、落叶阔叶和山地暗针叶相间植被类型，具有垂直分带明显，植物区域组成复杂、种类繁多的特点，共有植物1590种，其中属于国家重点保护的珍稀植物12种。2015年起，南江县开始创建国家5A级景区，过程中曾有人建议修一条索道以吸引更多游客，但这个建议却被相关部门否决，原因是建索道将影响沿途植被生长。此外，南江县还加强生态资源保护，建立光雾山景区执法大队，严厉打击处理盗猎盗采、乱砍滥伐、乱修乱建等违法行为；新建垃圾中转站、污水处理站，实现垃圾、污水100%进站无害化处置；新建和改建A级厕所14座，配套生态湿地，全部做到污水达标排放。正是因为在整个创建过程中，南江县一直秉持着生态优先的理念，才最终实现以生态旅游扶贫整个县域的发展目标。

二是自然带给人类以美的享受。自然不仅给人类提供了生存和发展的物质资料，同时也给人类带了精神的富足，这种对于美的享受不仅体现在自然本身，更体现在人与自然的对象性关系之中。习近平总书记曾多次论述自然给人带来的审美上的感受：如海南的青山绿水、碧海蓝天自古就为文人雅士所称道，苏东坡的"不似天涯，卷起杨花似雪花"，丘浚的"五峰如指翠相连，撑起炎荒半壁天。夜盥银河摘星斗，朝探碧落弄云烟"，杨维桢的"绿衣歌舞不动尘，海仙骑鱼波袅袅"，无不描绘出海南宛如仙境的动人景象；"洞庭波涌连天雪，长岛人歌动地诗。我欲因之梦寥廓，芙蓉国里尽朝晖"的诗句，和《岳阳楼记》中写的"沙鸥翔集，锦鳞游泳；岸芷汀兰，郁郁青青"，"长烟一空，皓月千里，浮光跃金，静影沉璧"，道出了秀丽的湖南自然风光；南北朝民歌《敕勒歌》，德德玛唱的《美丽的草原我的家》，描绘了内蒙古优美的生态环境；"苍山不墨千秋画，洱海无弦万古琴"展现了云南的自然美景。人类正是在这样的绿水青山中享受着自然之美、生命之美、生活之美。在这一方面，四川一直以来不逊色于任何一个地方。从古至今，来过蜀地的文人骚客，都留下了对四川美景的感受，人与自然的互动融合以文化的形式源远流长："九天开出一成都，万户千门入画图""晓看红湿处，花重锦官城""剑阁峥嵘而崔嵬，一夫当关，万夫莫开""峨眉山月半轮秋，影入平羌江水流""锦江春色来天地，玉垒浮云变古今"……

近年来，四川更是将人、自然、城市不断融合，开展人与自然、人与社会关系的生态建设，探索公园城市的发展路径。2018年习近平总书记来川视察时明确指出"要突出公园城市特点，把生态价值考虑进去"。2018年11月四川省决定率先开展公园城市建设试点工作，体现了城市建设从注重园林绿化指标到关注自然环境、生态环境、人居环境共同发展直至形成一个良性循环的城市生态系统的能级跃迁。公园城市将贯彻以落实新发展理念（创新、协调、绿色、开放、共享）为核心，以"生态文明"和"以人民为中心"为主导，评价指标为水资源、绿地、能源、城市基础设施、交通、人居、生态建筑、生态产业、环境教育等，核心指向在于构筑山水林田湖人城生命共同体。成都在公园城市建设方面重点围绕五个方面开展了相关工作：锚固自然生态本底，构建"山水田林城"公园城市总体格局，通过塑造"产田相融、城田相融、城乡一体"的总体格局，从而重现"岷江水润、茂林修竹、美田弥望、蜀风雅韵"的锦绣画卷；构建全域公园体系，塑造"城园相融"的公园城市大美形态，充分发挥天府绿道网、市域水网的串联作用，连通林盘、景点、园区、企业、学校等所有城乡节点，形成全民共享、覆盖全域、蓝绿交织的网络，实现全域景观化、景区化，让市民可进入、可参与，创造满足人民群众美好生活需求的生活场景；转变经济组织方式，形成人、城、境、业和谐统一的公园城市发展模式，依托公园城市优美的生态环境，发展新经济、培育新业态，推动产业向高端化、融合化发展，明确产业"正负清单"，全面推进产业绿色化发展；打造天府文化景观体系，彰显人文荟萃、特色鲜明的公园城市文化魅力，根据生态公园、郊野公园和城市公园类型，结合地域历史与特色，差异化形成多元文化主题的绿色空间，全方位展示成都文化特征；完善服务支撑体系，营造全民共享、高效便捷的公园城市宜居环境，在公园城市建设中，充分依托公交、绿道、慢行系统等交通空间打造生态景观带，统筹考虑立体步行路径，推进绿色交通与绿色空间相结合。

三是人类必须尊重自然、顺应自然、保护自然，要从改变自然、征服自然转向调整人的行为、纠正人的错误行为。尊重自然是人与自然相处时应秉持的首要态度，是对人与自然关系的重要认识论。要从尊重自然规律出发，认识到人与自然是生命共同体，是统一的自然系统，相互依存、紧密联系，要实施山水林田湖草系统治理，要像保护眼睛一样保护生态环境，像对待生命一样对待生态环境。顺应自然是处理人与自然关系的重要方法论，要求人类不要试图征服老天爷，要在生态环境容量上过紧日子的前提下进行活动。习近平总书记明确强调："把经济活动、人的行为限制在自然资源和生态环境能够承受的限度内，给自然生态留下休养生息的时间和空间。"要处理好人与自然的关系，首先要约束人的行为，严守生态保护红线、环境质量底线、资源利用上线，坚决做到不能碰、不能踩、不能破。要在全社会中，特别是党政领导干部中树立起生态环境保护的刚性约束，让其成为不可触碰的高压线。保护自然是实现人与自然和谐共生的行动论。早在2016年1月5日，习近平总书记在重庆召开推动长江经济带发展座谈会时就曾指出："要把修复长江生态环境摆在压倒性位置，共抓大保护，不搞大开发。"2020年11月14日，习近平总书记在江苏南京召开全面推动长江经济带发展座谈会时再次强调，"要在严格保护生态环境的前提下，全面提高资源利用效率，加快推动绿色低碳发展，努力建设人与自然和谐共生的绿色发展示范带。要把修复长江生态环境摆在压倒性位置""建设安澜长江"。从让中华民族母亲河永葆生机活力到全国全世界绿色家园建设，都需要全民共同行动，打好污染防治攻坚战，还人类以蓝天白云、繁星闪烁、鱼翔浅底、鸟语花香。

为保障河畅水清，四川省2017年起全面建立河长制，所有河流湖泊编制"一河一档""一河一策"，做到了因河施策统筹管理，保住水质优良这一环境底线。具体做法包括：全面建立河长体系，设立省、市、县、乡、村五级河长、湖长7万余人；全面建立制度体系，建立巡河问河、督查暗访、考核激励等29项制度，在全国率先出台了河长制提示、约谈、通报制度；全面建立推进体系，每年各级各地层层召开河长制湖长制工作会议、现场工作推进会议，全面安排部署河长制湖长制工作；全面建立信息管理体系，充分利用互联网、大数据、无人机等现代化手段进行巡河查河，实现与国家层面、市县层面以及相关部门层面的河长制湖长制相关数据的共享。

三、人与自然和谐共生的实践路径和政策建议

人与自然和谐共生是习近平生态文明思想核心要义中理论与实践统一的重要方面，要实现人与自然和谐共生的转变，同样需要知行合一，全面地、系统地的处理人与自然、发展与保护的关系，其中基本主线是努力构建生态文明体系。

一是构建以生态价值观念为准则的生态文化体系。加强对四川省，特别是长江文化中山水文化的挖掘，深入开展生态文化的保护和研究工作，组织开展对森林、湿地等自然资源中蕴含的生态文化的调查研究工作，开展古村落生态文化、生态民俗、生态历史、生态建筑等融合发展的调查研究工作。在此基础上，结合四川的新媒体产业快速发展，不断培育壮大生态文化产业，培育具有地区特色的生态文化地标，创建国内外生态文化旅游品牌。

二是构建以产业生态化和生态产业化为主体的生态经济体系。建立健全生态经济体系要紧紧围绕"产业＋生态"和"生态＋产业"这个核心要求，通过资本的生态化和生态的资本化，对有市场潜力的传统支柱产业实施生态化改造，不断培育壮大节能环保产业、清洁生产产业、清洁能源产业等新兴产业，实现产业链绿色化。坚持资源优势与产业特色相结合，立足四川省的功能定位，构筑特色优势生态产业，要充分依托四川的自然资源禀赋，发展生态农业、生态工业、生态旅游、生态康养等生态经济形态，将生态环境资源变成拥有市场空间的生态产品与服务。

三是构建以改善生态环境质量为核心的目标责任体系。加强对各级党委政府以及相关部门的生态环境保护责任清单的制定，建立信息化数据平台或采取第三方考核机制，加强对责任落实的监督和考核，并配合出台相应的激励和惩罚机制，将考核结果作为各级党政领导班子和领导干部综合考核评价、干部奖惩任免的重要依据。加强对企事业单位实行排污总量控制和综合性排污许可，要不断强化企业环境保护的主体责任。

四是构建以治理体系和治理能力现代化为保障的生态文明制度体系。首先，要坚持和巩固四川省生态环境保护方面初见成效的制度，如省级生态环境保护督察制度、河长制湖长制制度。其次，要发展和完善源头预防、过程控制、损害赔偿、责任追究的生态环境保护体系，加强生态系统保护修复方面的制度建设。第三，要强化制度的执行，最大限度激发治理效能。

五是构建以生态系统良性循环和环境风险有效防控为重点的生态安全体系。要不断增加危机意识，强化底线思维，做好应对任何形式生态环境风险挑战的准备。要加强生态安全评估与管理，持续筑牢四川甘孜、阿坝等地区生态安全屏障，做好全国生态综合补偿试点建设。要积极探索建立生态安全监测预警体系，建立突发环境事件应急预案编制和管理体系，强化能力建设。

绿色发展观：绿水青山就是金山银山

基于马克思经济学的生态产品价值实现研究
——以四川省九寨沟县为例

郑坤　王恒　刘冬梅　顾城天　向蔓菁

四川省环境政策研究与规划院

【摘　要】生态产品价值实现是践行习近平总书记"两山"理论的重要举措，是促进"两山"转化的有效途径，其前提是摸清生态产品价值形成及实现途径。本文从马克思经济学的生产、分配、交换、消费四个环节出发，分析九寨沟县生态产品价值实现的路径与困境，并从推进生态产品生产、分配、交换、消费四个方面，就护好绿水青山本底、加快完善自然资源资产有偿使用制度、创新生态产品交易模式、提升全民参与积极性提出提升建议，为同类县域生态产品价值实现提供案例参考。

【关键词】马克思经济学；生态产品；价值实现；九寨沟县

生态产品是指生态系统通过生物生产和人类生产共同作用为人类福祉提供的最终产品或服务，与农产品、工业产品和服务产品并列为人类生活所必需的、可消费的产品。生态产品多数被纳入纯公共物品或准公共物品的范畴，生态产品价值实现就是将生态产品所蕴含的内在价值转化为经济效益、社会效益和生态效益的过程。根据马克思主义经济学，经济的运行有其客观规律性，这一规律表现为生产、分配、交换、消费四个环节之间相互联系、相互制约的辩证关系。生态产品价值实现也属于经济活动的重要内容，在生产、分配、交换、消费的过程中，使用价值、交换价值不断体现，进而实现产品价值。在习近平总书记提出"两山"理念 15 年之际，本文运用马克思主义经济学关于生产、分配、交换和消费之间的辩证关系原理，以四川省九寨沟县为案例就生态产品的价值实现路径进行研究探索。

一、研究区概况

九寨沟县地处四川省西北部，青藏高原东南缘（见图 1），是国家重点生态功能区，长江、黄河上游重要生态屏障区，辖区面积 5 286 平方千米。县域内自然资源丰富，森林覆盖率达到 54.9%，有 2 个国家级自然保护区和 2 个省级自然保护区，是著名的"珍贵生物基因宝库"。该县地貌属高山峡谷型，地质灾害（崩塌、滑坡、泥石流）高发。2019 年全县人口 6.7 万，城镇化率 39.0%，地区生产总值 30.33 亿元，第三产业占比达到 74.0%。是藏、羌、回、汉等多民族聚居地，民族文化特色鲜明，素有"民歌之乡""琵琶之乡""情歌之乡"的美誉。

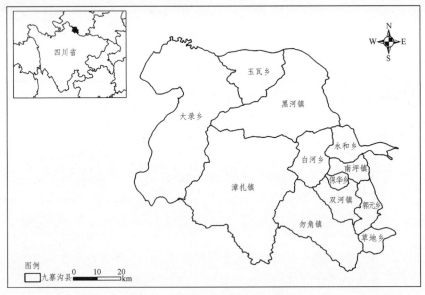

图 1　九寨沟县相对位置示意图

二、九寨沟生态产品价值实现探索

根据马克思主义经济学，生产是劳动者通过有目的的活动，改变自然界的物质形式，以适合人们某种需要的过程；交换是人们相互交换活动或交换劳动产品的过程；分配是指把社会产品分归社会或国家、社会集团和社会成员的活动；消费是人们为满足生产和生活需要对物质资料的使用和消耗。就目前九寨沟县生态产品价值实现过程来看，主要体现在生产、交换和消费三个环节，各环节生态产品价值实现的路径如下。

（一）生产环节

生态产品的生产环节是其价值实现的基础，指人们为达到区域发展目标，而进行的自然生态资源改造活动过程，具体涉及生态环境保护与修复、生态产业生产等。九寨沟县将高品质的生态环境作为稀缺要素和重要生产力，大力增强生态产品的生产能力。在生态环境保护与修复方面，在"8.8"九寨沟大地震灾后重建过程中，严格准入管理，从源头上严控资源消耗高、环境破坏大的旅游项目进入，坚持最严格的耕地保护制度和节约用地制度，同时在地灾防治过程中统筹考虑生态环境与世界自然遗产保护，注重生态风险评价为核心的综合防治，厚植绿色屏障，夯实生态本底。在发展生态产业方面，九寨沟县将"生态绿色"理念贯穿一、二、三产生产的各方面。一是推动生态农业产品生产，持续优化农业产业结构、品种结构、品质结构和产品层次，将苹果、柿饼、核桃、蜂蜜、花椒、野生菌、土豆等 16 个本土农产品进行包装和提档升级，培育特色品牌，农产品供给能力持续增强。二是发展生态工业产品，九寨沟县陆续开工建设九绵文化旅游产业园、嘉善—庆元—九寨沟"飞地"产业园和平湖—

九寨沟"飞地"科创产业园，在生物科技、药材精加工、文创工艺品等方面产品供给能力持续提升。三是打造生态旅游产品，九寨沟县对标绿色发展和脱贫奔康目标，促进推动本地旅游业从传统的观光游、跟团游、景区游向品质游、深度游、生活游、自助游、全域游转变，打破过去单一业态、单一景区的旅游模式，加快形成新型旅游业态，持续增强旅游产品供给。

（二）交换环节

生态产品的交换环节即为生态产品直接参与交换的过程，既包括农产品买卖、旅游服务销售和购买等，也包括创新交易机制促进生态产品交换流通等。一方面，九寨沟县以交通灾后恢复重建为契机，全力推进九绵高速、川九路、漳大路、九若路等重点公路项目建设，突破交通"瓶颈"制约，基本建成"对外通达、对内畅达"的现代综合立体交通体系，畅通通往千家万户的"毛细血管"，搭建起生态产品交换的交通运输网络。另一方面，九寨沟县构建起智慧旅游大数据综合管理平台，一改过去旅游管理、便民服务、应急防控缺乏整体互动的情况，以游客需求为导向，在政务服务、民生服务、城市管理、交通管理、防灾减灾、生态环境监管等方面构建起生态产品交换的大数据支撑体系。

（三）消费环节

生态产品的消费主要体现为农产品、工业产品以及旅游产品的直接消费，是九寨沟生态产品价值实现成效的最直接体现。九寨沟县打破过去景区相对先进、县城和其他区域滞后的两极分化局面，大力推动旅游与农业、手工业、文化产业融合发展，吸引各地游客"进入式体验消费"，推出农业生态观光游、农耕农事体验游、浪漫赏花游、水果采摘游等消费新模式，打造"国家级文化产业演艺集群中心"及"冰瀑节""全域九寨·涂墨狂欢节"等知名节庆活动，塑造"九寨熊猫"文化品牌，形成"生态旅游＋生态农业＋生态工业"的全域产业链，构建"处处都是景区、村村都是景点、人人都是风景"的"全域九寨"格局，推动九寨旅游由景点旅游向串珠式全域旅游转变，进一步引导生态产品消费升级。

三、关于促进九寨沟县生态产品价值实现的建议

九寨沟县生态产品价值实现成效初显，已有各类标准化种植基地 3 万余亩、农民专业合作社 258 家，建成 1 个县级和 33 个乡村电商服务站，2019 年累计接待游客 186 万人次。2019 年全县地区生产总值达 30.33 亿元，位居四川省阿坝州 13 县第 4 位，被评为阿坝州县域经济发展强县，生态产品供给优势突出。但是，由于自然资源资产产权不明以及生态产品市场交易体系尚未建立等方面的原因，九寨沟县生态产品价值实现存在生态价值本底不清、生态调节服务价值尚未彰显等困境，尤其是在生态产品的分配环节亟待加强。因此，为更好地推动九寨沟县生态产品价值实现，从以下几方面提出建议。

（一）护好绿水青山本底，推进生态产品生产

根据生态产品的定义，生态产品的生产既包含绿色有机食品、生态工艺品、生态旅游等

传统商品及衍生服务的生产，也包含了水质净化、固碳释氧等生态系统服务。无论前者还是后者，实现生态产品价值转化的基础和前提是良好的生态环境。因此，在生态产品价值实现的过程中，要秉持山水林田湖草是生命共同体的系统保护修复理念，全力保护好自然生态本底，夯实发挥生态溢出效应和资源再生功能的坚实基础，为下一步生态价值转化提供优质的"生产资料"。同时，还需因地制宜探索具有地区特色的生态产业化模式和路径，延伸产业链条，不断丰富"生态+"产业业态，进一步多元化生态产品供给。

（二）加快完善自然资源资产有偿使用制度，推进生态产品分配

明晰的产权是生态产品价值转化的基础，自然资源资产有偿使用制度在促进自然资源保护和合理利用、维护所有者权益方面有着积极作用。为推进九寨沟县生态产品合理分配，一是重点落实产权主体，探索建立九寨沟自然资源资产产权制度体系，明确生态产品"生产物资"的分配主体；二是探索开展九寨沟生态系统生产总值（GEP）和经济—生态生产总值（GEEP）核算，研究形成适合九寨沟县资源禀赋特征的生态产品价值核算方法，建立起基于有序分配要求的生态产品价值核算体系，明确核算的基本原则、核算对象、核算流程及核算结果应用；三是探索建立反映生态价值和代际补偿的生态补偿标准，完善生态产品价格形成机制，推动生态产品合理定价，促进九寨沟生态产品科学分配；四是加大绿色金融的支持力度，探索林权抵押、生态债券等绿色金融产品，丰富融资渠道和手段，引导社会资金投入分配到生态产品价值实现中去。

（三）积极创新生态产品交易模式，激发生态产品交换活力

生态产品交换体系是公共性生态产品经济价值实现的有效载体，应创新生态产品交易模式，搭建跨越不同区域、不同产品属性的生态产品交易平台，提供更为开放、公平的生态产品交易空间，提升生态产品交易的活跃度。具体来说，一是搭建九寨沟生态产品交易平台，通过创新农业合作社组织方式，成立"森林银行""生态产品交易中心"等专业机构，构建生态产品价值实现的基本主体；二是引入社会资本和专业运营商，打通生态产品从资源管护、资源评估、资源整合流转、经营增值到最后实现交易的全过程，实现"资源变资产、资产变资本"；三是培育九寨沟林下经济龙头企业，带动养殖、种植等中小企业和个体发展新型合作经济；四是培育生态产品专业市场，支持连锁经营、物流配送、电子商务、农超对接等现代销售流通方式向生态产品延伸，促进生态产品贸易便利化；五是加快健全生态产品认证体系，培育发展生态产品认证机构，建立生态产品认证标准与管理办法，制定生态产品认证黑名单制度，严把生态产品质量关，提升生态产品认证的可信度和权威性。

（四）提升全社会参与积极性，拉动生态产品的消费需求

生态产品价值实现的关键在于市场交易的活跃程度，要提高生态产品的消费需求对生产活动的刺激作用，形成生态环境保护与社会经济协同发展的良性循环。就九寨沟生态产品消费情况来看，需从以下方面着力。一是建立绿色考核机制，激发地方政府参与生态产品价值实现的积极性。探索将 GEP 核算成果和生态价值转化成效纳入生态文明目标考核体系。借鉴

重庆市森林覆盖率指标交易案例，为生态产品供给方和需求方搭建起桥梁。二是以碳汇交易和排污权交易为重点，强制规定排污强度大的企业加入生态产品交易体系，成为法定需求者，向优良生态产品的供给者购买生态产品的使用权。三是以碳普惠平台为载体，推动企事业单位、群众自愿参与生态产品交易。

四、结论与展望

本文运用马克思主义经济学原理，分析了九寨沟县生态产品价值的探索实践，并就目前面临的困境提出建议，为同类县域生态产品价值实现提供借鉴。作为一项前沿性的理论创新，生态产品价值实现是一项涉及经济、社会各相关领域的系统性工程。把生态环境转化为生态产品、把生态产品转化为经济产品进而实现生态产品价值，涉及基础理论、关键技术、体制机制等诸多难题。未来应开展实施生态产品价值实现重大科技专项，充分调动理论、产业、金融、法律、工程等各领域科研人员开展联合攻关，解决生态产品价值实现过程中的瓶颈和制约，建立起生态产品价值实现的政策体系、技术体系、交易体系和考核体系。

浅谈四川省产业转移带来的环境问题

黄庆　马丽雅　张雨晴

四川省环境政策研究与规划院

【摘　要】产业转移是优化生产力空间布局、形成合理产业分工体系的有效途径，是推进产业结构调整、加快经济发展方式转变的必然要求。随着新时代西部大开发形成新格局、成渝双城经济圈等国家重大战略的实施，在国家新型城镇化建设和产业转型升级等政策支撑下，四川省产业转移将进一步加大，面临着更加严峻的资源环境约束。本文在分析四川省产业结构现状的基础上，按照《产业发展与转移指导目录（2018 年本）》及四川省优化产业布局的指导意见，梳理四川省各地市承接的重点产业，结合区域所面临的资源环境约束，研判产业转移可能带来的环境问题，提出实现绿色化产业转移的实施途径和建议，为优化区域产业结构，处理好产业发展规模与资源环境承载能力之间的矛盾提供决策参考。

【关键词】产业转移；环境问题

一、四川省产业发展概况

当前，国际国内产业分工深刻调整，我国东部沿海地区产业向中西部地区转移步伐加快。四川省位于西部地区，具有广阔的发展空间、巨大的市场潜力和突出的资源优势，是全国重要的战略资源接续地和产业转移承接地。

（一）四川省产业发展的战略定位

2018 年四川省委、省政府确立了"一干多支、五区协同"和"四向拓展、全域开放"战略部署，构建"5 + 1"现代产业体系，作为全省产业发展的行动纲领。着力培育电子信息、装备制造、食品饮料、先进材料、能源化工和加快数字经济发展，精准解决"产业体系不优"问题，是推动高质量发展的内在要求、建设经济强省的重要支撑、发挥比较优势的现实选择和抢抓发展先机的关键之举。2020 年提出成德眉资同城化发展战略，强调提升现代产业协作引领功能，推进产业全面融合错位协同发展。

（二）四川省产业发展现状

2015—2019 年四川省三次产业结构由 12.2∶44.1∶43.7 调整为 10.4∶36.5∶53.1，逐渐

由"二三一"转变成"三二一"，第三产业占比逐年上升，第二产业占比相应下降，产业结构持续优化（见图1）。

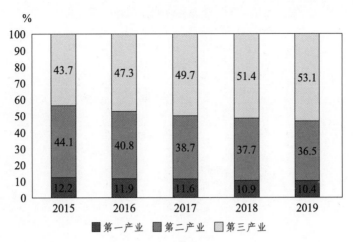

图 1　四川省产业结构发展趋势（2015—2019）

一是农业生产稳定，"10 + 3"现代农业体系加快培育。深入推进乡村振兴和农业农村优先发展战略，加快构建"10 + 3"现代农业体系，有效控制生猪疫情，农业生产总体稳定。全年全省农林牧渔业增加值比上年增长 3.0%，其中第一产业增加值增长 2.8%。全年粮食产量3498.5 万吨，比上年增产 4.8 万吨，油料、蔬菜等主要经济作物产量继续稳步提高，林业、渔业基本稳定。

二是工业生产平稳运行，"5 + 1"现代工业体系加快推进。加快推进制造业高质量发展，着力推进产业转型升级，工业生产增势稳定，全年规上工业增加值增长 8.0%。其中五大支柱产业增加值比上年增长 8.2%，增速比全省工业平均水平高 0.2 个百分点，高技术产业增加值增长 11.7%，比全省工业平均水平高 3.7 个百分点。部分高附加值、高技术产品产量快速增长，如新能源汽车增长 1.5 倍，太阳能电池增长 1 倍，锂离子电池增长 77.7%，城市轨道车辆增长 62.0%。

三是服务业发展活力持续较强，"4 + 6"现代服务业体系加快构建。全年服务业增加值比上年增长 8.5%，其中批发和零售业增长 6.5%，交通运输、仓储和邮政业增加值增长 7.0%，住宿和餐饮业增长 8.1%，金融业增长 6.2%，房地产业增长 5.8%，其他服务业增长 10.6%。

（三）四川省产业发展布局导向

党中央、国务院高度重视产业转移工作，制定了《产业发展与转移指导目录（2018 年本）》，按照该指导目录，四川省将优先承接发展电子信息、轻工、纺织、医药等行业。同时，为引导各地优化产业布局，做强"一干多支"的产业发展战略，省政府制定了《关于优化区域产业布局的指导意见》，在五大经济区产业布局的基础上，进一步明确了 21 个市（州）重点布局产业及重点发展领域（见表1）。

表 1　四川省产业发展及布局导向

所属区域	涉及城市	产业发展导向
成都平原经济区	成都、德阳、绵阳、眉山、乐山、雅安、资阳、遂宁	重点发展电子信息、装备制造、先进材料、食品饮料和数字经济，打造世界级新一代信息技术、高端装备制造产业集群和国内领先的集成电路、新型显示、航空航天等产业集群，争创国家数字经济示范区和国家大数据综合试验区。构建成德绵、成德资、成眉乐、成雅甘产业联动区。其中，德阳突出工业转型升级，做大做强高端装备制造业；绵阳突出军民融合，推进中国（绵阳）科技城超常规发展等
川南经济区	自贡、泸州、内江、宜宾	重点发展新材料、生物医药、节能环保、智能终端、食品饮料等产业，培育白酒世界级产业集群，建设国内重要的节能环保装备、工程机械、精细化工、新材料、通用航空产业集群。自贡大力推进全国老工业城市产业转型升级示范区建设，重点发展装备制造，加快培育通用航空产业集群。泸州加快建设中国（四川）自由贸易试验区川南临港片区，打造"泸州酿"白酒产区国际品牌和世界级白酒生产基地等
川东北经济区	广元、巴中、达州、南充、广安	积极创建国家天然气综合开发利用示范区，打造清洁能源化工基地、优质农产品生产加工基地，积极推进承接产业转移示范区建设。广元建设中国食品工业名城、西部重要的绿色食品基地和绿色家居产业基地。南充建设新能源汽车基地、油气化工基地、丝纺服装设计研发生产基地等
攀西经济区	凉山州、攀枝花	大力发展先进材料、能源化工、食品饮料产业，培育世界级钒钛材料产业集群。川西北生态示范区围绕国家生态建设示范区创建，突出生态经济发展，因地制宜发展"飞地经济"，同时建设高原特色农特产品加工基地、藏药产业化基地等
川西北生态示范区	阿坝州、甘孜州	重点发展川产道地药材、农畜产品深加工业、新材料产业，建设全国重要的藏药产业化基地、民族手工艺产品产业集群

二、产业转移带来的资源环境压力

（一）产业的承接和本地产业形成资源竞争

从规划中各市（州）产业部署来看，在集聚的过程中，较发达地区将进一步就信息、人才、资本等要素，电子信息、智能制造等新型产业发力竞争市场。这将导致工业城市如德阳、绵阳、资阳等城市对同类发展资源激烈竞争，而本身竞争力较弱、招商能力不足的三州地区以及巴中、广元等地则持续依靠地区农产品、特色手工品抢夺传统市场。如果仅仅追求经济效益，盲目引入外来产业而抑制了原先本地优势产业的发展，则会造成土地资源和环境资源的竞争。

（二）产业转移带来新的污染物聚集排放

承接的产业转移中，有可能涉及新的污染因子排放，增加对区域的污染物负荷，加大环境质量持续改善的压力。例如，一些区域自身水资源和水环境容量禀赋能力有限，却承接耗排水量大的造纸、印染、集成电路等产业，给地方环境质量达标造成巨大阻力；还有一些地区常年静风频率很高，大气扩散能力较差，环境空气质量达标任务艰巨，仍承接冶炼、石化等废气污染排放量较大的产业。

三、产业转移绿色化发展的途径和建议

（一）科学合理差异化引导产业布局

结合区域环境承载条件，开展区域差别化环境准入研究，结合川内资源分布及交通现状，优化重点行业及新型产业布局，引导区域特色及优势产业集聚发展。严格执行差别化环境准入要求，推动形成与区域发展定位及生态环境分区管控体系相适应的产业空间布局。

成都平原经济区已承载全省重要的产业，由此生态环境问题也相对最为突出。针对突出的生态环境问题，应大力优化调整产业结构，实施最严格的环境准入要求。加快 GDP 贡献小、污染排放强度大的产业如建材、家具等产业替代升级，结构优化以及逐步转移至川东北区域。对重点发展的电子信息、装备制造、先进材料、食品饮料、生物医药等产业提出最严格的环境准入门槛。岷沱江流域执行岷沱江污染物排放标准。优化涉危涉化产业布局，严控环境风险，保障人居安全。

川南经济区应重点优化沿江、临城产业布局，明确岸线 1 千米范围内现有化工等高环境风险企业的管控要求。促进轻工、化工等传统产业提档升级，严控大气污染物排放。对区域发展产业提出高于全省平均水平的环境准入要求，对白酒产业和页岩气开发提出高水平的环境管控要求。针对内江、自贡等缺水区域，提高水资源利用效率，对高耗水项目提出最严格的环境准入要求。

川东北经济区要以加快转型振兴为重点，培育建设以南充、达州为区域中心城市的川东北城市群，在"一干多支、五区协同"区域发展新格局中支撑作用更加明显。该区域发展定位为特色资源开发利用，承接产业转移，重点发展现代能源化工、装备制造等产业。川东北经济区严控产业转移环境准入，预防产业转移带来大规模环境污染。

攀西经济区要大力发展资源深加工和应用产业，加快建设攀西国家战略资源创新开发试验区、现代农业示范基地和国际阳光康养旅游目的地。区域应依托矿产、水能和光热资源优势发展特色经济，加快产业转型升级，培育世界级钒钛材料产业集群。加强生态保护修复，筑牢长江上游重要生态屏障。攀西经济区着力提高金沙江干热河谷和安宁河谷生态修复和治理水平。提高矿产资源综合利用率，加强尾矿库污染治理和环境风险防控；合理控制钢铁产能，高质量发展钢铁产业，提高钢铁等产业深度污染治理水平。

川西北生态示范区发展定位为构筑生态屏障，发展生态经济。建成国家生态建设示范区，建设国际生态文化旅游目的地、国家全域旅游示范区、国家级清洁能源基地和现代高原特色农牧业基地。川西北生态示范区限制工业开发等明显破坏生态环境的活动，严控"小水电"开发，合理控制水电、旅游、采矿、交通等建设活动，引导发展生态经济。保障区域重要生态功能和水源涵养功能。

（二）加大工艺设备技术改造力度，提高产业资源环境利用效率

要加大产业承接园区的环保基础设施投入和建设，切实防止产业转移成为污染转移。加强对石化、医药、造纸、印染、酿造、冶金、建材等行业的工艺改造，提高脱硫、脱硝、高效除尘、挥发性有机物的处理设施普及率，提高单位产品产量的污染排放量；加快重点节能技术、设备和产品的推广应用，在重点企业中推广能源管理体系建设；全面落实最严格的水资源管理制度，强化用水总量控制、用水效率控制和水功能区域限制纳污"三条红线"，大力发展节水农业，禁止发展高耗水产业，加快淘汰压减高耗水产业产能。积极鼓励循环经济发展和循环园区建设，加速资源能源利用高效化、生产过程清洁化、生产产品绿色化和工业生产循环化改造。鼓励建设循环经济产业示范区，加快钢铁、水泥、电力、化工等跨行业资源循环利用，构建覆盖全社会的循环体系。实施资源循环利用绿色建材基地、生活垃圾资源化利用、再制造产业示范、余热余压深度利用暖民工程等工业循环经济工程，围绕国家级产业废物综合利用示范基地建设积极开展资源综合利用，示范引导和带动循环经济发展。

（三）构建以生态为导向的国土空间开发格局

严格落实《四川省主体功能区规划》，坚持国土空间开发与生态资源承载力相匹配，依据资源禀赋、承载能力、产业基础，明确国土空间开发的规模、结构、布局和时序，以生态为导向，结合资源分布情况，科学合理确定功能区块，构建产业、城市、人口合理分布、和谐共生的空间布局，逐步实现生产空间集约高效、生活空间宜居适度、生态空间山清水秀的"三生"空间格局。以成都市为核心区，实行优化开发和差异化分区政策，实施全省最严格的产业门槛，逐步关闭或淘汰高耗能、高污染产业和工艺，引导高污染低附加值的产业向川东北、攀西地区转移，以此驱动产业结构逐步转向以高新技术、高端装备制造业为主的产业体系，同时提高单位产值资源环境效率，实现主要工业污染物排放量的降低。

（四）加快全省各市（州）"三线一单"落地应用

加快推进各市（州）生态环境分区管控应用实施工作，大力优化成都平原经济区产业结构，实施最严格的环境准入要求，对重点发展的电子信息、装备制造、先进材料、食品饮料、生物医药等产业的承接，提出最严格的环境准入门槛。针对川南经济区的内江、自贡等水资源短缺和水环境承载力有限的区域，对集成电路芯片、医药等项目提出最严格的水资源准入要求。针对攀西经济区的攀枝花、凉山州承载冶炼、非金属矿制品、钢铁等产业的地区，提高产业深度治理水平。

（五）建立绿色考核指标体系

在产业与环境相互耦合机制中，政府作为重要的一环，政府行为直接影响着产业与环境的协调发展。在承接产业转移中，政府必须做好环境建设、制度创新与服务跟进，做好产业规划衔接，既充分发挥政府规划、政策引导和公共产品等方面的重大作用，又充分发挥市场的主体作用。建议建立产业转型升级排污总量控制激励制度，以工业企业吨排污权指标为主

要评价标准，对产业转型升级进行量化考核、综合排序和分行业排序，并实行差异化减排考核政策。对于先进企业在排污权指标分配、排污权抵押贷款、用地等方面给予支持；对于落后企业不仅要给予相对较高的污染物减排指标，而且给予更严格的差别电价和差别水价，充分发挥污染减排推进行业转型升级的倒逼机制。

参考文献

[1] 王贵明. 产业生态与产业经济——构建循环经济之基石[M]. 南京：南京大学出版社，2009.

[2] 钱易. 清洁生产与循环经济——概念、方法和案例[M]. 北京：清华大学出版社，2006.

[3] 黄河，唐善茂，肖艳玲. 产业转移背景下城市生态贫困问题研究[J]. 全国商情（理论研究），2010（1）：5-6，11.

关于健全完善生态补偿机制
进一步筑牢长江上游生态屏障的建议

林佳丽　付思文　肖君实　孔茹芸

四川省环境政策研究与规划院

【摘　要】健全完善生态补偿机制，是落实我国生态文明体制改革的重要政策工具，是建设生态文明的重要制度保障。四川作为长江上游重要生态屏障和水源涵养地，具有重要的生态地位，为进一步筑牢长江上游生态屏障，四川积极推动生态保护补偿机制建立健全，并取得了良好的生态效果。在实践中发现，生态补偿机制还存在补偿力度较弱、生态补偿形式单一等问题。在"十四五"新时期，还需继续加大生态补偿投入力度、构建立体多元的补偿体系、健全生态价值转化体系等，进一步健全完善生态补偿机制。

【关键词】生态补偿；长江上游；生态屏障

党的十八大把生态文明建设放在突出地位，纳入中国特色社会主义事业"五位一体"总体布局，明确提出了全面建设社会主义生态文明的目标任务。十九届四中全会《决定》中明确要求"落实生态补偿和生态环境损害赔偿制度"。健全完善生态补偿机制，是建设生态文明的重要制度保障。在综合考虑生态保护成本、发展机会成本和生态服务价值的基础上，采取财政转移支付和市场交易等多种方式，对生态保护者给予合理补偿，是协调"绿水青山"保护者与"金山银山"受益者之间环境与经济利益关系，实现生态保护经济外部性内部化的公共制度安排，对于实施主体功能区战略、促进协同推进经济高质量发展和生态环境高水平保护，加快建设生态文明、促进人与自然和谐发展具有重要意义。

一、研究区域背景

长江上游的重要生态地位。长江是中华民族的母亲河，是中华民族发展的重要支撑。长江上游地区涉及青、藏、云、贵、川、渝、陕、甘、鄂9省（直辖市、自治区），全长4 511千米，约占长江总长度的70%。长江上游地处国家生态安全战略格局中的"青藏高原生态屏障"和"黄土高原—川滇生态屏障"，是重要的水源涵养地和全球生物多样性保护热点地区。习近平总书记在两次推动长江经济带发展座谈会上均指出，必须把修复长江生态环境摆在压倒性位置，共抓大保护、不搞大开发。

（一）四川长江上游生态屏障地位。四川是长江上游重要生态屏障和水源涵养地，生态地位重要。境内有大小河流近1 400条、湖泊1 000多个，水资源总量为3 489亿立方米。有

56 个县（市）纳入国家重点生态功能区，数量居全国第一，面积占全省 60% 以上。国家级自然保护区数量全国第二，生物资源种类全国第二，森林蓄积量全国第二，川西北草原是全国第五大牧区，水源涵养、生物多样性保护、区域气候调节等功能不可替代，是国家"两屏三带、一区多点"生态安全格局中"青藏高原生态屏障"和"黄土高原—川滇生态屏障"这"两屏"核心区域。习近平总书记曾 3 次亲临四川视察指导，5 次发表重要讲话，多次做出重要指示批示，明确要求四川"要把建设长江上游生态屏障、维护国家生态安全放在生态文明建设的首要位置"。

（二）国内外生态补偿概况。国外流域生态补偿在推进过程中，逐渐形成了政府直接提供的公共补偿、开放式的市场贸易、自发的私人交易和生态标记等，采取市场交易补偿模式为主、资金来源多样化、参与群体众多的生态补偿方式，为我国生态补偿提供了有益借鉴。同时，近年来，国家生态保护补偿制度框架正日益完善。《建立市场化、多元化生态保护补偿机制行动计划》《生态综合补偿试点方案》等文件相继出台，在国家大力推动下，全国已有 20 余个省份相继出台了流域生态补偿政策，31 个省份出台了其他领域生态补偿政策，我国森林、草原、湿地、流域和水资源、饮用水源地、矿产资源开发、海洋以及重点生态功能区等领域，生态补偿机制建设迈出重要步伐。长江流域生态保护补偿也正加速推进，补偿范围正由部分流域拓展到全域流域、由省内拓展到省际，补偿方式正由资金补偿拓展到多元补偿、由要素补偿拓展到综合补偿，即将形成独具长江特色的补偿机制。

（三）四川生态补偿概况。长江上游四川省也积极推动生态保护补偿机制建立健全，2011年 9 月，在岷江、沱江流域干流及重要支流试行跨界断面水质超标资金扣缴制度，首次尝试流域生态补偿。随后，积极探索省内"三江"流域水环境生态保护补偿，创新沱江、岷江、嘉陵江流域横向生态保护补偿机制，已累计产生生态补偿金 19 亿元。跨省域流域横向生态补偿试点取得积极进展，与云南、贵州 2 省签订《赤水河流域横向生态保护补偿协议》，成为首个在长江流域多个省份间开展的流域横向生态保护补偿试点，推动了赤水河流域跨省横向生态保护补偿机制的建立和落地。试点工作实施以来，我省投入赤水河流域（四川段）生态环境保护资金达 10.26 亿元，拨付赤水河流域生态补偿奖励资金 3.3 亿元。

二、生态补偿的优势与不足

（一）生态补偿为有效推动生态环境保护注入新活力。生态补偿制度的建立与生态建设、环境综合治理互为补充，相辅相成，是落实打赢污染防治攻坚战和筑牢长江上游生态屏障重要政策保障。生态补偿作为一种制度安排，不仅有利于带动生态环境保护投入源源不断增加，更重要的是有利于建立保护者恪尽职守、受益者积极参与的激励机制。

（二）生态补偿能积极促进欠发达地区转型发展。中央生态补偿投入的重点在中西部地区、重点生态功能区和贫困地区。实践证明，生态补偿机制建设工作不仅促进了西部地区的经济社会发展，而且带动了这些地区转型发展。包括四川在内的长江上游欠发达地区更加注重在保护中开发、在开发中保护，区域发展差距也将逐步缩小，有利带动绿色低碳产业健康发展，推动了一些对环境影响较大企业的改造升级，对促进经济发展、民生改善、生态恢复具有重要作用。

（三）生态补偿政策还存在诸多问题亟待改进完善。生态补偿制度建设虽然取得了积极进展，但由于起步较晚，涉及的利益关系复杂，对规律的认知水平有限，在工作实践中还存在不少问题。补偿力度较弱，无法真正调动长江上游地区保护的内在动力，从纵向生态保护补偿看，长江上游四川等西部省份得到的国家支持不足；从横向生态保护补偿看，跨省流域生态保护补偿主要在长江经济带相邻省级政府间展开，上游省（市）财政支付能力相比长江中下游较弱，导致协议签订的补偿标准普遍偏低；生态补偿的形式、方式单一性特征明显，与国外市场化、多元化的生态补偿机制相比，还存在较大差距；生态补偿基础性工作还不完善，补偿范围、补偿对象、补偿标准等方面还存在着一些技术上的障碍，生态补偿法律体系仍不完善，相关立法却相对滞后，国家层面的"生态补偿条例"尚未出台，更加细化、更有针对性的长江流域生态补偿实施细则等相关配套政策尚留白。

三、健全完善生态补偿机制的对策建议

（一）强化纵向补偿，切实加大生态补偿投入力度。充分考虑不同区域生态功能因素和发展机会成本的差异，逐步增加生态环境保护专项资金金额总量、提高中央财政转移支付比例，加大对欠发达地区、水系源头地区、自然保护区和重要生态功能区，特别是中西部重点生态功能区的纵向转移支付力度。进一步加大对长江上游纵向补偿力度，加大对四川等长江上游地区高质量绿色发展转型升级的支持力度，鼓励地方在长江干流及其大的支流开展跨省流域横向生态保护补偿，鼓励各省（市）在省域范围内建立流域横向生态保护补偿机制，尤其鼓励财政资源由经济发达地区向贫困地区的横向转移。建议实施鼓励流域上游持续改善水环境，在补偿到位的前提下，建立水环境质量不退化资金激励约束机制，并将生态保护补偿与脱贫攻坚等政策结合，持续探索造血型生态保护补偿模式。

（二）依托"三个补偿"，构建立体多元的补偿体系。充分应用经济手段和法律手段，探索资金补偿、政策补偿、智力补偿等多元化生态补偿方式。建议在资金补偿方面，通过建立企业购买良好生态服务价值、社会资本投入生态保护补偿、生态保护补偿基金构建等途径，积极开展碳汇交易、排污权交易、水权交易、生态产品服务标志等交易，探索市场化补偿方式，拓宽资金来源渠道。建议在政策补偿方面，出台财税、金融、产业指导等扶持政策，吸引并鼓励绿色产业和项目落户；在生态受益城市中设立开发区，安排合乎一般环保要求却因达不到生态提供区的高环境标准而无法落户的招商引资项目，由生态提供区参与经营，收益按协议分成。建议在智力补偿方面，引导和鼓励开发地区、受益地区与生态保护地区、流域上游与下游通过自愿协商建立横向补偿关系，生态受益区有计划地帮助生态提供区培养管理、科技人才，组织专家、环保志愿者开展绿色教育等。

（三）发挥生态服务价值，健全生态价值转化体系。充分发挥政府机制和市场机制的双向调节作用，推动生态补偿市场化。建议健全生态资源价值核算体系。根据各领域、不同类型地区的特点，完善测算方法，分别制定生态补偿标准，科学核算生态产品价值。建议构建生态产业投资体系。采取打捆方式引入第三方污染治理和第三方保护修复，完善政策推进 PPP 法制化、规范化发展，探索以生态环境为导向的城市开发（EOD）模式，推动环境治理与生态旅游、城镇开发等产业融合发展，以解决环保公益性项目财政投入不足问题。建议完善生态产品市场体系。深化产权制度改革，明晰生态资产所有权主体，建设生态产品交易平台，

不断优化升级生态产品交易平台，丰富交易品种和交易方式。建议改进绿色财政金融体系。推进绿色信贷市场稳步增长，加快发行绿色债券，推动绿色保险持续发展，加强环境信用等级评估，完善企业环境信用评价制度，联合生态环境部门、发改部门以及金融机构扩大环保信用评价覆盖面。

（四）推动环境共治，完善跨省界的联动治理机制。推动区域共建共享、产业融合发展、区域协同推进、联防共治，建立生态资源与经济优势有机融合的协作联动机制，打通"绿水青山就是金山银山"路径。建议建立健全长江流域生态补偿跨省协商机制，完善流域综合管理机构，以打破行政区域界线，统筹协调全流域各生态要素的生态补偿，加强流域联防联控联治，加快形成流域"环境共治、生态共保、产业共谋、责任共担、利益共享"共抓大保护新格局。建议共同设立生态补偿基金，鼓励流域用水企业、环保组织及其他社会公益团体等市场主体资金进入，用于生态服务提供区饮用水源、天然林、天然湿地的保护修复、环境污染治理，生态脆弱地带植被恢复、退耕还林（草），因保护环境而关闭或外迁企业的补偿，产业转型升级和环境宣传教育等绿色项目。同时建立生态补偿基金管理委员会，加强对补偿基金的使用管理监督。

（五）坚持试点示范，建立综合性的补偿机制。建议财政部、生态环境部等有关部门联合成立全国生态补偿试点工作协调办公室，加强对生态补偿试点的统一领导、组织协调。支持四川等长江上游地区开展生态综合补偿试点，在生态保护红线和大熊猫国家公园等区域综合补偿等方面先行先试。建议统筹山水林田湖草综合治理、系统治理、源头治理，考虑区域生态系统的整体性，完善综合性生态保护补偿考核指标体系，整合生态补偿资金，进行统筹分配。建议发展优势特色产业，以生态补偿倒逼产业转型。通过奖优罚劣，倒逼各地由被迫治理向主动治理转变。支撑产业扶贫，发挥生态补偿优势与特色产业带动地区脱贫，加大生态功能区主要产业发展和重点产业园区配套建设的政策和资金支持力度，以及采用异地补偿式产业开发、绿色技术援助等手段，提高贫困地区的"造血"能力。

（六）强化政策协同，健全法律法规政策体系。通过完善立法和政策，建立健全生态补偿长效机制。建议建立一套协调、配套的法律体系，尽快出台"生态补偿条例"，明确生态保护补偿的适用范围、领域补偿、区域补偿、横向补偿、市场补偿、资金来源等相关要求。随着条件的成熟，制定"生态补偿法"，对生态补偿的基本原则、类型与种类、补偿方式等做出规定，避免生态补偿短期化、随意化。建议修订完善有关生态补偿的地方性法规和政府规章，使生态补偿步入制度化、法制化轨道。建议延长《中央财政促进长江经济带生态保护修复奖励政策实施方案》实施年限，国家建立长江流域生态补偿实施细则，促进长江全流域横向生态保护补偿机制进一步建立健全。建立生态补偿保障金制度，完善对矿产资源开采环境修复的生态补偿机制。在国家财政转移支付中增加生态补偿项目的比例，改直接的资金补偿为项目补偿，用于国家公园、国家级自然保护区的建设补偿以及对西部生态退化严重区域的修复补偿等。制定分区指导政策，增加对生态保护良好区域或生态环境保护成绩显著区域的补助。进一步完善政府采购制度，将有利于环境保护、资源节约利用等带有生态补偿属性的政策纳入进来，在实现节能降耗和环境保护的同时鼓励企业加大对节能设备和技术的研发，引导企业产出更多生态节能产品。优化生态环境质量考核方法，将生态因素纳入考核，引入生态价值的保值增值对干部绩效进行评价和考核，进一步提升生态环境保护和生态补偿的重视程度。

132

（七）推进税制改革，完善生态补偿税收制度。完善所得税和增值税等有关制度，细化税收优惠阶梯分级，出台环保相关企业所得税优惠目录，制定应纳税额抵免规则，制定关于节能环保设备投入、绿色技术创新的优惠税收政策措施，对有利于环境的产品实行低税率，对污染严重的产品如一次性餐具、塑料袋等提高消费税。扩大环境保护税征收范围，如增加建筑施工扬尘税和噪声税等；针对重点环境问题如臭氧污染的前体物——挥发性有机污染物等适当加大环境污染当量值。明确提出各项资源税费使用中用于生态环境保护的比例，并逐步加大，特别向欠发达地区、重要生态功能区、水系源头和自然保护区倾斜。优化其他环境相关税收制度，加大企业所得税、进出口税收优惠政策、车船税和车辆购置税、成品油消费税等税种在环保方面的税收激励，通过减、免、抵扣及税收返还等多种形式促进环保事业的发展，运用全方位的财税政策对生态补偿进行支持。

基本民生观：良好生态环境是最普惠的民生福祉

统筹推进凉山州生态文明建设与决战精准脱贫攻坚的思辨与践行

胡金朝

西昌学院资源与环境学院

【摘　要】凉山彝族自治州在决胜精准脱贫攻坚战的进程中，以习近平生态文明思想为指导，努力破解个别地方生态产业发展不充分、脱贫群众主动发展的内生动力不足、环境保护意识不强、生态脆弱性未根本改变的突出问题，有效利用全州丰富的生态资源，深入推进河湖治理、水土流失治理，大力实施退耕还林还草，发展先进种养殖业，开发利用清洁能源，推广生态绿色旅游，实现当地产业发展生态化，生态保护产业化，形成了生态文明建设与全域精准扶贫相融相促协同推进的良好局面。

【关键词】脱贫攻坚；生态文明；凉山彝族自治州

凉山彝族自治州（以下简称凉山州）是全国最大的彝族聚居区和四川省民族类别最多、少数民族人口最多的地区，是全国"三区三州"深度贫困和脱贫攻坚任务最为艰巨的地区，是全国和四川省脱贫攻坚的主战场。同时，凉山州地处长江上游，所辖 17 个县（市）中有 12 个国家重点生态功能区，是长江上游生态屏障建设的重要组成部分。特殊的生态区位和自然资源优势、繁重的脱贫攻坚任务，决定了生态文明建设和决胜脱贫攻坚在凉山州经济社会可持续发展中的重要地位。多年来，凉山州始终把脱贫攻坚作为最大的政治责任、最大的民生工程、最大的发展机遇，聚焦"两不愁、三保障"，把持续强力扶贫、巩固脱贫成果、提升脱贫质量放在首位。今年以来，全州各县（市）、各部门坚决贯彻习近平总书记关于脱贫攻坚、疫情防控工作的重要讲话和指示精神，以习近平生态文明思想为指导，认真落实决战脱贫攻坚和生态环境保护工作"党政同责、一岗双责"，着力克服新冠肺炎疫情影响，统筹全域生态文明建设与脱贫攻坚工作，扎实推进脱贫攻坚和生态保护重点任务落实，取得了显著成效。

一、以习近平生态文明思想为指导，着力破解凉山州生态环境突出问题

党的十八大以来，习近平总书记多次就环境保护与生态文明建设发表重要讲话、作出重

要指示，提出一系列新理论新论断新观点，形成了习近平生态文明思想，为我们做好环境治理工作、建设生态文明提供了理论指导、方向指引和根本遵循。凉山州坚持以习近平生态文明思想为指导，大力实施"生态立州"发展战略，着力破解区域生态环境突出问题。

一是不断加强全州河湖治理。凉山州河湖众多，水能资源富甲天下。凉山州始终把河湖治理作为坚持绿色发展的重要工程，制定实施《全面推行河长制工作方案》等近20个配套制度，建立健全州、县、乡、村四级河长体系，形成了党政负责、部门联动、社会参与河湖治理的工作格局。深入推进河湖保护治理，不断改善水生态环境，州内主要河流水环境质量均达到地表水优良标准，水质常年达到或优于Ⅲ类，达标率为100%，无劣Ⅴ类水体，县级城市集中式饮用水水源保护区水质优良比例保持100%，出现了河畅、水清、岸绿、景美的美丽河湖景象。创建邛海—安宁河流域河湖公园试点，加强邛海—安宁河流域水域及其岸线管理，科学修复水生态、合理利用水资源，还给人民群众清水绿岸、鱼翔浅底的良好水生态系统。

二是科学推进水土流失综合治理。凉山州由于地壳褶皱断裂发育、山势陡峻等特殊的地理气候环境，成为我国水土流失特别严重的地区之一。凉山州通过改造坡耕地，建成基本农田，形成了坡面防护体系；通过与天然林保护及退耕还林还草工程结合，在荒山荒坡上种植林草，对疏幼林区进行封禁保护，形成了生物防护体系；通过在沟道中修筑谷坊、拦沙坝拦截泥沙，形成了沟道防护体系；在重点滑坡、泥石流等山地灾害多发区，建立泥石流预警站点，形成了安全监测体系；通过小流域综合治理、湿地保护和恢复等一系列科学有效措施，逐步实现了水土资源的可持续利用和生态环境的可持续维护，水土流失状况得到很大缓解，取得了显著成效。

三是深入实施天然林保护工程。凉山州是四川省三大重点林区之一，林业资源丰富，既是生态建设的主战场，又是脱贫攻坚的"硬产业"。凉山州的天然林保护工程抓得早、抓得实，早从1958年开始，国家投资1 400多万元，用8年时间在东西河地区实施飞机播种造林66.5万亩，成为邛海流域上游的生态安全屏障，被联合国粮农组织称为"人类改善自然典范"，是西昌各族群众赖以生存的"生命之源"。继1998年凉山州启动天然林资源保护、1999年启动退耕还林试点工程后，凉山州还大力组织实施人工造林、封山育林、野生动植物保护及自然保护区建设等林业重点生态工程，使生态环境得到了明显改善，为水电、矿冶、绿色、旅游四大支柱产业提供了强有力的生态保障，筑牢了长江上游生态屏障。

四是着力解决老百姓身边的突出环境问题。随着经济发展，特别是这些年凉山州精准脱贫攻坚战不断推进，很多农村到处可见到新房子，老百姓住上了新房子，开始过上好日子。然而，在有些农村，室内现代化、室外脏乱差，农村垃圾无处去、污水到处流等现象还十分突出。凉山州坚持以习近平生态文明思想为指导，围绕老百姓居住环境和生产生活条件改善，坚持全民共治、源头防治，从严从实集中抓好各类百姓身边的突出环境问题，宣传环境意识、节约意识，倡导简约适度、绿色低碳的生活方式，开展创建绿色家庭、绿色学校、绿色乡村社区和绿色出行等行动，加强农业面源污染防治，开展农村人居环境整治行动，真正把良好生态环境当成最普惠的民生福祉来谋划来推进，老百姓对美好生态环境的获得感不断增强。

二、有效利用丰富的生态资源，统筹推进生态文明建设和全域精准扶贫工作

在凉山，生态文明建设与精准扶贫工作是必须同时推进的两项硬任务，必须同时部署、统筹协调、一体推进。多年来，凉山州利用区域丰富的生态资源，坚持"既要金山银山，又要绿水青山"理念，走脱贫奔康与生态富民相结合、转型发展与绿色强州相结合的绿色减贫之路，统筹推进生态文明建设和全域精准扶贫工作取得显著成绩。

一是牢固树立绿色发展观，坚持生态保护产业化。凉山州牢固树立"绿水青山就是金山银山"的绿色发展观，积极践行人与自然和谐共生理念，加强顶层设计，强化决策执行，抓好规划落实，将自然生态保护与产业转型、脱贫攻坚相融相促，构建天蓝地绿水清、人与自然和谐发展新格局。实施邛海湿地恢复工程，大力发展生态旅游产业。西昌邛海位于凉山中部的安宁河谷平原，是四川省第二大淡水湖泊，由乌蒙山和横断山边缘断裂陷落形成，属长江流域雅砻江水系，是西昌城区各族人民的饮用水源地，被誉为西昌的"母亲湖"。然而，20世纪60年代末至90年代初，由于围海造田、围海造塘、填海造房，造成大量污染和水土流失，近2/3的滩涂、苇塘、湿地遭到破坏，邛海水域面积从34平方千米降至不足27平方千米，水质从Ⅱ类降至Ⅲ类。1997年，凉山州制定邛海保护条例，通过立法对邛海进行最严厉的保护。从2009年起，凉山州、西昌市两级党委、政府坚持以"保护重要城市饮用水源地"为目标，以"坚持大保护，不搞大开发"为原则，采取"只出不进，只拆不建"的强制性保护措施，严格控制开发建设项目，持之以恒推进邛海湿地恢复、邛海流域生态恢复治理、入湖河流综合治理等6大生态恢复工程，截至2019年已累计投入50多亿元，完成邛海1~6期湿地保护与修复工程，形成了山、水、城相依，人与自然和谐相融的独特生态区域。目前，建成的两万多亩湿地使邛海的水域面积恢复到34平方千米，邛海的景区功能、品牌效应、生态价值全面提升，成为国家湿地保护与城市人居环境质量优化协同共生的典范、国内外游客热捧的旅游目的地。西昌市围绕"恢复一片湿地，助推多项产业，造福全市百姓"的目标，将邛海创建成为国家湿地公园和首批国家级旅游度假区，大力发展生态旅游产业，成功实践了"绿水青山就是金山银山"的绿色发展观。

二是牢固树立基本民生观，坚持产业发展生态化。凉山州17个县（市）中，有11个县既是国家级深度贫困县又是国家重点生态功能区，这些地方地貌复杂，自然环境恶劣，是典型的生态脆弱区；同时贫困面广、贫困程度深，是全国贫困问题最突出、脱贫任务最繁重的县域。因此，推进脱贫工作必然要与生态保护相结合。凉山州牢固树立良好生态环境是最普惠的民生福祉的基本民生观，找准生态保护脱贫着力点，坚持扶贫产业生态化，走出了一条生态扶贫、生态富民之路。凉山州有效利用丰富的生态资源优势，着力建基地、创品牌、搞加工，大力发展"1+X"林业生态产业和"果薯蔬草药"特色农牧业；鼓励通过土地流转、入股分红、合作经营、劳动就业、自主创业等方式，建立利益联结机制，培育农村新型经营主体，增加贫困户经营性收入；向国家重点生态功能区优先安排天然林资源保护、退耕还林、生物多样性保护、水土流失综合治理等重大生态工程项目，吸纳当地贫困群众通过参与工程建设获取劳务报酬；以国有森林、林草资源管护、湿地公园管理、安保、保洁等为重点，在贫困户中选聘生态管护员，通过生态公益性岗位使贫困人口在家门口就业、得到稳定的工

资性收入；通过水土流失治理，将水土保持工程与农业产业化有机结合，大力发展石榴、苹果、脐橙、青花椒、烤烟、蚕桑等高产、优质、高效农业，以及黑山羊、生态黑猪、乌金猪、岩鹰鸡、冷水鱼等优质畜牧业和养殖业，促进一二三产业融合发展，不仅使治理区村村有致富产业，户户有致富门路，而且使致富产业生态化，生态环境步入良性循环发展，农民的收入大幅增加，治理区人民走上了脱贫致富之路。

三、创新推动脱贫后凉山州生态文明建设，切实守护好长江上游生态安全

2018年春节前夕，习近平总书记视察四川时提出要坚持把生态文明建设放在突出地位，把建设长江上游生态屏障、维护国家生态安全放在生态文明建设的首要位置。2020年是决胜脱贫攻坚、全面建成小康社会的重要一年，也是"十三五"规划收官、开启"十四五"规划的重要一年，凉山州面对年初来势汹汹的新冠肺炎疫情，在以习近平同志为核心的党中央坚强领导下，保持发展定力，沉着应对各种风险挑战，加快恢复生产生活秩序，全心全意谋划疫情防控、精准扶贫、环境保护与森林草原防灭火专项整治等重点工作，各方面都取得了显著成绩。在新的起点上，面对新形势、新任务、新要求，凉山州主动融入成渝地区双城经济圈建设，进行脱贫攻坚的最后冲刺，持续巩固脱贫成果，创新推动脱贫后凉山州生态文明建设，切实守护好长江上游生态安全。

一是小康社会的成色要经得起历史的检验。凉山州11个国家级贫困县中，2019年有4个脱贫摘帽，2020年剩下的7个贫困县将全部脱贫，和全省全国一道全面建成小康社会。小康全面不全面，生态环境质量是关键。消除绝对贫困以后的凉山人民对美好生活的向往既有物质方面的、精神方面的，也有生态产品方面的，包括清新空气、清澈水质、清洁环境等。2020年9月，习近平总书记在湖南省考察时特别强调：建立健全防止返贫长效机制。要顺应人民群众的期待，深入研究接续推进凉山州全面脱贫与乡村振兴有效衔接，经济高质量发展与生态环境高质量保护有效衔接，持续巩固脱贫成果，科学防止返贫发生，要继续推进生态治理，推动形成绿色低碳循环发展新方式，让小康社会的成色得到人民认可、经得起历史的检验。

二是后脱贫时代要统筹推进生态保护与经济高质量发展。习近平总书记指出，发展经济是为了民生，保护生态环境同样也是为了民生。保护生态，就是保护生产力；改善生态，就是发展生产力。凉山州发展生态产业，发展现代农业，发展全域生态旅游，让人民过上好日子是成功的绿色减贫之路；实现易地搬迁，规划建设让老百姓望得见山、看得见水、记得住乡愁的彝家新寨，倡导节约资源、简约适度的绿色生活方式，培育形成爱护自然、讲究卫生的良好习惯，开展农村环境综合治理、厕所革命、保护流域生态，是增加资源价值、实现经济高质量发展的绿色发展之路。习近平总书记指出，绿水青山和金山银山绝不是对立的，关键在人，关键在思路。一个地方的发展，关键在于找准路子。

三是创新推动生态文明建设，切实守护好长江上游生态安全。凉山州对标国家《生态文明体制改革总体方案》，坚决贯彻习近平生态文明思想，协调经济高质量发展和生态环境高水平保护的关系，坚持生态优先、绿色发展，积极巩固脱贫成果，共同培育全州全域生态文明

意识，以筑牢长江上游生态安全屏障、建设高品质生活宜居地为目标，积极探索资源节约共享、各方责任共担、全域发展共赢为基本方式的生态文明建设模式，不断提升经济发展质量和生态保护水平，打造美丽幸福和谐凉山。进入 2020 年以来，凉山州主动融入成渝地区双城经济圈建设，积极应对新冠肺炎疫情影响，加强生态文明建设和决战精准脱贫顶层设计，继续实施生态建设扶贫专项，有效保护野生动植物资源。巩固创建自然保护区、全国绿色小康村、全国绿色小康户、省级绿化模范县、省级绿化模范单位和省级绿化模范村，全州森林和湿地生态系统提供的保育土壤、涵养水源、固碳制氧、积累营养物质、净化大气环境、保护生物多样性、森林游憩和城镇林木节能减排等生态服务功能价值不断提高，依托邛海、泸沽湖、螺髻山、大风顶等自然保护区和泸山、灵山等森林公园建设，积极推进水生态、湿地生态和森林生态旅游，逐步成为农民增收致富的支柱产业。大力发展光伏发电、风电及水电站等清洁能源。进一步加强森林资源管理、森林防火、病虫害防治体系建设，通过实施生态工程、生态就业、生态产业、生态补偿"四位一体"的扶贫模式，让贫困群众共享生态文明建设成果。农业面源污染有效治理、防灾减灾避灾治理能力得到增强。各族干部群众关心生态、保护生态的意识明显增强，全州"绿水青山就是金山银山"的科学发展理念和绿色发展理念深入人心。紧紧围绕脱贫攻坚和全面建成小康社会的总目标，坚持脱贫攻坚与生态保护并重，全面深化改革，优化生态建设布局，严守生态保护红线，实施生态修复工程，发展绿色富民产业，积极探索生态建设长效机制。积极加强自然保护区、森林公园、湿地公园、草原等旅游配套设施建设，切实守护好长江上游生态安全。

参考文献

[1] 四川省人民政府. 凉山州生态文明建设成效显著[A/OL].(2012-12-17)[2021-01-18]. http://www.sc.gov.cn/10462/10464/10465/10595/2012/12/17/10240455.shtml.

[2] 凉山州生态环境保护督察工作领导小组办公室. 真抓实改，我州切实做好省级生态环境保护专项督察反馈问题全面整改[EB/OL].(2020-03-19)[2021-01-18].https://www.sohu.com/a/381257743_100303543.

[3] 凉山州林业和草原局. 凉山：坚持绿色发展 助推脱贫攻坚[A/OL].(2020-09-17)[2021-01-18]. http://www.lsz.gov.cn/ztzl/rdzt/tpgjzt/tpyw/202009/t20200917_1694908.html.

[4] 禅心，何流. 推进生态文明 建设美丽凉山 [N/OL]. 四川日报，2019-02-11[2021-01-18]. https://epaper.scdaily.cn/shtml/scrb/20190211/210134.shtml.

[5] 谭卫平. 生态建设与脱贫攻坚：一个都不能少[J]. 今日中国，2020，69(5):42-43.

[6] 王成栋，侯冲，李淼，等. "决胜全面小康 高质量打赢三大攻坚战" [N/OL]. 四川日报，2017-12-28[2021-01-18].https://epaper.scdaily.cn/shtml/scrb/20171228/181606.shtml.

[7] 刘学敏. 论贫困地区如何突破贫困与生态恢复的"双重制约"[J]. 全球化，2020(4):78-86+134-135.

[8] 曾贤刚. 生态扶贫：实现脱贫攻坚与生态文明建设"双赢"[N/OL]. 中国青年报，2020-10-09[2021-01-18]. https://baijiahao.baidu.com/s?id=1680033083392790695&wfr=spider&for=pc.

高寒高海拔地区农村生活污水治理现状分析及技术建议

黄田　任春坪　罗彬　郑淋峰
四川省环境政策研究与规划院
杨庆
阿坝藏族羌族自治州生态环境局

【摘　要】本文以阿坝藏族羌族自治州（以下简称阿坝州）农村为切入点，结合农村生活污水治理现状调研，分析其污水治理模式，对阿坝州农村生活污水处理的难点和所面临的问题进行探讨，提出了适合阿坝州农村地区特点的分区分类治理模式和处理工艺，对今后阿坝州地区农村生活污水治理发展方向提出了对策建议，以期为我国高寒高海拔地区农村生活污水治理提供参考和借鉴。

【关键词】农村生活污水；高寒高海拔；现状；对策；建议

党的十九大报告指出，建设生态文明是中华民族永续发展的千年大计，必须树立和践行"绿水青山就是金山银山"的理念。十九大以来，党中央围绕打赢脱贫攻坚战、实施乡村振兴战略作出一系列重大部署，出台一系列政策举措。十九届五中全会强调优先发展农业农村，坚持把解决好"三农"问题作为全党工作重中之重，走中国特色社会主义乡村振兴道路，全面实施乡村振兴战略。

随着我国农村经济水平的显著提高，随之而来的农村经济与环境建设不协调发展导致的问题也日渐凸显，其中以水环境污染问题最为严重。因此，全面提高农村水环境质量，改善农村人居环境，积极探索如何有效地治理农村生活污水成为当务之急，既是农村振兴战略的迫切需要，也是全面建成小康社会的主题。高寒高海拔地区农村生活污水治理一直是环保领域的难点，本文以阿坝州农村生活污水治理现状实地调研为切入点，分析探究其治理现状、模式及存在的问题，以期为高寒高海拔地区农村生活污水治理提供参考和借鉴。

一、区域概况

阿坝州位于四川省西北部，青藏高原东南缘，境内有岷江、大渡河、嘉陵江、涪江、黄河五大水系，是长江、黄河、成都平原及成渝双城经济圈的"绿色生态屏障"和重要水源涵养地，在国家生态安全与西部地区可持续发展中具有重要的战略地位。阿坝州地形高低悬殊，平均海拔在 3 500 ~ 4 000 米之间。地表整体轮廓为典型高原，地势高亢，全州高原和山地峡谷约各占一半，高原包括高平原、丘状高原、高山原，山地峡谷主要有低中山、中山、高山、极高山和山原，其间分布平坝或台地。境内垂直气候显著，冬季寒冷而漫长，昼夜温差大，冬春季节空气干燥，旱、霜、雪、低温、大雪等各类害性天气频繁。

阿坝州具有面积大、海拔高、冬季气温低且供暖设施缺乏、经济基础薄弱、技术力量薄弱等特点，同时农村污水处理面临冰冻灾害等严酷条件，污水处理设施稳定运行、运维管护极具挑战。

二、治理现状与模式分析

（一）处理规模

阿坝州地域面积大，农村人口少，居住分散，居民用水量少，不少地区仍在使用旱厕，污水产生量少。截至目前，全州已建集中式生活污水处理设施 76 座，总处理规模 5 023 m³/d，平均处理规模 57.08 m³/d。总体来看，阿坝州小规模农村生活污水处理设施占比高，95% 以上的设施规模小于 100 m³/d。从数量统计的规模分布情况来看（见图 1），阿坝州农村生活污水处理设施规模介于 10～400 m³/d，主要集中在 20～100 m³/d 区间，50 m³/d 以下的设施数量占比 68.19%，100 m³/d 以下的设施数量占比 95.45%。从污水处理量统计的规模分布情况来看（见图 2），50 m³/d 以下的污水处理设施规模总量占比 36.09%，100 m³/d 以下的污水处理设施规模总量占比 80.89%。

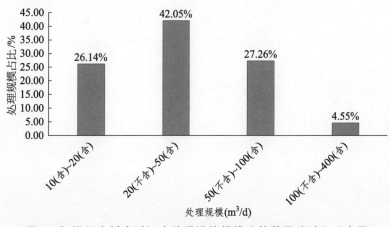

图 1　阿坝州农村生活污水处理设施规模（按数量统计）分布图

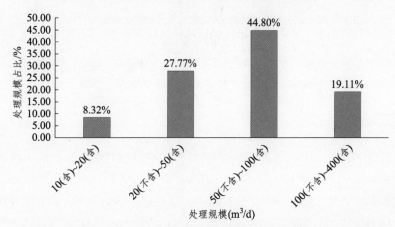

图 2　阿坝州农村生活污水处理设施规模（按规模统计）分布图

（二）进水水质

进水水质分析基于有统计数据的 28 座污水处理设施进水 CODCr、NH₃-N 浓度，从图 3 和图 4 中可以看出，已建的污水处理设施设计 CODCr、NH₃-N 进水均值分别为 252.5 mg/L、23.93 mg/L，设计值范围分别为 100～350 mg/L、15～35 mg/L，而实际进水 CODCr 均值为 86.96 mg/L，进水 NH₃-N 均值为 12.26 mg/L，设计值与实际进水值偏离较大。

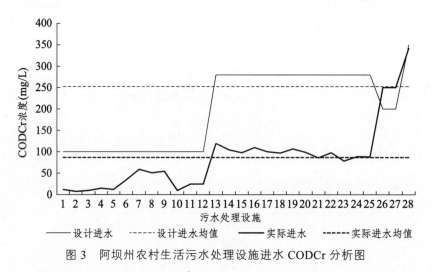

图 3　阿坝州农村生活污水处理设施进水 CODCr 分析图

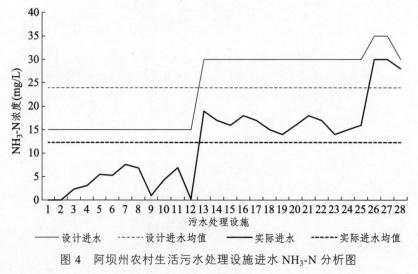

图 4　阿坝州农村生活污水处理设施进水 NH₃-N 分析图

（三）工艺分布

阿坝州农村生活污水处理工艺种类较多，分为无动力和有动力两种：无动力工艺主要为厌氧池 + 人工湿地、厌氧生物滤池，占比 5.26%；有动力工艺均为一体化设施，采用的工艺包括生物接触氧化、AO、A2O、MBR、FMBR，占比达到 94.74%。从工艺分布情况来看，A2O、生物接触氧化、AO 三种工艺占比较高，分别为 30.26%、26.32%、17.11%，采用这三种工艺的设施数量总占比为 73.69%，其余工艺（MBR、FMBR、厌氧 + 人工湿地、厌氧生物滤池）占比 26.31%（见图 5）。从工艺分布情况来看，采用工艺与四川省城镇污水处理工艺分布相近，按常规工艺路线选择，未充分考虑高寒、高海拔、低水温情况，同时工艺选择也不合理，比如 MBR、FMBR 工艺管理要求高，运行能耗高，并不适用于高寒高海拔地区农村生活污水处理。

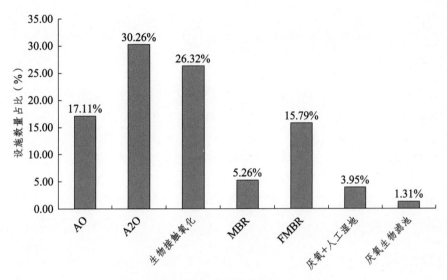

图 5　阿坝州农村生活污水处理工艺分布

（四）排放标准

如图 6 所示，阿坝州已建农村生活污水处理设施出水采用的标准为《城镇污水处理厂污染物排放标准》（GB 18918—2002），其中采用（GB 18918—2002）一级 B 标的设施数量最高，占比达 57.89%，出水执行（GB 18918—2002）一级 A 标的设施较少，占比 2.63%。

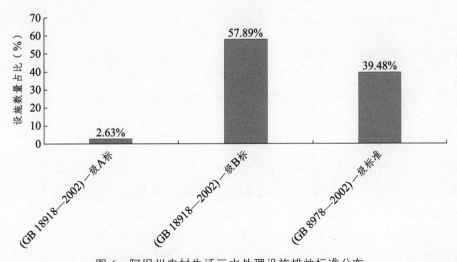

图 6　阿坝州农村生活污水处理设施排放标准分布

（五）运维管理

目前，阿坝州农村生活污水处理设施主要由乡镇政府或村委会负责运维，各县（市）多为单个村或多个村村委会雇佣当地村民运维管理，运维人员专业素质低，运维水平及效果参差不齐。另外，乡镇经济薄弱，无力承担运维费用，已建污水处理设施大多处于闲置状态。

三、存在的问题

（一）前期设计不合理

阿坝州地形、气候条件复杂，海拔高，冬季漫长且气温低，工艺选择难，部分已建的污水处理设施未充分考虑冬季极寒天气条件。部分设施在设计阶段没有做好前期论证，与乡（镇）、村规划脱节，设计规模偏大，采用的工艺未充分考虑冬季极寒天气条件。部分已建设施选址不合理。阿坝州地处生态脆弱区，常年地质灾害频发，水土流失问题突出，部分已建设施在设计阶段未充分考虑地质灾害影响，导致已建设施毁损问题突出。另外，相关部门热衷于采用一体化污水处理设施，且工艺类型复杂多样，管理要求高，能耗高，给后期运维带来极大压力。

（二）污水收集困难

一是由于地方经济等原因，管网建设仍以合流为主，再加上冬季为了防治给水管及水龙头冰冻，给水管道敞放情况十分普遍，导致污水处理设施进水水量增大，污水浓度低，污水中有机物含量低，微生物生长培养较困难。二是当地农村居民居住分散，地形条件复杂，河谷、山地同时存在，海拔落差大，导致管网建设成本高，施工难度大，污水收集困难。三是在管材与管径选择、施工等方面不规范，监管不严，导致部分管道堵塞、破损、冻裂。四是管网与污水处理设施建设不同步，部分设施建设后由于缺乏配套管网而无法运行。

（三）工艺选择困难

阿坝州辖区面积 8.42 万平方千米，高原与峡谷并存，海拔跨度大，州府和 12 个县城海拔高度从 1 300 多米到 3 500 米，在高寒高海拔地区，常规的农村生活污水工艺面临冬季极寒天气、昼夜温差大等恶劣条件，污染处理设施很难正常运行。

（四）运维管理缺失

在技术层面，主要体现为冬季运行困难。境内冬季气温时常处于 0～3 ℃，再加上加热措施成本高，加热不经济，污水处理设施未充分考虑加热保温措施，冬季微生物无法生长。在运维机制保障方面，一是运行资金不足。全州农村生活污水处理设施处理规模小（主要集中在 10～100 m³/d）、分布相对分散，维护成本高。笔者调研发现，农村生活污水一体化处理设施年运维费用 5 万～10 万元，但由于目前设施交由乡镇负责运维，而乡镇无力承担全部运维费用，实际投入仅 2 000～10 000 元，难以保障处理设施正常运行。二是运维经费有效利用率低。目前运维资金来源涉及农业、环保、住建多个部门，各部门缺乏有效衔接，资金有效利用率低。三是缺少运维人员。污水处理设施运维需要专业人员，而实地调研发现，现有设施往往由乡镇或者村干部兼职管理，日常巡检工作仅关注电机是否有电，对加药、回流、曝气时间等操作并不了解，难以保障污水处理设施正常运行。四是缺乏有效运维机制。项目建设和监管责任主体不明确，生态环境部门既建设又监管，难以保障项目建设顺利推进。

四、技术推荐

综合考虑阿坝州地形条件、气候条件、经济条件、人口聚集程度、居民生产生活习俗，坚持资源化利用优先、处理为辅的原则，鼓励生活污水优先用于资源化利用。对于不具备资源化利用条件且具备纳管条件的村庄，采用纳管方式，统一收集到县城、乡镇集中式生活污水处理设施进行处理。对于不具备资源化利用及纳管条件的村庄，采取建设污水处理设施或者收集转运的方式进行处理。

（一）资源化利用

一是自然生态降解法，适用于使用旱厕的村庄。自然生态降解法流程如图 7 所示。旱厕粪污经过自然降解，采用人工清掏或者深坑掩埋的方式用于草地和林地消纳、农作物施肥、果蔬种植、庭院绿化等。灰水通过管道或者沟、渠排出后用于农业利用，不得直接排入河（湖、库）；如不具备资源化利用条件，需排入河（湖、库）的，宜经过生态沟渠、稳定塘等处理后再排放。

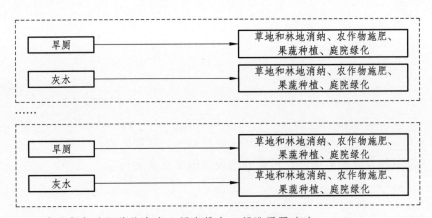

注：涉及农家乐经营的农户，厨房排水口须设置隔油池。

图 7　自然生态降解法示意图

二是三格式化粪池＋资源化利用，适用于使用水冲式厕所且具备资源化利用条件的村庄。三格式化粪池＋资源化利用流程如图 8 所示。黑水与灰水分开收集，黑水排入三格式化粪池，在厌氧微生物的作用下，部分有机物及悬浮物得到降解。灰水、三格式化粪池的上清液、池底粪渣用于草地和林地消纳、农作物施肥、果蔬种植、庭院绿化等。灰水、三格式化粪池出水不得直接排入河（湖、库），如不具备资源化利用条件，需排入河（湖、库）的，宜经过生态沟渠、稳定塘等处理后再排放。

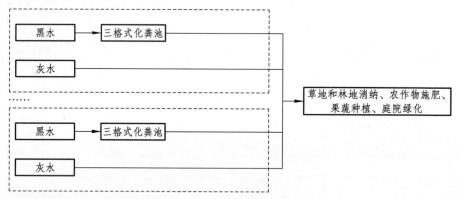

注：涉及农家乐经营的农户，厨房排水口须设置隔油池。

图 8　三格式化粪池 + 资源化利用示意图

（二）集中处理

一是纳管处理，适用于不具备资源化利用条件，位于县城、乡镇生活污水处理设施周边且具备纳管条件的村庄。纳管处理流程如图 9 所示。污水在进入县城、乡镇污水管网前应经过前端管网收集和化粪池预处理，黑水与灰水分开收集，化粪池可设置为两格或者一格，也可以采用三格式化粪池。入户管道坡度较大时，可以不设置化粪池，但应适当增加入户管道直径，缩短管道检查井距离，加强管网管护，防止堵塞。

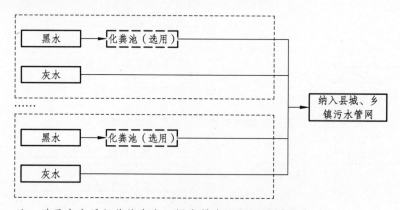

注：涉及农家乐经营的农户，厨房排水口须设置隔油池。

图 9　农村生活污水纳管处理法示意图

二是生态处理法，适用于不具备资源化利用及纳管条件的村庄。生态处理法流程如图 10 所示。黑水与灰水分开收集，黑水经过每家每户的三格化粪池初步处理后，再通过污水管道进入三级厌氧沉淀池再次处理，处理后的污水与灰水混合进入生态沟渠或稳定塘，经自然净化后排放。

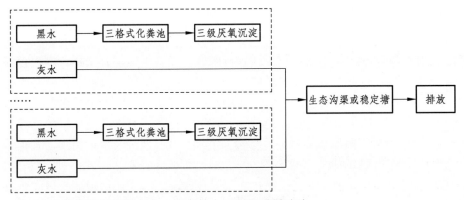

注：涉及农家乐经营的农户，厨房排水口须设置隔油池。

图 10　农村生活污水生态处理法示意图

三是建设一体化污水处理设施，适用于不具备资源化利用及纳管条件的村庄。集中式污水处理设施主体工艺可采用 SBR（序批式活性污泥法）或者 A2O（厌氧—缺氧—好氧工艺）。集中式污水处理流程如图 11 所示。污水在进入 SBR 或者 A2O 处理系统前，应经过前端管网收集和化粪池预处理，黑水与灰水分开收集。化粪池可设置为两格或者一格，也可以采用三格式化粪池。入户管道坡度较大时，可以不设置化粪池，但应适当增加入户管道直径，缩短管道检查井距离，加强管网管护，防止堵塞。

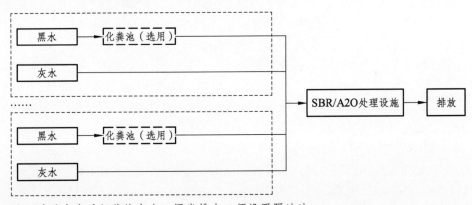

注：涉及农家乐经营的农户，厨房排水口须设置隔油池。

图 11　农村生活污水集中式污水处理示意图

（三）收集转运处理

适用于不具备资源化利用及纳管条件的村庄。农户生活污水经收集后转运至周边县城、乡镇集中式污水处理设施进行处理，流程如图 12 所示。采用收集转运方式处理的，黑水与灰水分开收集、混合收集均可。转运处理的覆盖范围、运输频次等根据经济测算后灵活确定。

生活污水 → 污水收集池 → 转运处理 → 排放

注：涉及农家乐经营的农户，厨房排水口须设置隔油池。

图 12　农村生活污水收集转运处理示意图

146

五、对策与建议

坚持分类分区域治理。结合阿坝州不同农村区域特点，因地制宜选择合理治理模式，对于县城和乡镇周边且具备纳管条件的聚居区，在一定半径内采用与县城和乡镇污水处理厂并网方式；对于环境敏感区（重要河流沿岸、饮用水源地等）内的大型聚居区，采用建设一体化污水处理设备或统一收集转运后集中处理等方式进行处理；对于其他地区的分散型农户，结合"厕所革命"，针对不同海拔和地势选择不同方式，河谷地区农户采用水冲式化粪池处理后还田，高海拔草原地区如阿坝县、红原县、若尔盖县等地区，采用旱厕方式收集后资源回用。

加强污水管网建设与管护。一是改善自来水敞放状况。一方面通过技术措施，对排水管网进行改造，对接纳敞放自来水的下水管道与粪便污水管道分开设置，分类处理；另一方面通过管理措施，适时、逐步推进自来水收费政策，降低居民自来水敞放频率，改善进水质量。二是提升管网工程建设质量。加快制定符合区域特色的污水管网设计规范，结合当地气温、地形条件、施工工艺等，选取知名品牌，保证管网工程建设质量。三是完善排水体制，提高污水收集率。实施以分流制为主、截流式合流制为辅的排水体制，逐步推进雨污分流改造。

加大技术研发投入。高寒地区冬季污水具有极低温、低浓度特点，已超出污水生物处理的技术适用条件，全球范围内缺少类似先进技术，应加大技术研发力度，攻克高寒地区污水处理技术难题。

强化资金保障与运维管护。一是落实用电、用地等优惠保障措施。阿坝州经济发展水平低，应在电价、用地等方面，给予适当优惠政策。另外，阿坝州太阳能丰富，建议出台政策鼓励污水处理设施采用太阳能，降低污水处理设施运行成本。二是强化资金保障。农村生活污水处理设施的日常运行及维护，包含药剂投放、电费、人工、设备设施更换等，应纳入财政预算来保障，同时进一步统筹各项涉农资金，打好政策资金"组合拳"，建立政府扶持、群众自筹、社会参与的资金统筹机制。三是明确运维主体。具备条件的地区可购买第三方服务，由第三方运营公司进行运维，地方政府纳入预算以保障其经费，确保稳定运行。在地域面积大的民族地区，可以实行片区化管理，并提升现有设施自动化程度，减少人员成本投入。四是明确责任、加强监管。农村生活污水处理涉及部门多，按照"政府主导、乡镇实施、部门监管"的原则，强化部门统筹，统筹安排资金，各乡镇应承担好项目实施方、建设方责任，有效推进农村生活污水治理项目顺利实施。

参考文献

[1] 谢燕华，刘壮，勾曦，等. 西南地区农村生活污水水质分析及村民意愿调查[J]. 环境工程，2018，36（8）：165-169.

[2] 麻泽龙，何荣智，周芸. 四川农村生活污水处理技术现状浅析[J]. 中国建设信息：水工业市场，2020（2）：41-44.

[3] 陈闯，邓良伟，陈子爱，等. 四川省农村垃圾与污水处理现状调研与分析[J]. 中国沼气，2012，30（1）：42-46.

[4] 吴歆悦. 浅谈中国西南农村地区生活污水分散式处理现状[J]. 四川环境，2015，34（5）：99-105.

［5］ 马琳，贺锋. 我国农村生活污水组合处理技术研究进展[J]. 水处理技术，2014，40（10）：1-5.

［6］ 查磊. 寒冷地区农村居民点生活污水处理系统升温保温技术研究[J]. 水电站设计，2019，35（4）：50-54.

［7］ 易鸳鸯，丁丽，朱丽，等. 新疆农村生活污水排放现状及处理技术建议[J]. 新疆环境保护，2019，41（1）：42-45.

［8］ 曹辉林，周丰，郭建中. 探讨我国北方高寒地区农村生活污水处理技术[J]. 环境与发展，2015，27（2）：76-78.

提升治理能力水平　探寻治理适宜路径
——对自贡市农村生活污水治理的思考建议

孔茹芸　林佳丽　付思文

四川省环境政策研究与规划院

【摘　要】　农村生活污水治理是实施乡村振兴战略、建设美丽乡村、改善农村人居环境的重要内容。习近平总书记多次作出重要指示，强调要因地制宜做好农村污水处理，不断提高农民生活质量。现阶段，农村生活污水未经有效处理排放已成为水环境污染的主要原因之一。要想改善农村生态环境，提升农民生活质量，必须加强农村生活污水治理。本文以自贡市为例，充分考虑农村生活污水治理的特殊性，总结分析农村生活污水治理的特点，在研判全市农村污水治理现状的基础上，提出以提升治理能力为核心的农村污水治理的有关思考建议，探索先进治理模式经验，为丘陵地区农村生活污水治理提供有益借鉴。

【关键词】　农村生活污水；治理能力；建议

实施乡村振兴战略，是党的十九大作出的重大决策部署，是决胜全面建成小康社会、全面建设社会主义现代化国家的重大历史任务，是新时代"三农"工作的总抓手。习近平总书记深刻指出"加快补齐农业农村发展短板""加快推进农村生态文明建设、建设农村美丽家园"。中共四川省委多次就推进绿色发展建设美丽四川、推进城乡基层治理制度创新和能力建设进行部署，提出"建立'美丽四川·宜居乡村'建设长效机制，切实提高乡村环境治理水平、改善人居环境质量"。

自贡地处川南城市群几何中心，属典型的低山丘陵，分属岷江、沱江两大河流水系，是成渝地区双城经济圈建设中的重要节点城市，也是世界地质公园、国家历史文化名城、中国优秀旅游城市、国家园林城市，环境优美宜人。但农村地区环境保护工作起步晚，环保基础设施还很薄弱，特别是农村生活污水治理是自贡市美丽乡村建设的突出短板之一，也成为"美丽自贡"建设的重要制约。推进自贡农村生活污水治理，是落实党中央、省委乡村振兴战略，补齐农村短板、改善人居环境，建设"美丽四川·宜居乡村"的一个"缩影"，是贯彻习近平生态文明思想，落实精准治污、科学治污，推进广大丘陵地区探索农村生活污水治理的重要"试验田"，是践行绿色发展理念，提升基层治理能力水平，保障人民群众身体健康，提升农民满意度的重要"抓手"，也是抢抓成渝地区双城经济圈战略机遇，筑牢"再造产业自贡"生态本底，实现自贡生态高水平保护和经济高质量发展的重要"载体"。自贡农村生活污水治理情况复杂，治理工作挑战重重，应深刻认识农村生活污水治理重要性，加大农村生活污水治理力度，在全省率先探索出先进治理模式经验，为丘陵地区农村生活污水治理提供有益借鉴。

一、农村生活污水治理情况复杂，必须摸清底数、精准研判

随着农业农村的不断发展，产生了大量的农村生活污水，不仅对饮用水水源地带来潜在威胁，同时也成为河流湖泊富营养化的重要原因。当前，农村生活污水有效治理普及率不高等问题依然存在，农村生活污水治理仍是大课题、难课题。

（一）农村社会经济发展现状

自贡是一座老工业城市，也是典型的农业大市。一是乡村人口占据全市人口"半壁"。2019年，全市总人口达 320.06 万人，乡村户籍人口 183.68 万人，占总人口的 57.39%。同时，随着近年来乡村振兴战略实施，返乡劳动力不断"回流"，近郊旅游不断"升温"，对农村生态环境治理提出更高要求。二是农业产业生产总值仍然呈不断增长趋势。2019 年，自贡市第一产业增加值为 202.36 亿元，增长 2.9%，贡献率为 11.2%，呈不断增长趋势。受制于丘陵地形影响以及经济水平制约，自贡市农业产业小作坊、粗加工、低效益、粗放式的传统模式依然占据着主导位置，对生态环境持续改善提出持续挑战。三是农村居民人均可支配收入呈不断增长趋势。2019 年，自贡市农村居民人均可支配收入 17 277 元，增长 10.1%，呈不断上升趋势，充分说明乡村振兴背景下的农业农村发展正逐步迈向全面小康，在物质条件不断得到提升的前提下，人们对优美环境有着更高的需求。

（二）农村生活污水排放现状

一是从聚居点分布来看，基于 2019 年统计年鉴数据，自贡市常住的农村户数为 619 243 户，统计出 173 729 个聚居点，其中，0 ~ 5 户有 138 494 个，占比 79.72%；5 ~ 10 户有 22 315 个，占比 12.84%；10 ~ 15 户有 7 312 个，占比 4.21%；15 户以上有 5 608 个，占比 3.23%。根据现行的优先安排 15 户以上的农村居民聚居点污水处理设施建设要求，农村生活污水治理的难点主要聚焦在占比 96.77% 的分散性居民点。如图 1 所示。

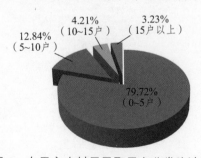

图 1 自贡市农村居民聚居点分类统计图

二是从用水量来看，2017 年自贡市农村居民用水量整体较 2016 年减少，但 2018 年之后则呈上升趋势。贡井区、荣县和沿滩区的农村用水量波动较大，而其他区（县）根据用水量分析，节水效果不明显，仍需加大力度探寻更为实用的节水技术。从流域来看，沱江流域用水量总体高于岷江干流，沱江流域农村生活污水治理是全市农村生活污水治理的重点和难点。

三是从水质情况来看，就供水与污染浓度而言，自贡市农村生活用水主要通过小型水厂供水与水井形式取水，多用于日常餐饮、洗涤、散养禽畜等。农村生活污水浓度低，成分复杂且变化大，含一定量的氮和磷。从污染物浓度特性来看，生活污水排放总量相对较小，但波动性较大。全市农村多为小型集聚居住形态，村庄规模小且较为分散。从排放规律性来看，自贡市农村生活污水排放间歇性明显，白天多而夜晚少，夏季污水排放量最大，而春秋季节相对平稳，冬季较小；瞬时性明显，节假日期间污水排放量剧增，人口流动对农村生活污水排放量及水质的影响较大。

（三）农村生活污水治理现状

自贡市农村污水处理设施、污水处理管网建设总体规模偏小，与大量的农村生活污水治理需求还不匹配，加之农户对农村生活污水治理意识行动不一致，农村生活污水治理仍是一大难点。

一是从污水处理设施建设情况来看，就污水处理厂（站）建设而言，全市现有乡镇污水处理厂（站）72座，设计规模为100~4 000 t/d，87.2%乡镇污水处理厂（站）设计规模小于1 000 t/d，乡镇污水处理厂（站）建设规模总体偏小。各区（县）乡镇污水处理厂（站）分布情况如图2所示。

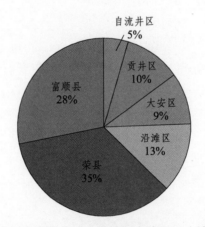

图2　自贡市各区（县）乡镇污水处理厂（站）分布

就污水收集管网建设情况而言，接入城镇污水处理设施管网农户数约35 444户，建设单户处理设施约225 643个。农村生活污水得到有效治理的村庄数共300个。其中，污水进入处理设施（或城镇管网）的村庄154个，户厕改造后生活污水得到资源化有效利用的村庄146个。全市村庄生活污水有效处理率达41.9%，与2020年全市55%以上的行政村生活污水得到有效治理的建设目标还存在一定差距。

二是从污水治理设施运维情况来看，就建设运维资金而言，自贡市建设乡镇污水处理厂投资共约4亿元。若按照全市716个行政村的60%农户具备生活污水处理设施测算，至2024年，自贡市农村生活污水治理总投资费用约为7亿元，资金需求量极大。自贡市部分区（县）农村生活污水处理厂投资费用如图3所示。

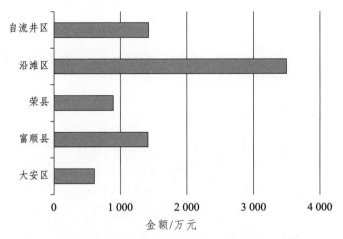

图 3 自贡市部分区（县）农村生活污水处理厂投资金额

就运维模式而言，自贡市农村生活污水处理设施主要是农户运维、村委会或乡镇政府运维和第三方运维三种模式。农户运维，主要针对化粪池、沼气池等操作简便的污水处理设施；村委会或乡镇政府运维，主要针对公用且操作较复杂的设施，如荣县的人工湿地主要由村委会运维、富顺县的化粪池 + A/O 则由乡镇运维；第三方运维，主要针对专业技术性强的一体化处理设施，如大安区现有 17 座采用 A/O 一体化设备的污水处理厂就委托第三方机构运维。

三是从厕所改造情况来看，厕所改造是农村生活污水治理的重要一环。自贡市各区（县）按照群众接受、经济适用、维护方便、不污染公共水体的要求，结合当地经济社会发展实际、农村地形地貌、农业生产方式、卫生习惯、用肥特点等，合理确定农村户用无害化卫生厕所建设和改造模式，积极推进"厕所革命"。截至 2020 年 6 月底，全市户厕改造后污水进行资源化利用得到有效治理的户数达到 77 363 户，占全市总有效治理户数的 17.39%。

四是从农户行动和意识情况来看，农村水资源相对丰富，农民节约用水意识不强，散居农户生活污水处理没有受到应有重视，生活污水直排现象较多。部分群众对农村生活污水处理设施不关心，甚至出现了一些群众认为其占用了可利用空间，反对在房前屋后修建处理设施的情况。群众对政府提供资金支持的农村生活污水处理方式较为接受，一旦缺乏后续管理，农村污水治理无人问津又回到"散漫处理"的老路上。

二、农村生活污水治理挑战重重，必须沉着面对、积极应对

在充分研判自贡农村生活污水现状基础上，看到全市农村生活污水治理在思想认识、收集处理、建设运维、体制机制上还存在一定问题，与美丽乡村建设还有差距。

（一）认识上重城轻乡，与城镇相比起步较晚，居民意识不够

污水处理基础设施建设和管理往往优先保障城市的需求，大量经济条件较差区域或偏远地区的农村生活污水未得到有效治理，农村生活污水治理设施覆盖率低。同时，农村居民受传统生活习惯的影响，对农村生活污水造成的环境污染缺乏认识，对相关的设施建设行为不能充分理解，参与程度较低。

（二）收集上面广分散，设施管网铺设困难，统一收集不现实

自贡市地形以丘陵为主，平坝地形十分狭小、分布零星，农村居民分散居住，0～5户的聚居点，比例高达79.72%，农村生活污水属于典型的分散性生活污水，设施管网铺设的难度极大。

（三）处理上技术欠缺，缺乏排水设施，技术治理实践难度大

自贡市城市污水处理设施建设类型多、模式多，但各地投入力度不同，也未能做到因地制宜，处理效果参差不齐。总体来看，仍然存在农村户用卫生厕所普及率低、农村污水处理设施建设滞后等现象，大量村庄生活污水未经处理直接排放或出水排放未达到四川省《农村生活污水处理设施水污染物排放标准》（DB 51/2626—2019）。

（四）设施上运维成本高，村民自行运维较多，"建得起、用不起"现象普遍存在

由于"重建设、轻运维"，自贡市部分地区仍然存在着农村污水处理简单套用城市模式的现象，而大型污水处理设备必须有专业人员值守、维护，这在农村难以实现。多数农村污水处理设施主要由村民自己管理或县级水务公司负责运维，仅16.5%的农村污水处理设施有第三方参与运维。非专业的运维不利于建立一体化运维模式，增加了巡查、维护和管理成本，同时也加大了基层人员的工作压力。

（五）制度上衔接不够，配套资金、标准、宣传、人才支撑不够

自贡市农村生活污水得到有效处理的行政村仅占41.9%，要实现2022年全市行政村生活污水有效处理率达到70%的目标，资金缺口仍然较大。其次，大部分农村生活污水处理设施建成后由于缺少后续管护资金和运维技术的支撑，导致后续维护力度不到位、维修成本高等问题。农村生活污水处理设施运维缺乏相应的管理机制，责任人不明确、管理要求未落实、考核标准和奖惩措施等制度的缺失，导致村集体对维护设施正常运行积极性不高。农村生活污水治理宣传方式单一，当前项目的宣传手段主要依赖于自上而下的途径，公众对农村污水处理了解途径主要是居委会、村委会告知。

三、农村生活污水治理任重道远，必须主动作为、扎实有为

农村生活污水治理抓得实不实、好不好，直接关系到乡村振兴自贡样板的成色。《四川省农村生活污水治理三年推进方案》提出，要走一条具有四川特色的农村生活污水治理之路，从2020年到2022年，全省行政村农村生活污水得到治理比例的阶段性目标分别为50%、60%、65%，对自贡设定目标为55%、65%、70%，充分看出上级对自贡市农村污水治理的高期望与高要求。面对当前形势，自贡市应变压力为动力，坚定信心，主动作为，立足实际、面向全省、放眼全国，以"提升农村污水治理体系和治理能力现代化"为核心，以"三年全面完

成省定目标，成为全省农村生活污水治理典范区"为目标，充分集聚各方"能"和"场"，坚持系统治理、资源化利用优先，科学治理、统筹协作、强化引导以及政策共争，为美丽四川建设奠定坚实自贡基础。

（一）坚持系统治理，以"大环保"理念统筹污水治理

一是树牢绿色发展理念。牢固树立"绿水青山就是金山银山"理念，坚持生态为本、绿色发展，结合农田灌溉回用、生态保护修复、环境景观建设等，推进水资源循环利用，实现农村生活污水治理与生态农业、生态文旅发展有机衔接。

二是强化规划引领。按照"一次规划、分期实施"的原则，统筹农业农村、自然资源、住建等部门相关涉农领域规划，以区县为单位因地制宜编制专项规划，明确技术模式、设施建设和维护、排放标准等控制性指标，做到短期与远期相衔接。

三是全面摸清现状。对农村生活污水的产生总量和比例构成、村庄污水无序排放、水体污染等现状进行再调查，梳理现有处理设施数量、布局、运行等情况，分析村庄周边环境特别是水环境生态容量，建立以区县为单位的现状基础台账。

（二）坚持科学治理，因地制宜实行分区分类综合整治

一是坚持科学治理，建立"农村居民点—农村聚集区—环境敏感单元"的空间识别体系，为农村生活污水资源化利用和整治的时空布局提供技术支撑。将自贡市县域农村生活污水治理专项规划与农村人居环境整治规划或方案统筹考虑，合理确定目标任务、治理方式、区域布局、建设时序、资金保障等。

二是梯次推进农村污水处理设施建设，优先推进环境敏感区，重点治理农村居民聚居区。优先推进双溪水库、碾子滩水库、镇溪河高碉堰水源地三个饮用水水源保护区内涉及的 57 个聚居区，沱江、釜溪河、旭水河、镇溪河流域等重点流域居民聚居区农村居民生活污水治理工作。逐步实现乡集镇农村污水处理设施建设全覆盖，同步推进农村小型聚居点、散户的污水处理设施建设。

三是科学布点，因地制宜治水。结合自贡实际，根据经济发展水平、环境敏感性、农民管理水平等因素的不同，科学划分。在适宜使用水冲式厕所且具备资源化利用条件的村庄，推广使用三格式化粪池＋资源化利用模式。在不具备资源化利用、纳管条件而土地资源有限的村庄，建设集中式污水处理设施。在不具备资源化利用、纳管条件而土地资源丰富的村庄，建设厌氧池＋人工湿地/稳定塘。

四是推广农村污水景观化处理模式，合理建设污水景观化处理系统。借鉴外地先进做法，打造"农村生活污水景观化处理示范区"，形成可推广、可借鉴的经验。

五是强化科技支撑，联合科研单位、环保企业，针对农村生活污水普遍存在的水量、污染物浓度不稳定导致的设施故障率高、运营成本高等问题，开发新的技术工艺和运作模式。

（三）坚持统筹协作，形成各系统各部门工作合力

一是统筹推进乡村生态振兴专项工作。生态环境部门与农业农村、住房和城乡建设等部

门，建立统筹协调、沟通联络、定期调度的工作机制，合力推进农村生活污水治理工作，加快推动农村人居环境的改善。

二是以项目实施为载体，全面铺开治理工作，以积聚提升类、特色保护类、城郊融合类等顺应绿色发展而生的重点村庄的设施建设、运管机制探索、科技创新等重点项目为切入点，以点带面、从易到难，层层推进治理工作的开展。

三是构建多元化的融资模式。加大资金投入，实施项目打捆包装，提高项目申报入库成功率，积极争取更多的中央、省补助资金。充分发挥政府财政资金的撬动作用，采取以奖代补、先建后补、以工代赈、政府与社会组织合作（PPP）等多种方式，提高资金使用效益。同时，积极争取农村生活污水处理政府专项债券的发行，鼓励更多社会资本积极参与，进一步拓宽资金来源。

四是强化制度保障。探索出台《农村新型社区污水设施建设资金和项目管理办法》，从制度上加以约束，以保障污水处理设施能正常运维。

五是压实治理主体责任，进一步完善运维监管机制，逐步推进农村生活污水处理设施运行维护管理的规范化。建立县集镇和农村生活污水治理设施运维管理联席会议制度，每月定期召开联席会议，研究分析污水治理设施运维管理中存在的困难和问题，并及时进行协调解决。

（四）坚持宣传引导，促进农村居民环保意识提升

一是加强农村生活污水治理知识的宣传普及，充分运用互联网、广播、电视等新媒体，解读宣传农村生活污水处理政策，积极争取群众的支持参与。在项目建设期间，在村庄道路醒目处粘贴宣传公示，向村民宣传污水整治的目的、意义，加强对农村生活污水治理必要性的认知，形成社会重视、群众参与、共同推进的污水治理局面。

二是强化正面引导，开展农村污水治理"示范村""示范家庭"评选等活动，并给予适当物质、精神奖励，通过"引入+培育"的方式，实现农户自我运维管理。

三是构建共享平台，借鉴浙江海宁经验，搭建互联网监管信息系统，由农户推选村内群众威信高、责任心强的管理人员，对整个施工过程进行全程跟进，通过微信、电话等平台向群众反馈项目建设进度、问题与整改情况。

四是构建奖补机制，探索建立财政补贴和农户付费资金筹措与合理分担制度，建立生活污水处理农户付费制度，合理确定缴费水平和标准。如选取个别经济发展好的区县试点推行农村生活污水治理收费机制，通过价格手段约束污水处理行为，以维持污水处理设施的正常运行。

整体系统观：山水林田湖草是生命共同体

关于四川省统筹山水林田湖草系统保护修复的思考
——以广安邻水县为例

顾城天　王恒　刘冬梅　郑坤
四川省环境政策研究与规划院
贾永刚
四川省生态环境宣传教育中心
余忠
邻水县山水中心

【摘　要】为贯彻落实习近平总书记关于"山水林田湖草是生命共同体"的生态文明理念，近年来国家组织开展了山水林田湖草生态保护修复试点工作，打破行政区划、部门管理和生态要素界限，实施以生态系统服务功能提升为导向的保护修复，以解决生态保护修复工程缺乏整体统筹、生态要素分割管理的问题。本文以广安邻水县山水林田湖草保护修复工程为例，分析了该工程在项目设计、资金组织、项目管理、生态价值转化等方面的典型做法，并结合山水林田湖草统筹修复目前普遍存在的一些共性问题，提出山水林田湖草系统保护修复的八大实施路径，为四川省生态保护修复工程的实施与决策管理提供参考与借鉴。

【关键词】山水林田湖草；生态保护修复；绿色发展

一、山水林田湖草系统保护修复理念的形成

"山水林田湖是一个生命共同体"是习近平总书记于2013年11月9日在《关于〈中共中央关于全面深化改革若干重大问题的决定〉的说明》中提出的论断。习近平总书记指出，人的命脉在田，田的命脉在水，水的命脉在山，山的命脉在土，土的命脉在树，要统筹兼顾、整体施策、多措并举，全方位、全地域、全过程开展生态文明建设。这一重要论述，奠定了山水林田湖草系统治理科学思想的理论根基。

生态是统一的自然系统，是各种自然要素相互依存、紧密联系的有机链条，某一要素遭

156

受破坏往往会带来其他要素的连锁不良反应。过去生态保护修复多是单一部门围绕单一要素开展，生态保护和修复碎片化，常常顾此失彼，生态保护和修复的效能大打折扣，因此对山水林田湖草进行统一保护、系统修复十分必要。

为贯彻落实党中央、国务院关于开展山水林田湖草生态保护的部署要求，财政部、原国土资源部、原环境保护部在 2016 年 9 月联合印发了《关于推进山水林田湖生态保护修复工作的通知》，分三批次开展山水林田湖草生态保护修复工程试点，工程区域主要是关系国家生态安全格局和永续发展的核心区域，与国家"两屏三带"生态安全战略格局和国家重点生态功能区分布相契合，体现了保障国家生态安全的基本理念。2017 年 7 月，中央全面深化改革领导小组第三十七次会议审议通过了《建立国家公园体制总体方案》，在"山水林田湖"的基础上，将"草"纳入其中，形成更加全面、系统的共同体，即"山水林田湖草作为一个生命共同体"。2019 年 10 月，在党的十九届四中全会审议通过的《中共中央关于坚持和完善中国特色社会主义制度、推进国家治理体系和治理能力现代化若干重大问题的决定》中，明确要求健全生态保护和修复制度，统筹山水林田湖草一体化保护和修复。开展山水林田湖草系统保护修复，是党中央、国务院作出的重大决策部署，对于筑牢国家生态安全屏障、推进美丽中国建设具有重要现实意义。

二、邻水县系统推进山水林田湖草保护修复典型做法

广安市邻水县位于华蓥山区东麓，地处成渝双城经济圈川渝交接的"桥头堡"位置，是川渝合作的"前沿阵地"和"示范窗口"，战略位置十分重要。同时，邻水县也是四川东部地区生态安全屏障和长江上游重要水源涵养地和水土保持地，是提升成渝城市群资源环境容量，支撑成都、重庆两大国家中心城市生态文明建设和生态系统保护的关键枢纽，具有重要的生态地位。自 20 世纪 80 年代开始，伴随着矿产资源滥开滥采和森林过度砍伐，邻水县生态环境不断恶化，矿山历史遗留的生态及地质环境问题十分突出。自 2017 年广安华蓥山区成功申报国家第二批山水林田湖草生态保护修复工程试点，邻水县作为华蓥山区的重要组成，深入践行习近平生态文明思想，开始探索统筹山水林田湖草系统治理模式的道路。

（一）突出重点，分区分类推进工程

邻水县境内深丘、浅丘、台地、平坝兼有，呈现"三山两槽"的独特地貌格局，"山"与"槽"、"槽"与"江"之间有丰富的水系连通，生态环境问题牵一发而动全身。邻水县根据其地貌格局及存在的主要问题，因地施策将修复空间划分为生态涵养修复区和生态保护发展区（如图 1 所示）。其中，生态涵养修复区包括华蓥山、铜锣山和明月山生态涵养修复亚区，以生态涵养修复为主，工程类型主要以矿山地质环境恢复治理、森林生态修复及生物多样性保护为重点，着力提升生态系统服务功能，维护四川及长江中下游生态安全。生态保护发展区

包括御临河、大洪河生态保护发展亚区，因县城及高滩川渝合作示范园坐落其中，该区承担了较为重要的城镇及经济产业发展职能，因此该区修复是以协同推进生态环境治理和经济社会发展为目标，工程类型主要是流域水环境和湖泊综合整治，污水处理、垃圾收运等环保基础设施建设等。

图 1　邻水县山水林田湖草生态保护修复工程分区图

（二）系统梳理，围绕核心问题有序开展修复

邻水县牢牢抓住"矿山地质环境问题"这一核心，将山水林田湖草生态保护修复工程定位为以矿山环境恢复为中心的区域系统治理，并进行发散式修复，并将各个子工程的推进按照山→林→水→湖→田（草）的生态系统耦合原理联通起来。工程设计逻辑为：第一步开展矿山环境治理，治理重点生态区域及周围人类活动区废弃的矿山；第二步通过实施森林质量提升、植被恢复项目来加强山体的保护，防治水土流失和山地灾害；第三步再治理水体污染，由于邻水县的湖泊是由当地河水拦蓄而形成，河流治理要优先于湖泊治理；第四步土地整理复垦，在开展好水土保持后实施土地整理复垦工作，并通过维持健康的农田生态系统给山体、森林、河流、湖库提供水分涵养、养分循环和气候调节等功能（如图2所示）。通过两年的实践，邻水县环境空气质量达标率提升至 91.2%，森林覆盖率达到 43.3%，历史水土流失治理率达 42.08%，完成高标准农田建设 1 000 余公顷，御临河、大洪河两个流入重庆的出川国家考核断面水质达到Ⅲ类，地质灾害得到有效预防，生态环境质量持续向好，青山绿水的轮廓正脉络清晰地呈现出来。

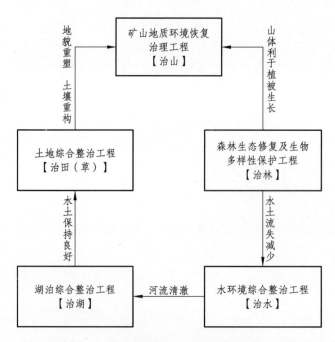

图 2   邻水县山水林田湖草生态保护修复工程设计逻辑

（三）多措并举，拓宽资金来源渠道

邻水县既努力把中央奖补资金的作用发挥至最大，又利用创新方式多方筹措资金，保障工程如期实施。一方面，整合专项资金作为扩充财政资金的主要手段，统筹各级财政预算安排的环境污染治理、农村环境保护、矿山地质环境治理、土地复垦、水污染防治等各类资金，集中用于山水林田湖草生态保护修复试点工程中，形成资金合力，充分发挥主体作用。另一方面，发挥政府引导作用，将多元化社会资金作为工程实施的重要支撑。对矿山生态修复与公园建设、污水处理厂等有市场开发价值的项目，充分运用市场手段引导社会资金投入，采取建设—经营—转让（BOT）、政府和社会资本合作（PPP）等多种模式拓宽融资渠道。据统计，企业业主投入和 PPP 资金分别占工程总经费的 24% 和 22%，充分发挥了协同加力的作用。

（四）创新机制，形成保护修复强大合力

邻水县加强组织领导，在工程建设之初，成立了由县长任组长，县委、县政府分管领导任副组长，相关部门主要领导及技术骨干为成员的山水林田湖草生态保护修复工作领导小组，负责工程的组织领导和统筹协调。一年实践后，为进一步强化工程的综合协调，提高治理效能，同时将山水林田湖草系统保护作为邻水县今后推进生态文明建设的抓手和载体，邻水县又成立了山水林田湖资源保护中心，负责整个工程的推动实施和日常督导工作，形成统筹生态环境保护修复的长效机制（如图 3 所示）。同时，强化考核评估，建立工程项目台账管理、工程项目绩效考核评价、生态保护修复目标责任追究等制度，明确各个项目的实施主体、责

任主体和责任人，督查各阶段目标任务落实情况，对标对表确保项目建设进度和资金投入双达标。

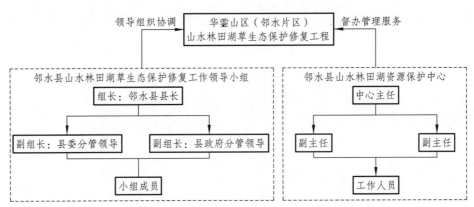

图 3　邻水县山水林田湖草生态保护修复工程领导组织示意图

（五）生态产业化 + 产业生态化，加速"两山"转化

邻水县将生态修复惠民、利民、为民作为山水林田湖草保护修复工程的重要目标，将工程实施内容与乡村振兴、脱贫攻坚、产业转型有机结合起来，有效带动群众增收脱贫。一方面，利用山水林田湖草项目整合地方产业，发展生态农业。引进培育冷家乡樱花产业基地、观音桥镇万亩柑橘园等项目，依托村办企业和专业合作社，采取土地银行发展模式，大力推行"公司 + 专合组织 + 农户""公司 + 大户 + 农户"等联合生产经营机制，鼓励通过订单农业、股份合作、二次分配等方式，与农民建立起"利益共享、风险共担"的利益联结机制，实现村集体经济实力增强、群众收入提升、村办企业发展的多赢格局。另一方面，利用山水林田湖草项目开展农村风貌塑造，促进农旅深度融合。将农村优秀传统文化赋予旅游灵魂，对青石台子、棕树湾、大屋基等文化历史底蕴深厚的传统村落和古院落进行保护开发，形成了"一村一品、一村一景、一村一风、一村一韵"的乡村文化观光、生态康养旅游发展新格局（如图 4 所示）。系统实施山水林田湖草保护修复工程以来，邻水县农民就业机会大幅增加，2019年农村居民人均可支配收入达到 14650 元，相比 2016 年增收 20%。2019 年 4 月，邻水县成功退出省定贫困县序列，全面实现脱贫摘帽。

长安、冷家土地综合整治项目（治理前）

长安、冷家土地综合整治项目（治理后）

青石台子院落（治理前）　　　　　　青石台子院落（治理后）

冷家乡樱花基地（治理前）　　　　　　冷家乡樱花基地（治理后）

图4　邻水县山水林田湖草生态保护修复工程治理成效对比图

三、山水林田湖草系统修复存在的难点

当前统筹开展山水林田湖草生态保护修复尚处于试点探索阶段，主要面临系统保护修复的理念未落实、机制不健全、科技支撑不足、资金投入不够等难点。

（一）系统保护修复的理念未落实

一是规划设计缺乏全局观和系统观。由于对生态系统各要素流动性、区域内社会经济与生态环境协调性、流域上下游关联性等影响考虑不足，相关部门各自为战，导致出现核心生态环境问题识别不准确、项目多头独立推进、工程之间衔接不足等问题。

二是未将保护修复与产业发展重点工作通盘考量。在实施保护修复时，没有与乡村振兴、脱贫攻坚、产业发展等重点工作衔接，导致工程建设和绿色发展脱节，在一定程度上降低了修复效率。

（二）系统保护修复的机制不健全

一是部门间、区域间协同联动机制不健全。例如，农业、水利、环保、国土等专项规划之间缺乏衔接，有的甚至相互矛盾，导致系统修复效果不佳；区域之间、部门之间联防联控和协同共建机制有待创新。

二是源头预防、过程控制、损害赔偿、责任追究的生态环境保护制度体系不健全。例如，归属清晰、权责明确、监管有效的自然资源资产产权和用途管制制度未建立，环境资源承载能力监测预警机制和生态补偿机制还不健全，生态环境建设绩效考核、损害赔偿和追责机制亟待完善。

（三）系统保护修复的科技支撑不足

一是少数工程方法和模式老旧，存在"伪生态、真破坏"的现象，如部分河道整治项目以硬化、白化、渠化为主要技术，造成河道和岸线生态功能下降。

二是部分生态修复技术亟待突破，如土壤修复产业还处于起步阶段，在人员、技术和装备等方面都需加强。

（四）系统保护修复的资金投入不够

一是资金投入整体不足。要彻底解决生态欠账历史遗留问题，山水林田湖草生态保护修复工程的投资需求巨大，而国家专项补助资金有限，且拨付率偏低，目前主要依赖地方财政配套资金和各部门争取的资金，总量偏少。

二是资金来源渠道单一。目前资金的渠道主要以政府投入为主，尚未充分调动社会资本参与其中，多元化的投融资格局尚未形成。

四、统筹山水林田湖草系统保护修复的对策建议

山水林田湖草系统保护修复是全面提升区域生态系统功能和环境质量的重要手段，有必要总结推广邻水县探索山水林田湖草系统保护修复的成功经验，进一步推进我省生态保护修复工作，不断筑牢长江、黄河上游生态屏障，谱写美丽中国的四川篇章。

（一）对工程实施范围进行区域划分，因地制宜制定不同单元的工程实施方案

科学划分修复空间是开展山水林田湖草生态保护修复的前提，要秉持系统工程思想，从全局角度综合考虑区域内自然生态、地形地貌、社会经济、人口分布等各种因素，践行"系统保护、分区部署、分类整治、因地制宜"的治理新理念，对工程实施范围进行功能划分，根据功能定位分区部署生态保护修复工程，因地施策地确定治理重点，做到宜林则林，宜草则草，宜农则农。

（二）准确把握各类生态要素间的耦合顺序，围绕突出问题统筹部署工程建设

开展山水林田湖草保护修复并不是"平均用力"，更不是"撒胡椒面"，需要分清轻重缓急，抓住主要矛盾和矛盾的主要方面。要系统分析区域生态环境现状，研究山水林田湖草各

类生态要素间的耦合顺序，甄别生态问题之间的相互联系和因果关系。以突出生态环境问题及其主导因素为突破口，根据问题的优先级设计工程项目，避免"头痛医头、脚痛医脚"，提高项目安排的关键性、有效性。

（三）统筹使用各类财政资金，拓宽社会资金筹措渠道

提升资源资金整合效力，按照"向上争取一点、县级财政投一点、对外引一点、农户筹一点"的方式，动员各方力量，整合各种专项资金，拓宽融资渠道，运用市场化手段广泛吸引社会资本参与山水林田湖草项目建设，形成"中央财政支持、地方财政匹配、社会资本投入、企业补偿付出、公众积极参与"的多元化投融资机制，有效化解资金难题，保障工程顺利实施。

（四）创新体制机制，加强政府部门联动形成工作合力

要建立与"山水林田湖草是一个生命共同体"理念相适应的统一协调机制。制定出台包括责任落实与考核、资金使用管理、工程实施监督等一系列制度政策。成立工作领导小组和山水林田湖草资源保护中心有利于从领导组织协调和督办管理服务两个层面打破行政边界，整合发改、财政、环保、国土、住建、水务、林业等不同部门和各乡镇政府协同作战，加强部门联动，实现"共炒一盘菜，共办一桌席"。

（五）推进产业生态化和生态产业化互动，实现生态保护修复与经济社会发展双赢

实施山水林田湖草系统保护修复的目的是实现生态修复惠民、利民、为民，践行绿色发展模式是工程实施的关键内容。要按照"绿水青山就是金山银山"的理念，把山水林田湖草生态保护修复与产业转型、乡村振兴、脱贫攻坚有机结合起来。既要把系统保护修复的要求作为产业发展的前提，在绿色生态产业上做"加法"，坚持新兴产业培育发展与传统产业优化升级并重；在落后产能上做"减法"，坚决淘汰落后和过剩产能，促进产业绿色化发展。又要把生态农业、生态精深加工业、生态旅游等产业发展需求融入生态保护修复工程，盘活生态资源，实现一、二、三产业融合贯通，推动生态要素向生产要素、生态财富向物质财富转变。打通"两山"转化通道，形成产业生态化和生态产业化相辅相成的良性循环，带动群众走上增收脱贫的小康之路。

（六）由行政化向企业化、市场化转型，增强贫困地区自我造血能力

山水林田湖草生态保护修复工程资金需求量较大，单靠地方政府的投入是不够的，因此授之以鱼不如授之以渔，要从以政府推动为主逐渐转化为依靠企业市场化运作。一方面通过促进生态环境资源扩大再生产的自我循环，为生态建设弥补资金。另一方面通过生态环境资源开发和利用创造更多的就业和收益，实现普通农民到生态工人的转变，逐渐增强贫困地区内生发展能力，探索"自我造血型"道路，从源头上彻底斩断穷根。

（七）健全所有权权能结构，推进自然资源价值资产化转化

山水林田湖草系统保护修复的趋势是实现自然资源的资产化管理，也就是利用市场竞争对产权明晰的自然资源进行有效配置的管理方式，而明晰、量化、稳定的产权制度和竞争、活跃、规范的市场机制是自然资源资产化管理得以实现的重点。要推动自然资源负债表编制工作，对水、土地、森林、矿产等重要自然资源开展资产核算，全面摸清生态家底并建立自然资源实物量账户。开展自然资源统一确权登记，清晰界定各类自然资源资产的产权主体权力，为生态空间管控和生态保护修复提供产权保障。建立权、责、利相一致的生态补偿长效机制，推动排污权、碳排放权、水权和林权等环境权益交易的市场手段参与生态补偿。探索自然资源资产抵押贷款，引导金融机构加大对生态产业融资贷款，通过金融形式使自然资源资产货币化并进入市场流转。

（八）加强公众环保科普宣传，化"邻避效应"为"邻利效益"

山水林田湖草保护修复工程涉及大量环保公共基础设施的修建，取得公众的理解和支持是工程项目落地实施的先决条件，要主动搭建沟通宣传渠道，消除各方信息不对称，建立起政府、企业、公众互信互惠的合作伙伴关系。通过线上线下相结合的方式加强公众环保科普宣传，普及生态环保科学知识，推动垃圾中转站、污水处理站等生态环保基础设施向公众开放。通过召开座谈会、论证会、听证会等，主动征求群众对工程项目的意见并解答疑惑，加大工程项目信息公开力度，以公开透明决策取信于民。

参考文献

[１] 柏松，李晖，彭越，等."山水林田湖"生态保护与修复的实施路径探索[J]. 轻工科技，2019，35（6）：103-104.

[２] 马钢，潘玲，马增辉. 山水林田湖草生态保护修复原理内涵及思路探析[J]. 安徽农业科学，2019，47（18）：48-51.

[３] 邹长新，王燕，王文林，等. 山水林田湖草系统原理与生态保护修复研究[J]. 生态与农村环境学报，2018，34（11）：961-967.

关于"三水统筹"系统治理的思考和建议

王维　罗彬　常明庆　许越

四川省环境政策研究与规划院

【摘　要】国家重点流域水生态环境保护"十四五"规划编制工作提出了水资源、水环境、水生态"三水统筹"系统治理的指导思想，这标志着我国水生态环境保护工作在"十四五"时期将按照山水林田湖草为生命共同体的理念，系统全面地推进水生态环境保护工作。"三水统筹"可以系统地解决区域、流域社会经济发展所必需的"三水"供给问题：充足优质的水资源、质量良好的水环境、稳定健康的水生态。生态屏障建设和高质量发展是国家赋予四川省的两项战略任务，"三水统筹"系统治理则是四川省完成国家战略任务的重要抓手。四川省在水生态环境保护领域，目前仍然存在治理投入与绩效产出不成正比、治理措施不系统不全面、水资源节约利用水平不高等一系列问题。为此，建议四川省在"三水统筹"系统治理上，一是立足长江黄河上游生态屏障建设，做好水资源保护利用；二是围绕成渝双城经济圈建设，做好重点流域的水环境治理；三是在长江黄河重要干支流逐步开展水生态保护修复工作。

【关键词】"三水"统筹；系统治理；水生态环境保护修复

国家重点流域水生态环境保护"十四五"规划编制工作提出了水资源、水环境、水生态"三水统筹"系统治理的指导思想，这标志着我国水生态环境保护工作在"十四五"时期将进入一个新的阶段，不再是过去单纯地围绕监测断面水质达标、水质指标改善等目标开展的以污染治理为主的相关工作，而是按照山水林田湖草为生命共同体的理念，系统全面地推进水生态环境保护工作。近年来，四川省在"三水统筹"领域采取系列措施，取得了一定成效。一是大力推进"五横六纵"引水补水生态水网工程建设，有力缓解水资源时空分布不均的问题；二是对工业、城镇、农村农业的水污染进行系统治理，全省水环境质量提升明显，2020年上半年，87个国考断面中优良比例达95.4%；三是全面完成3 301座水电站"一站一策"整改方案编制和1 868座水电站生态基流下泄设施改造，全面保障了全省河流生态流量。本文对四川省"十四五"期间开展"三水统筹"系统治理工作进行了研究和思考，并提出了一些建议，为进一步推动四川省及其他省市水生态环境保护和修复工作提供参考借鉴。

一、"三水统筹"的由来

党中央高度重视水生态环境保护工作。2018年5月，习近平总书记在全国生态环境保护大会上发表重要讲话，要求从系统工程和全局角度寻求新的治理之道。他指出，"治理好水污染、保护好水环境，就需要全面统筹左右岸、上下游、陆上水上、地表地下、河流海洋、水生态水资源、污染防治与生态保护，达到系统治理的最佳效果"。

我国从"九五"开始编制实施重点流域水污染防治规划，"十三五"前的规划主要注重以"好Ⅲ劣Ⅴ"为指标的水环境治理，水资源、水生态目标涉及较少。2015 年，国务院发布"水十条"，明确提出大力推进生态文明建设，以改善水环境质量为核心，系统推进水污染防治、水生态保护和水资源管理。

"十四五"处于"两个一百年"奋斗目标的历史交汇期，是在 2020 年全面建成小康社会、打好打胜污染防治攻坚战基础上，向美丽中国目标迈进的第一个五年，具有不同以往的特点与要求。一方面，国务院机构改革将水功能区划、排污口等职能划归生态环境部，将在水生态环境领域打通岸上和水里、陆地和海洋、城市和农村、地上和地下；另一方面，群众对优美生态环境的要求日益提高，环境质量改善的指标内涵、工作任务需不断拓展，逐步涵盖水资源、水生态、水环境等。国家重点流域水生态环境保护"十四五"规划编制工作提出，以习近平生态文明思想为指导，全面贯彻落实党中央和国务院的决策部署，深刻把握"山水林田湖草是一个生命共同体"的科学内涵，突出流域特色，坚持问题导向与目标导向，坚持继承发扬、求实创新、落地可行，以水生态环境质量为核心，污染减排和生态扩容两手发力，统筹水资源利用、水生态保护和水环境治理，创新机制体制，一河一策精准施治，着力解决群众身边的突出问题，持续改善水生态环境，确保"十四五"目标如期实现。

二、"三水统筹"既是挑战又是机遇

"三水统筹"系统治理的意义在于保护水这一生命之源，为人类社会的可持续发展提供稳定优质的水生态环境资源：该资源价值的高低是由水资源量的多与少、水生态和水环境的优与劣来共同决定，三者缺一不可。足够的水资源量是良好水环境质量和健康水生态的基础保障，水环境质量的好坏是水资源量和水生态健康程度共同作用的结果，健康的水生态则是足够的水资源量和良好水环境质量的最高显现方式。过去以水环境质量改善为主要目标的污染治理是治标，而现在"三水统筹"治理则是标本兼治，通过"三水统筹"系统地解决地区社会经济发展必需的"三水"供给问题：充足优质的水资源、质量良好的水环境、稳定健康的水生态。

"三水统筹"面临的挑战：一是如何因地制宜、科学系统地制定水资源保护与利用、水环境治理与提升、水生态保护与修复三项工作的主要措施，实现"1 + 1 + 1 > 3"的效果；二是如何推动发改、经信、水利、住建、自然资源、林草等职能部门分工落实各项工作任务，形成部门合力；三是如何与推动地区经济社会发展的工作充分结合，实现水生态环境高水平保护和经济社会高质量发展的双赢目标。

"三水统筹"带来的机遇：一是推动生态环境部门在生态文明建设中发挥更大作用，有效促进生态环境部门的角色由过去以污染防治监管为主的业务部门向推动政府、社会及公众共同开展生态环境保护工作的综合部门进行转变，通过构建现代化的水生态环境治理体系并形

166

成现代化的水生态环境治理能力；二是助力生态环境部门的技术力量与人才队伍建设，"三水统筹"在丰富水生态环境保护内容的同时，也在一定程度上拓展了水环境保护的业务范畴，有助于提升"生态环保铁军"的业务能力水平；三是提供新的经济增长点，环保产业是政策推动型的产业，"三水统筹"系统治理除了传统的污水末端治理外，还将推动生态水利设施建设、农田水利设施升级、城市再生水利用设施建设、河湖生态缓冲带建设、河湖水生态保护修复、水生动植物生态系统恢复重构等系列相关产业的发展。

三、"三水统筹"与四川省两大战略任务的关系

四川省既是我国生态屏障"两屏三带"中"两屏"——青藏高原和黄土高原—川滇的重要组成部分，又是长江、黄河上游第一道生态屏障，还是我国西部人口经济大省，近期国家又赋予了建设成渝双城经济圈的重大战略发展任务。这充分表明，生态屏障建设和高质量发展是国家赋予四川省的两项战略任务，必须两手抓两手硬。"三水统筹"系统治理作为国家重点流域"十四五"期间水生态环境保护的重要任务，我省需要尽快厘清其与国家战略之间的内在联系，找准工作的重点和难点，精准发力，助力国家战略的实现。

（一）生态屏障建设与"三水统筹"

四川省生态屏障区主要集中在川西北、川东北、攀西三个区域，以森林草原湿地保护修复、荒漠化防治、水土流失治理等建设为主要内容，以提升区域生态系统质量和保障生态安全为目标。持续并系统地推动生态屏障建设可有效提升我省长江上游和黄河的水源涵养能力，改善长期以来水资源量季节性波动大的问题，削洪增枯，提升可利用水资源比重，保障流域中下游水资源量的稳定供给。生态屏障建设是以"山水林田湖草"中的山、林、草为主要对象开展的系列生态保护修复工作，"三水统筹"则是聚焦水、田、湖三个涉水要素开展系列生态环境治理与保护修复工作，两者重点不同又相互关联。

案例一：岷江上游生态修复

岷江上游与中游的成都平原地区共同组成了一个互相依存的"森林草地—河湖水田农业生态区"，岷江上游是成都平原地区的生态屏障和主要水源地，又是长江上游典型生态脆弱区，自然灾害频发，水土流失严重。成都平原则是我国西部的农耕基地、经济中心和文明摇篮，是四川省"一干多支、五区协同"发展格局的主干。

从20世纪40年代开始，岷江上游与中游成都平原的"森林草地—河湖水田农业生态区"呈恶化趋势，到20世纪末，上游森林覆盖率由40年代的39.5%下降到29.6%（参见图1），干旱河谷扩大至流域面积的20%，水土侵蚀总量增加26.3%，干流年径流量减少了18.8%，枯水期流量减少27.2%（参见图2）。成都市区60年来降水量减少25%，地下水位由1~3米下降到10~20米，枯水期水资源供需矛盾突出，小流域污染情况普遍，鱼虾难觅。数据显示，20世纪90年代以后随着上游退耕还林及水土流失和荒漠化治理等工作的推进，森林覆盖率与径流量呈逐渐上升趋势。

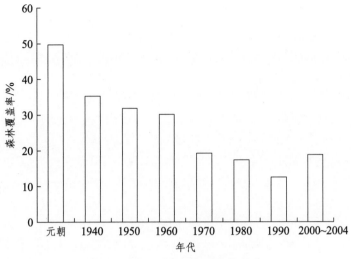

图 1　岷江上游森林覆盖率变化

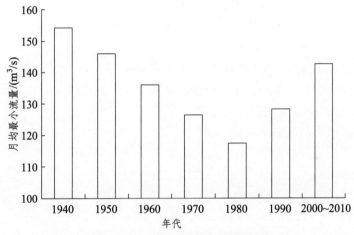

图 2　岷江上游月均最小流量变化

岷江上游生态修复与水资源保护很好地体现了"山水林田湖草"是生命共同体的系统思想，水的命脉在山，山的命脉在土，土的命脉在树，岷江上游退耕还林还草、水土流失和荒漠化治理正是聚焦"山""林""草"这三个生态屏障建设关键要素开展了系统治理，从而提升了上游的水源涵养能力。生态系统恢复与水生态环境治理是一个相对缓慢的过程，都需要几十年乃至更长时间的持续努力，为了维持岷江上游与中游成都平原这一"森林草地—河湖水田农业生态区"的稳定，确保我省社会经济发展核心区的可持续发展，岷江上游的生态屏障建设与中游的"三水统筹"系统治理必须同步推进，久久为功。

（二）高质量发展与"三水统筹"

《中共四川省委关于全面推动高质量发展的决定》（以下简称《决定》）提出了"聚力建设美丽四川，筑牢长江上游生态屏障，构建山清水秀、城乡共美的生态环境支撑"。"三水统筹"既是美丽四川建设的主要内容之一，又是从根本上解决地区发展所需水资源供给、水环境保护与水生态维护的手段，对于四川省的高质量发展具有关键性、基础性的支撑作用：一是实现水资源供给支撑，我省正在建设的"五横六纵"引水补水生态水网工程将较大程度地解决水资源时空分布不均的问题，在实现优化水资源配置的同时对经济增长有明显拉动和促进作用；二是有效保障水环境容量，"十三五"期间，我省对工业、城镇、农村农业的水污染进行了系统治理，全省水环境质量提升明显，岷沱江流域国省考断面达标率由 2016 年的 28.9%提升至 2019 年的 71.1%，提升了 42.2 个百分点，为流域内涉水项目建设、城镇化发展留出了必要的水环境容量；三是开展水生态系统建设，通过水生态保护与修复提升河湖水生态系统功能，保障饮用水水源地供水安全并增加河湖纳污能力，实现良好水生态的直观体现——"清水绿岸、鱼翔浅底"，增加人民群众幸福感、获得感、安全感。

案例二：紫坪铺水库建设

为更充分地开发利用岷江上游来水资源，减少和降低岷江上游洪水灾害，四川省于 2005 年建成了紫坪铺水库，这是一座以灌溉、供水为主，结合发电、防洪、环境保护、旅游等功能的大型综合利用水利枢纽工程，是我国特大型灌区都江堰灌区的水源调节工程，也是成都平原的第一道防洪屏障，将成都平原防洪标准由"十年一遇"提高到"百年一遇"。

紫坪铺水库建成以后，都江堰灌区面积由 855 万亩增加至 1 400 万亩，枯水期成都市生活及工业供水保证率达 95%，为成都平原的农业、工业和城镇发展提供了可靠的水资源保障；紫坪铺水库建成后调丰补枯，实现了岷江上游来水的季调节，为岷江中游的水环境质量和水生态健康提供了稳定支撑，保障了中游枯水期重点流域的生态流量。近年来府河流域黄龙溪国考断面水质从 2016 年的劣 V 类逐年好转，2019 年提升至 Ⅳ 类，2020 年有望达到 Ⅲ 类优良水质，这既是成都市不断加强水环境治理的成效体现，也与紫坪铺水库在枯水期为府河提供的生态流量保障密不可分。

案例三：沱江流域"三水统筹"的必要性

沱江是长江一级支流，是四川省的重要河流之一，流经德阳、成都、资阳、内江、自贡、泸州，水资源总量 99 亿立方米，流域以占全省 3.5%的水资源量支撑了全省四分之一的人口和三分之一的 GDP。自 20 世纪 70 年代起至"十二五"末期，沱江流域水污染问题始终未能有效解决。"十三五"以来，全省总动员，打响了一场战况空前的沱江治水攻坚战，并取得了阶段性成效。沱江流域 16 个国考断面中 15 个达到水质优良标准，优良率 93.8%，同比上升 31.3 个百分点，是近三十年来的最好水质。

目前沱江流域 29 个县级行政单元的三次产业结构为 10：54：36，二产比重偏高，传统的化工、纺织、食品等工业沿江布局，结构性、布局性等内生矛盾尚未化解，资源环境压力巨大，经济社会发展与生态环境治理矛盾突出。沱江流域的水资源、水环境、水生态是流域高质量发展的关键性限制因素，沿江的德阳、成都、资阳、内江、自贡五市均为严重缺水或特别严重缺水城市，2019 年流域国省考断面达标率全省最低且达标不稳定，水生态状况底数不清。

为实现沱江流域水生态环境高水平保护和经济社会高质量发展的双赢，一是要大力推进"三水统筹、系统治理"，通过提升流域水生态环境承载力来为高水平保护和高质量发展提供可靠且持续的保障；二是要在绿色先进制造业和特色优势服务业等经济发展相关领域实现突破，减少水资源消耗和水污染物排放；三是要通过"扩容、减排"两手抓两手硬，把沱江流域经济带打造成服务我省高质量发展的"绿腰带"和"黄金水道"。

四、"三水统筹"目前存在的问题

(一)治理投入大，但绩效产出不高

水污染治理需要大量的资金投入，"十三五"以来，四川省水污染防治重大项目已累计投入超过 1 500 亿元，水环境质量也有了质的飞跃，2019 年国考断面达标率为 97.7%，比 2015 年提升了 36.8%。然而，目前省内各个城市的环境基础设施短板依旧突出，城市排水管网破损、覆盖不完善等问题普遍存在，已建的 1 015 座城镇污水处理厂中有 49% 的进水生化需氧量浓度尚未达到《四川省城镇污水处理提质增效三年行动实施方案（2019—2021）》的要求。水污染防治投入产出绩效不高是制约我省水生态环境质量进一步改善的重要因素。

(二)措施不全面，未开展系统治理

"十三五"期间，四川省针对 19 个未达标水体编制并实施了 16 个限期达标规划，大部分未达标水体目前已经实现水质总体达标，但是在每年枯水期，府河、球溪河、釜溪河、流江河、濑溪河等小流域水质达标难度仍然很大，这既有基础设施的短板问题，也有水生态流量不足、水生态健康状况差、自净能力弱等原因。水环境治理重点仍然集中在基础设施建设和运行管理上，水资源保护、水生态修复工作仍然处于起步阶段，"三水统筹"系统治理尚未真正开展。

(三)水资源高效节约利用的局面尚未形成

岷沱江地方标准实施以后，大量生活污水经处理后达到地表水准Ⅳ类排放（仅成都市中心城区的实际处理能力就超过 200 万吨/天），按现有的国家城市污水再生利用相关标准，经过适当处理后，可以作为城市杂用水、工业用水、农田灌溉、景观环境用水等综合利用。按照"水十条"要求，到 2020 年我省缺水城市再生水利用率达到 20% 以上，目前我省大部分城市尚未达到上述要求。同时，农业灌溉方式粗放，水利设施老旧，2018 年农业灌溉水有效利用系数仅为 0.47，远低于全国平均水平（0.55）。城市居民综合用水逐年增加，2018 年全省城镇人口比 2015 年增加了 11%，生活用水总量则增加了 23%，2018 年城市居民综合用水系数达 254 升/天。

(四)已经成为经济社会高质量发展的关键性限制因素

四川省各市"三水"协调推进存在系列问题：一是水资源时空分布不均导致省内 15 个市（州）都有不同程度缺水，其中 8 个城市严重缺水；二是岷沱江流域污染仍然比较严重，部分小流域特别是盆地腹地的小流域水质波动较大，"小水"差的现象比较普遍；三是部分流域及城市河湖水生态破坏严重，群众反响强烈。充足的水资源供给能力、完善的水污染治理体系，稳定健康的水生态系统"三水"短板依然突出，这极大制约了我省经济社会的持续高质量发展。

五、"三水统筹"四川如何做

四川省要做好"三水统筹",建议立足于本省在国家生态环境保护工作的战略地位和自身省情,系统性地开展如下工作:一是立足长江黄河上游生态屏障建设,通过提升水源涵养能力、水资源调蓄能力、再生水综合利用能力,做好水资源保护与利用;二是围绕成渝双城经济圈建设,做好岷江、沱江、嘉陵江三大流域的水环境治理,特别是小流域的综合整治;三是以长江黄河流域重要干支流及国家重点水生生物保护区为对象,逐步开展水生态保护修复工作。围绕上述三个方面,在具体举措上有如下三方面建议。

(一)规划启动一批重大工程

1. 长江黄河上游水源涵养能力提升工程

以岷江、金沙江、雅砻江、大渡河上游地区为重点,系统开展生态修复,提高森林覆盖率,提升森林品质,持续恢复干旱河谷植被,开展水土流失治理;以若尔盖湿地、白河流域、黑河流域为重点,系统开展湿地沙化防治、土壤保持。

2. 水资源调蓄能力提升工程

加快推进"五横六纵"引水补水生态水网建设("五横"——都江堰、玉溪河、向家坝、长征渠、引大济岷5个"西水东引"工程;"六纵"——武都、升钟、亭子口、罐子坝、大桥、通口河6个"南水北补"工程),早日达到设计年供水187亿立方米、灌溉面积4 600万亩、供水人口6 280万人的能力;系统规划新一轮河湖贯通工程,坚持问题导向,因地制宜,补好水源供给、水系连通、生态修复工程的短板,构建"布局合理、蓄泄统筹、丰枯调剂、多源互补、互连互通、调控自如"的现代水网,发挥水资源最大效能。

3. 岷江、沱江、嘉陵江流域水质巩固提升工程

统筹山水林田湖草,厘清驱动要素与重要影响因子,推动流域综合治理;开展生活污水治理提档升级,完善环保基础设施,有效收集处理干流及一级支流沿河生活污水;开展生态岸线建设,建设生态涵养林和湿地等,逐步形成三江生态走廊。

4. 川渝跨界河流水污染综合防治工程

以81条川渝跨界小流域污染治理设施补短为重点,适度超前建设并对县城和重要乡镇污水处理设施及管网实施升级改造,乡镇污水处理设施全覆盖,系统开展面源整治,提升不达标水体水质,巩固不稳定达标水体水质,保护现有稳定达标水体水质,并在一些水资源充裕、水环境质量良好的流域重现"河畅水清、岸绿景美、有草有鱼、人水和谐"的现代田园风光。

(二)推动实施一批重点项目

1. 小流域生态补水项目

围绕岷江、沱江、嘉陵江流域内一些人口产业密集、水资源缺乏的重点小流域,如釜

溪河、球溪河、濑溪河、绛溪河、毛河、醴泉河、茫溪河、流江河、长滩寺河、铜钵河、护龙河等，规划一批小流域生态补水项目，通过河网联通、现有水利设施扩容、抽水蓄能电站建设等方式，提升小流域的水资源调蓄能力，解决枯水期生产、生活、生态用水的供需矛盾。

2. 再生水利用项目

岷沱江标准的实施为沿江城市提供了大量可再生利用的水资源，成都平原农灌网络发达，可充分利用现有各级灌溉渠道，以成渝地区双城经济圈建设、成德眉资同城化为契机，在一些具备基础又有迫切需求的城市实施再生水利用，通过水系渠道联通及管网建设，将城市再生水用于区域的城市杂用水（城市绿化、街道清扫、车辆冲洗等）、工业用水、农田灌溉、景观环境用水、生态用水等，提升再生水利用效率。

3. 城市河流与景观湖泊水生态修复项目

以岷江中游、沱江、嘉陵江沿江城市为重点，系统开展水生态治理，构建城市水储存、输送、利用的生态补水和水动力良性循环新模式，保障城市水系统的生态安全；采用活水补给、水生态近岸修复、水生生物群落重构与完善等手段系统提升城市景观湖泊的水生态系统稳定性，增强人民群众的幸福感、获得感。

（三）谋划成立一个重要载体

环保产业属于典型的政策驱动型产业，与政策密切相关，既要突出市场导向，又要加强政府引导。同时，环保产业的发展又是大型企业集团主导的模式，如在美国等发达国家环保产业集中度非常高，已经形成了以综合性的大型企业为主导的市场。然而，我省环保企业数量多，呈现出产业规模较小、企业规模普遍偏小、产业集中度较低的"两小一低"特征，整体竞争力不强，也难以承担"三水统筹"系统治理相关的重大项目。

目前全国已有陕西、重庆、安徽、辽宁等至少9个省（市）已成立了省级环保集团，通过积极整合省内资源来系统服务于省内的生态环境治理，在实现生态环境质量改善的同时壮大了产业发展。四川作为长江、黄河上游生态屏障的守护者，更应把环保产业作为优化产业结构、转变发展方式、培育新的经济增长点的重要抓手，充分利用我省环保行业的科研优势、产业基础及市场需求，建立省属环保投资集团，使之成为持续服务我省生态环境质量改善的产业领头羊和经济高质量发展的重要引擎，有力推动重大项目的落地落实，推进各重点流域水生态环境质量的持续改善，在服务打赢污染防治攻坚战、筑牢长江黄河上游生态屏障、助推成渝地区双城经济圈建设、建设美丽四川上发挥重要支撑作用。

参考文献

[1] 马乐宽，徐敏，张涛，等."三水"统筹力争实现清水绿岸鱼翔浅底目标[N]. 中国环境报，2020-07-13（3）.

[2] 刘晓星."三水统筹"支撑永定河生态廊道构建[N]. 中国环境报，2020-07-02（4）.

［3］ 邹长新，王燕，王文林，等. 山水林田湖草系统原理与生态保护修复研究[J]. 生态与农村环境学报，2018，34（11）：961-967.

［4］ 俞静. 水生态保护与修复规划的关键性技术探究[J]. 环境与发展，2020，32（9）：201，203.

［5］ 翟翠霞. 影响水环境质量的因素分析与水生态环境保护[J]. 资源节约与环保，2020（9）：29-30.

［6］ 黄强，邓铭江，畅建霞，等. 构建生态流域理论体系支撑流域生态文明建设[J]. 人民黄河，2020，42（9）：10-15.

严密法治观：实行最严格生态环境保护制度

从碎片化到整体性：跨流域饮用水水源保护的立法建议

张璐　王恒　吕瑞斌　罗后巧
四川省环境政策研究与规划院

【摘　要】2019 年全国人大常委会开展了水污染防治法执法检查，栗战书委员长在四川开展执法检查期间提出"饮用水安全直接关系到千百万人的生命健康，人民群众十分关注，特别是饮用水水源地的保护要格外重视"，"希望四川因地制宜做好相关地方立法工作"。四川省境内河流湖库众多，且分布有多个饮用水水源地，水源地跨越行政边界的情况较为普遍，保护协调和管理工作难度较大。审视四川省跨区域饮用水水源保护现状，不难看出"碎片化"现象明显，而饮用水水源的系统性、生态完整性等特性均呼唤整体性理念。在跨区域饮用水水源保护的立法中，应从整体性视野出发，在保护区域明确监管主体、细化监管制度、规范保护要求、严格法律责任，因地制宜做好地方立法工作，保障饮用水源安全。

【关键词】整体性；跨区域饮用水水源；立法建议

一、四川省跨区域饮用水水源地基本情况

四川省境内河流湖库众多，水源跨越行政边界的情况较为普遍。市州饮用水水源地共有 9 个跨行政区域，其中跨省行政区域的有 1 个——攀枝花市观音岩水库饮用水水源地（地跨云南、四川），跨市行政区域的有 2 个——资阳老鹰水库饮用水水源地（地跨资阳市、成都市）和青白江大河马棚堰分干渠集中式饮用水水源地（地跨成都市和德阳市），跨县行政区域的有 6 个，如成都市自来水七厂徐堰河、柏条河集中式饮用水水源地，岷江菜坝集中式饮用水水源地，等等（见表 1）。

此外，由于我省水资源区域、季节分布不均，存在大量通过渠道调取饮用水源水以平衡水资源分布的情形，因此渠道调水也涉及跨行政区域。全省共有 17 个，包括沙河刘家碾集中式饮用水水源地等 8 个河流型饮用水水源地，华强沟水库水源地等 9 个湖库型饮用水水源地（见表 2）。

表 1　四川省饮用水水源保护区跨区域水源地名录

序号	市（州）	县（市、区）	水源地名称	级别	水源地类型
1	四川攀枝花市、云南丽江市	仁和区、华坪县	攀枝花市观音岩水库饮用水水源地	地级	湖泊型
2	成都市、资阳市	简阳市、雁江区	老鹰水库	地级	湖泊型
3	成都市、德阳市	青白江区、广汉市	青白江大河马棚堰分干渠饮用水源	县级	河流型
4	成都市	郫都区、都江堰市	成都市自来水七厂徐堰河、柏条河集中式饮用水水源保护区	地级	河流型
5	成都市	温江区、都江堰市	温江区金强寿安水厂天师堰集中式饮用水水源保护区	县级	河流型
6	成都市	温江区、双流区	双流区岷江水厂金马河饮用水水源地	县级	河流型
7	宜宾市	叙州区、翠屏区	岷江菜坝集中式饮用水水源保护区	地级	河流型
8	德阳市	什邡市、彭州市	什邡市三水厂人民渠水源地	县级	河流型
9	乐山市	夹江县、峨眉山市	夹江县、峨眉山市青衣江群星水源地	县级	河流型

表 2　四川省渠道调水跨区域水源地名录

序号	市（州）	县（市、区）	水源地名称	级别	水源地类型
1	成都市	金牛区	成都市沙河刘家碾集中式饮用水水源保护区	地级	河流型
2	成都市	郫都区	成都市自来水六厂集中式饮用水水源保护区	地级	河流型
3	成都市	郫都区	成都市自来水七厂徐堰河、柏条河集中式饮用水水源保护区	地级	河流型
4	成都市	青白江区	青白江大河马棚堰分干渠饮用水源	县级	河流型
5	成都市	新都区	新都区三水厂石堤堰水源地	县级	河流型
6	成都市	温江区	温江区金强寿安水厂天师堰集中式饮用水水源保护区	县级	河流型
7	德阳市	旌阳区	华强沟水库水源地	地级	湖库型
8	德阳市	绵竹市	西郊水厂人民渠集中式饮用水水源地	地级	河流型
9	德阳市	什邡市	什邡市三水厂人民渠水源地	县级	河流型
10	资阳市、成都市	雁江区、简阳市	老鹰水库	地级	湖库型
11	资阳市	安岳县	朝阳水库	县级	湖库型
12	资阳市	乐至县	八角庙水库	县级	湖库型
13	绵阳市	游仙区	绵阳市仙鹤湖水库集中式饮用水水源保护区	地级	湖库型
14	眉山市	仁寿县	黑龙滩水库眉山市取水口	地级	湖库型
15	眉山市	仁寿县	黑龙滩水库民生隧洞取水口	县级	湖库型
16	乐山市	井研县	大佛水库饮用水水源地	县级	湖库型
17	南充市	西充县	九龙潭水库	县级	湖库型

二、碎片化：跨区域饮用水水源保护的现状审视

（一）监督管理主体的碎片化

一是属地管理缺乏整体性协作。水源地跨行政区，基于属地管理的原则，河道流经和湖库所在的地方政府各有自己的处置权，属地上存在两个甚至多个平级行政主体，在实际操作层面互相配合欠周全。二是部门条块分割的整体性缺陷。现有饮用水水源地"条块分割"的管理体制缺乏整体性，管理职能的人为割裂导致部分职责不清，造成了管理上的权力重叠或权力真空。三是跨区域行政执法存在法律障碍。行政处罚权限是以行政区划为边界进行配置的，执法人员不能跨区域执法。实践中，有地方探索通过短时间的专项行动或者环境应急联动进行联合执法，但未形成长期协作制度。

（二）监督管理制度的碎片化

一是水源地保护对象不完整。水源地保护通常采用划定饮用水水源保护区的方式来确定保护范围，但若存在跨区域调水，特别是明渠调水存在较大的环境风险时，对保护区外调水沿线的监管和保护就尤为重要，但目前尚未引起足够重视。二是水源地监管手段不完整。现有监测制度中"水量"监测与"水质"监测分属水利系统和环保系统，监测网络重复建设严重。同时，因为这些监测站点分属不同部门，存在监测数据"打架"的情况。此外，水源地水质信息尚未建立环境信息共享机制，诸如水量调度、水质监测、危化品运输等信息无法实现共享互通。三是水源地保护缺乏周全的激励制度。《四川省饮用水水源保护管理条例》提出要建立生态补偿制度，但仅为原则性规定，缺乏法律强制约束力，生态补偿制度实施存在一定局限性。

（三）综合治理措施碎片化

一是缺乏水量调度稳定供给的法律保障。跨区域水资源分配和调度主要通过政府间协议保障，缺乏针对水量特别是调水供给的刚性约束。二是缺乏水环境质量整体改善的治理措施。针对跨区域污染来源解析不够透彻，规划不统一，不同的地方政府水污染治理投入和成效参差不齐，跨区域水环境质量整体改善空间还很大。三是缺乏对跨区域生态系统的综合保护和修复。缺乏以流域水系为单元、以饮用水水源保护区为核心的，统筹山水林田湖草系统治理和协调上下游、干支流、左右岸水生态系统保护工作，不利于跨区域水系连通、水生态系统的整体恢复。

（四）法律责任的碎片化

一是禁止性规定缺乏统一性。以属地管理为特色的区域法制措施所规定的禁止性规定种类、处罚力度不统一，跨区域水源地针对同一违法行为的法律适用存在区域冲突。此外，环

境准入方面缺乏统一的限制、禁止、淘汰类产业目录，跨区域负面清单管理存在区域差异。二是法律责任设置缺乏全面性。受立法空间效力限制，跨区域企业主体责任只在部分区域得到强化落实，水源地违法责任追究缺乏全域统筹。三是考核问责机制缺乏同步性。水源地保护缺乏一体化考核问责机制，水源地治理效果多体现为暂时性、局部性成效。

三、整体性视野下跨区域饮用水水源保护的立法思考与建议

（一）以整体性理念引领跨区域饮用水水源保护实践

过去针对饮用水水源保护多是围绕单一区域或单一要素开展，而跨区域饮用水水源地作为特殊的自然地理区域，它以水资源为媒介，既包括由地表水和地下水分水线所构成的集水单元，也包含有林地、河流、湿地、湖库、耕地的水陆两域复杂生态系统，是各种自然要素和调水渠道、水库、水利设施等人为要素共同构成的生态共同体，各要素之间相互依存、紧密联系、有机统一，某一要素的破坏往往会引发整个饮用水水源地的连锁不良反应。如上文分析，跨区域饮用水水源保护一旦陷入"碎片化"困境，很容易顾此失彼，最终造成生态的系统性破坏。

党的十八大以来，以习近平同志为核心的党中央高度重视生态文明建设和生态环境保护工作，提出山水林田湖草是生命共同体的理念，深刻揭示了生态环境的整体性、系统性及其内在发展规律，为以整体性理念引领跨区域饮用水水源保护实践提供了基本遵循。针对跨区域饮用水水源地的保护，须从全局视角出发，深刻认识各要素之间是一个普遍联系的生命共同体，互为依托、互为基础，不能独立存在、不能实施分割式管理。从系统论角度统筹谋划思考，综合考虑水源地自然生态各要素、山上山下、地上地下、水里水外以及流域上下游和左右岸，根据相关要素的功能联系及空间影响范围，寻求整体性、系统性解决方案，进行整体保护、系统修复、综合治理。

（二）以整体性制度安排践行法制统一原则的立法路径思考

2015年新修订的《立法法》赋予设区的市在环境保护、历史文化保护、城乡建设等三个方面可以制定地方性法规，市级层面的区域立法所强调的立法自主性，在实践中极有可能导致跨市域的饮用水水源地保护出现法制不统一情形。从维护法制统一原则的视角重新定位和审视水源地保护的地方立法，基于符合生态系统保护和其整体性理念的要求，在跨行政区域界限时做出整体性立法制度安排，统一立法保护，有针对性地解决水源地保护存在的标准不一问题。目前，除由省级牵头起草的老鹰水库饮用水水源保护立法外，诸如德阳市、攀枝花市也针对区内特定跨界水源开始进行"小切口"立法。在立法路径选择上，应当重点把握好以下三方面因素。

一是立法主体要协同。强化"一盘棋"思维，针对跨市级行政区域的水源地保护，采取协同立法的方式，对共同关切、需要协同的立法项目，在制定立法规划和计划、法规起草、调研、论证、实施等各环节加强沟通与合作，打破行政区划壁垒，建立相对统一、衔接、稳定的法治环境。

二是立法理念要一致。要从水资源、水环境与水生态的整体性和系统性出发，在处理经济发展和环境保护的关系、改革与依法行政的关系、公平和效率的关系时，高度关注水资源的高效利用、水生态环境的服务价值和流域生态系统的健康，以一致的理念和原则指导跨区域饮用水水源保护立法。

三是立法规范要统一。落实"不抵触、有特色、可操作"原则，规定相对统一的政府职能职责、公民权利义务以及其他正负面的行为模式和法律后果等，在保障和坚持法制统一的前提下，更好地突出地方特色，着力增强法规的特色、实用性和针对性。

（三）以整体性视野推进跨区域饮用水水源保护的立法实现模式

1. 聚焦"谁来管"的问题，明确监督管理主体

一是建立完善管理主体的统筹协调和监督机制。在立法中明确，作为水源地管理主体的平级政府间，通过建立跨区域水源地联席会议等协调机制，加强对水源地保护政策和重大问题的协商、对接。同时，明确由共同上一级政府承担监督职责，具体由属地政府上一级生态环境主管部门负责对跨区域水源地水环境保护、水污染防治实施统一监督管理；水行政主管部门负责对水资源调度、水资源保护的统一监督管理。

二是强化属地政府管理职责。在立法中明确，针对跨界水源及其调水渠道、补水河流沿线的保护和管理工作，从纵向规定各级人民政府按照属地管理、分级负责的原则对水源进行管理，从横向厘清各部门按照法定职责承担的水源地保护管理职能，属地政府总体上督促相关部门和乡镇做好水源保护工作。

三是建立综合执法制度。在立法中明确，在保护区和准保护区内开展综合执法，界定跨区域水源地综合执法的范围及实施主体，整合水源保护领域的水利、水上公安、环保、渔业、海事等方面的行政处罚及相关的监督检查、行政强制职能，由各相关行政主管部门委托一个综合执法队伍履行，统一施行综合巡查、综合防控、综合执法等职能，破除"九龙治水"的实践难题。

2. 聚焦"管什么"，细化监督管理制度

一是将调水水源纳入保护范围。通过立法明确外调水沿线属地政府的监管职责，加强保护区、准保护区外调水设施沿线的污染综合治理，将调水渠系沿线两侧一定区域划定为保护管理范围，禁止在此范围内设置排污口、排放污水废液等可能污染饮用水水体的行为。

二是建立跨区域的监测、信息互通和应急机制。通过立法明确，在上下游河道水系流经的行政交界、饮用水水源地保护区和支流水系合理布设监测点位，并且规定监测数据作为考核评价和生态补偿等的依据；建立污染源、水文水质等监测数据共享机制。

三是明确跨区域饮用水水源地保护生态补偿制度。立法中虽不宜直接规定跨界生态补偿标准，但应明确提出保护地与受益地的跨界饮用水水源保护生态补偿协议，赋予其法律地位；可以规定生态保护补偿标准的法定要素，具体可包括水源地保护区生态保护、污染治理成本及因保证调水水量与水质而丧失经济社会发展的机会成本等要素。同时，鉴于饮用水水源地保护生态补偿涉及复杂的利益关系，单一政府监督可能不能适应实际需求，应规定适时引入社会监督机制。

3. 聚焦"怎么管",规范综合治理措施

在立法中确立水资源、水环境、水生态"三水统筹"的系统理念,引领跨区域饮用水水源地污染的协同治理和综合保护。

一是明确水量调度管理,确保水资源稳定供给。通过立法明确,成立上下游跨区域水量调度联络小组,定期推进水量调度协调工作;规定根据饮用水水源汛前消落期、汛后蓄水期和枯水运用期的水量合理制订水资源调度方案并组织实施,为水资源保障提供法律支撑。

二是明确水污染防治系统措施,促进水环境质量整体改善。通过立法明确,从工业、城镇、农村农业三个方面,查漏补缺水污染系统治理措施,如在工业方面,针对性提出区域环境准入清单或者负面清单,采取"源头控制+过程监管+末端治理"的全过程、全流域污染防治措施,实现跨区域水源地水环境质量的整体改善。

三是明确水生态保护系统措施,实现水生态稳定健康。通过立法明确,一级保护区实行生态搬迁,结合污染治理技术分析,因地制宜在保护区内实行退耕还林以及岸线整治,以及定期增殖放流、生态疏浚等生态保护与修复措施。

4. 聚焦"责同一",严格法律责任适用

一方面,通过立法强化考核责任约束,建立完善跨区域水源地考核问责制度,明确将水源保护纳入对属地政府及其负有水源监督管理职责部门的目标责任和考核评价制度。另一方面,通过立法严格法律责任的适用,统一跨区域水源的相关禁止性规定及法律后果,建立相对统一和完善的标准尺度,以更好实现对饮用水水源地的全方位、系统性保护。

参考文献

[1] 栗战书委员长在四川开展水污染防治法执法检查期间有关讲话要点[J]. 中国人大,2019,(10):8-12.

[2] 王彬辉. 从碎片化到整体性:长江流域跨界饮用水水源保护的立法建议[J]. 南京工业大学学报(社会科学版),2019,(5):16-29.

[3] 吴浓娣,吴强,刘定湘. 系统治理——坚持山水林田湖草是一个生命共同体[J]. 水利发展研究,2018,(9):25-32.

[4] 焦洪昌,席志文. 京津冀人大协同立法的路径[J]. 法学,2016,(3):40-48.

[5] 黄夕彪,区域立法协调基本原则之探讨[J]. 法学研究,2011,(11):25-26.

突出标准引导　激发市场活力　助推绿色发展
深入推进四川省生态环境保护标准化建设的建议

张璐　王恒　谢义琴

四川省环境政策研究与规划院

【摘　要】 生态环境保护标准是生态环境保护法律法规体系的重要组成部分，在改善生态环境质量、服务支撑经济高质量发展、提供更多优质生态产品中发挥着重要的基础性、战略性、引领性作用。"十三五"期间，四川省共制定5项地方生态环境保护标准，全部为污染物排放控制的强制性标准，没有制定推荐性地方生态环境标准，这对于激发市场活力、推动技术创新的覆盖不够、力度不足。按照大力推动实施标准化战略的要求，加快构建推动高质量发展的标准体系，充分发挥标准化在国家治理体系和治理能力现代化建设中的重要作用，地方生态环境标准化工作理应拓展工作思路，向政府主导制定的标准与市场自主制定的标准协同发展的新型标准体系过渡，建立起以强制性标准"兜底"、推荐性标准"引领"的地方生态环境保护标准体系。同时，树立"全生命周期"理念，由重标准制定，向重视标准制定、实施、监督的全过程转变，充分发挥制定者、引导者、监督者、推广者四类角色作用，构建具有我省特色的"三方共建、四梁八柱"的新型生态环境保护标准化工作体系。

【关键词】 生态环境保护标准；标准化；环境保护

生态环境保护标准是国家生态环境法律法规体系的重要组成部分，在改善生态环境质量、服务支撑经济高质量发展、提供更多优质生态产品中发挥着重要的基础性、战略性、引领性作用。当前，四川省正处在转型发展、创新发展、跨越发展的关键时期，随着四川省经济高质量发展和生态环境高水平保护的深入推进，对生态环境保护标准化工作提出了更高要求。

为助力四川省"十四五"生态环境规划编制，谋划四川省"十四五"时期的生态环境标准化管理工作，我们开展了四川省生态环境保护标准化建设的专题研究。通过标准检索、地方官方网站等渠道收集了国家、其他省（市）地方标准、团体标准和企业标准制定情况，对比分析四川省生态环境保护标准化建设现状、存在的问题，并根据前期标准制修订项目需求征集情况，提出构建具有四川省特色的"三方共建、四梁八柱"新型生态环境保护标准化工作体系。

一、四川省生态环境保护标准化建设现状

（一）地方标准制修订现状

我省生态环境保护标准化事业起步较早，20 世纪 90 年代初制定了 2 项综合污染物排放标准，尔后就一直没有开展制修订工作。"十三五"时期，我省共制定 5 项地方生态环境保护标准，全部为污染物排放标准，推荐性地方生态环境保护标准尚未制定。污染物排放标准内容涉及大气、水污染物排放控制，控制领域主要包括固定污染源挥发性有机污染物、锅炉大气污染物、施工扬尘、农村生活污水处理、岷沱江流域水污染物排放等。

专栏 1 国家和其他省（市）生态环境保护标准情况

截至 2020 年 6 月，国家共制订 2 140 项生态环境保护标准，其中强制性标准（环境质量标准和污染物排放标准）203 项，推荐性标准（环境监测类标准、环境管理规范类标准、环境基础类标准）1 937 项；以推荐性标准为主（占 90.5%），强制性标准占 9.5%。

各省（市）共制订地方生态环境保护标准 612 项，其中强制性标准 321 项，推荐性标准 284 项，以山东省、北京市等发达省（市）较为领先，以大气污染为主要治理内容的地方生态环境保护标准体系基本形成。如表 1 所示。

表 1　国家和各省（市）制定生态环境保护标准统计表

区域	总数	推荐性标准				强制性标准		
		小计	环境监测	管理规范	环境基础	小计	污染物排放（控制）	环境质量
国家	2 140	1 937	1 231	664	42	203	186	17
地方总数	612	291	86	205	0	321	318	3
山东	82	58	18	40	0	24	24	0
北京	70	31	7	24	0	39	39	0
河北	41	13	5	8	0	28	26	2
陕西	34	22	8	14	0	12	12	0
广东	34	10	6	4	0	24	24	0
河南	34	10	4	6	0	24	24	0
天津	27	10	1	9	0	17	17	0
辽宁	27	18	6	12	0	9	9	0
上海	25	0	0	0	0	25	25	0
黑龙江	25	19	6	13	0	6	5	1
福建	23	13	5	8	0	10	10	0
重庆	22	6	2	4	0	16	16	0

区域	总数	推荐性标准				强制性标准		
		小计	环境监测	管理规范	环境基础	小计	污染物排放（控制）	环境质量
浙江	20	5	1	4	0	15	15	0
宁夏	16	13	0	13	0	3	3	0
江西	14	2	0	2	0	12	12	0
吉林	14	9	3	6	0	5	5	0
新疆	13	8	1	7	0	5	5	0
山西	11	5	3	2	0	6	6	0
湖北	11	5	5	0	0	6	6	0
湖南	10	3	3	0	0	7	7	0
广西	10	9	0	9	0	1	1	0
青海	9	9	2	7	0	0	0	0
四川	7	0	0	0	0	7	7	0
江苏	7	1	0	1	0	6	6	0
云南	7	7	0	7	0	0	0	0
海南	5	0	0	0	0	5	5	0
甘肃	5	4	0	4	0	1	1	0
贵州	4	0	0	0	0	4	4	0
安徽	3	0	0	0	0	3	3	0
内蒙古	2	1	0	1	0	1	1	0

（二）团体和企业标准制修订现状

根据 2017 年修订的《标准化法》规定，标准包括国家标准、行业标准、地方标准和团体标准、企业标准。国家标准分为强制性标准、推荐性标准，行业标准、地方标准是推荐性标准，国家鼓励社会团体、企业制定高于推荐性标准相关技术要求的团体标准、企业标准。根据有关信息检索结果，目前我省生态环境保护领域的团体标准仅 1 项，为乐山市环境保护产业商会于 2018 年制定的《一体化 MBR 污水处理装置》，社会团体、企业制定生态环境保护标准活跃度不够。

专栏 2　全国生态环境保护团体和企业标准情况

对已公开的团体标准进行分类统计，全国现行生态环境保护团体标准共计 225 项，制定内容主要包括技术规范、环保产品、评价认证、环境监测等标准，制定数量较多的标准主要集中于技术规范、环保产品类标准，占比超过 70%（见图 1）。

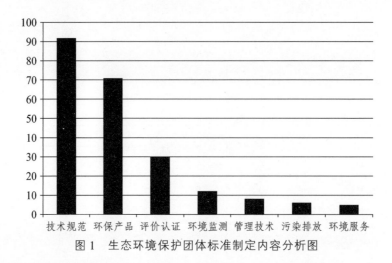

图1 生态环境保护团体标准制定内容分析图

生态环境保护团体标准制定主体主要为国家和北京、广东、浙江等省（市）行业协会、产业联盟等。表2列举了生态环境保护团体标准制定数量较多的团体名称。

表2 制定团体标准数量位居前列的社会团体统计表

序号	团体名称	制定数量
1	中国环境保护产业协会	29
2	北京资源强制回收环保产业技术创新战略联盟	20
3	中国产学研合作促进会	19
4	中国物资再生协会	14
5	广东省节能减排标准化促进会	12
6	中国环境科学学会	8
7	中国循环经济协会	7
8	中国质量检验协会	7
9	浙江省产品与工程标准化协会	6
10	中关村紫能生物质燃气产业联盟	6
11	中国动物园协会	6

国家放开企业标准制定发布以来，截至2019年底，自我声明公开的企业标准达126万多项[1]。通过对已公开的企业标准进行检索，多数企业标准声明公开的内容主要针对的是企业产品性能指标等，部分企业标准将绿色生产技术融入企业产品标准中。

（三）标准监督管理现状

"十三五"时期，我省在地方生态环境保护标准实施管理方面取得了阶段性进展，基本形成了县级以上人民政府标准化行政主管部门统一管理，生态环境主管部门分工管理本部门、本行业的标准化工作监管。标准制修订方面，形成生态环境主管部门提出立项申请、起草单位具体编制、标准化主管部门组织审查、审核、发布的地方标准制定机制。标准实施评估方面，启动了《四川省岷江、沱江水污染物排放标准》执行评估研究工作，尚未形成常态化的评估机制，部分标准的执行成效亟待评估。团体标准和企业标准监管方面，根据《标准化法》规定，地方行业主管部门应分工管理本行政区域内、本行业的团体标准和企业标准，而现阶段我省生态环境主管部门对于团体标准和企业标准的管理力度不够，相关标准欠缺规范化引导，市场参与度不足。

（四）标准培训宣传现状

我省基本形成了由公众参与和宣传培训两大模块构成的生态环境保护标准公众参与和宣传培训机制。一方面，在生态环境保护标准制修订程序中通过草案公开征求意见、举行专家论证会和代表企业座谈会等形式落实公众参与要求，并通过省级生态环境主管部门官方网站等信息平台发布标准管理信息、公开标准文本等方式强化生态环境保护标准信息公开。另一方面，通过每年举办省级生态环境标准化培训班，落实生态环境保护标准宣传培训工作，帮助市县生态环境主管部门准确理解并掌握最新制定的国家标准和地方标准的相关要求。

二、四川省生态环境保护标准化建设存在的问题

（一）标准体系不健全

现行地方生态环境保护标准体系主要侧重于强制性污染物排放标准，突出强调了标准对污染物排放和环境质量改善的强制性和约束性要求，推荐性标准对技术创新和产业发展的引领性作用发挥不明显。标准制定内容相对较为单一，仅针对政府职责范围内的主要污染物排放监管需求制定了少量标准，在支撑绿色生产、绿色生活和生态保护等领域的生态环境保护标准供给不足，且标准制定周期长、标龄长、适用性差等弊端有所显现。

（二）标准制定主体一元化

不同于国际标准化建设将团体标准和企业标准放在标准体系的重要地位，我省生态环境保护标准体系主要以行政主管部门制定的政府标准为主，弱化了市场主体制定的团体标准和企业标准，标准制定主体一元化，降低了市场竞争力，不利于灵活应对快速变化的市场发展新需要。

（三）标准实施积极性欠佳、评估不到位

现有生态环境保护标准体系在执行过程中主要依赖于标准的强制性，忽视了合作模式下标准的自愿性，降低了相关利益方主动执行标准的积极性，不利于推动标准有效落地实施。部分地方标准"标龄"超过20年，缺乏及时有效评估和修订机制，不能满足新形势下环境管理的需要。

（四）标准推广路径不完善

生态环境保护标准的宣传主要集中于政府网站及微信公众号，对于标准的宣传推广力度较弱。我省生态环境保护标准虽在省生态环境厅网站中设置了地方生态环境保护标准专栏，但并未对生态环境保护标准文本、制修订信息以及相关生态环境保护标准工作信息进行分类发布，一定程度上阻碍了公众有效查阅标准信息，且标准制修订需求反馈机制不健全，影响了推荐性标准的有效推广。

三、深入推进四川省生态环境保护标准化建设的建议

（一）加快成立一个综合性的标准化技术委员会

成立四川省生态环境保护标准化技术委员会，建立具有专业性、独立性、广泛代表性的委员会和专家组，涵盖环境管理、污染防治、生态保护修复、环境监测、环境监察执法等多领域。充分运用专家力量，承担标准的起草、技术审查工作；作为联系政府、企业、社会的重要桥梁纽带，整合各方面资源力量，加快科研成果转化为生产力的速度和走向市场的步伐。

（二）引导推进"三方共建"的标准治理新格局

鼓励、引导、支持市场主体制定生态环境保护标准，逐步形成政府引导、企业主导、社会广泛参与的"三方共建"标准化工作新格局。聚焦新技术、新产业、新业态和新模式，扩大生态环境保护领域先进适用团体标准和企业标准供给。

（三）建立健全"四梁八柱"的生态环境保护标准体系

充分考虑我省生态环境保护工作的现状和发展的潜在需求，精简整合强制性地方标准，扩充优化推荐性标准，以服务生态环境高水平保护和经济社会高质量发展为目标，以环境质量标准、污染物排放（控制）标准、环境监测规范类标准、环境管理规范类标准四大类型标准为框架，紧紧围绕水、大气/气候变化、土壤、声/光、固体废物与化学品、放射性物质、电磁辐射和自然生态等八大环境要素，推进地方标准体系向强制性标准"兜底"、推荐性标准"引领"的体系结构过渡，逐步形成"四梁八柱"的新型地方生态环境保护标准体系。如图2所示。

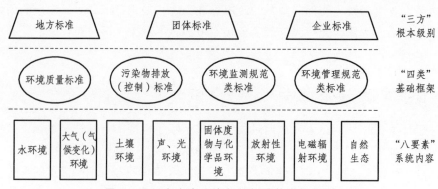

图2　四川省生态环境保护标准体系框架图

（四）完善生态环境保护标准"化"起来的工作机制

查漏补缺，发挥标准制定者作用。结合地方环境质量改善的迫切需求，对重点区域、重点流域和重点行业补充加严国家现行标准，制定更为严格的地方标准。梳理机构改革后新的职能要求，制定支撑新增职能的生态环境保护标准，如研究制订支撑应对气候变化和低碳管理的规范类和推荐性标准、入河排污口管理的技术规范等。

尊重市场，发挥标准引导者作用。围绕绿色技术、环保产业服务、绿色产品等国家、地方标准供给不足的重点领域，通过制定自我声明公开指南、标准水平评价等一系列管理制度、激励政策，规范、引导社会组织、企业制定团体标准、企业标准。同时，要严格贯彻《标准化法》，按照开放、公平、透明的原则，放开准入但不放松管理，做到技术先进、经济合理、公正规范。

建章立制，发挥标准监管者作用。将国家和地方污染物排放标准执行情况纳入年度环境执法监管重点工作，保证强制性标准得到严格执行。完善标准实施评估机制，根据技术进步情况和行业发展需要适时对地方标准实施效果评估，开展标准复审，复审周期一般不超过 5 年，复审结果作为修订、废止相关标准的依据。

宣传示范，发挥标准推广者作用。创新宣传方式，深化宣传内容，对新标准进行发布"解读""翻译"；线上线下配合开展生态环境保护标准化工作培训；采取分众化、个性化、实用性强的宣传方式"送标准、送技术"入园区，对企业进行"零距离"宣传。推动标准第三方认证评价机制，对生态环境保护团体标准和企业标准开展先进性认证评价，发布团体标准和企业标准"示范榜"。支持选择发展基础较好的园区、社区、企业、公共机构开展生态文化、节能低碳、环保产业标准化示范区建设，发挥示范带动作用。

参考文献

[1]　中国标准化研究院. 2019 年度企业标准"领跑者"发展报告[R/OL]. [2020-02-21]. https://www.cnis.ac.cn/ynbm/zhfy/kydt/202002/t20200221_49414.html.

全民行动观：共同建设美丽中国

国内外公园城市建设理念对成都市公园城市建设的启示

杨耀

四川省环境政策研究与规划院

【摘　要】本文通过研究若干国外公园城市案例，总结出国外公园城市建设中采用的主要理念，并对相关理念的应用进行讨论。作为未来城市可持续发展的一种趋势，公园城市正在获得各国城市管理者的广泛关注。本文在对国内外先进理论进行剖析的基础上，结合成都的实际情况和相关领域的发展现状，对未来公园城市发展提出三点启示。

【关键词】公园城市；建设理念；可持续发展；城市管理

一、公园城市发展历程

"公园"始于近现代的城市绿地形式，最早出现于欧洲 17 世纪贵族向公众开放的宫苑；南北朝时期的古代皇家园林，是中国最早的"公园"雏形。伴随着社会发展，到 19 世纪末 20 世纪初，公园多指休闲、体验的公共空间。作为城市发展中最容易忽视的要素，公园不仅是单纯的绿地系统，更是一个具有多重价值的复合系统。自 20 世纪 60 年代初起，随着工业化国家公害泛滥成灾、城市化进程加速导致环境危机深刻化与全球化，公众环境意识不断增强，国际社会以人与自然和谐相处为目标，积极探索尊崇自然、绿色发展的生态体系与城市规划建设新模式。公园的社会功能、生态功能在城市发展中的重要性逐渐提升。随着可持续发展理论的提出，产业结构布局合理、自然生态保护良好、资源能源高效利用、社会秩序井然有序、人与自然和谐统一的城市发展形态不断受到关注。田园城市、生态城市、绿色城市、低碳城市、智慧城市、园林城市、森林城市等带有突出公园社会、生态属性的城市概念、城市形态不断应运而生。现有的公园城市实践主要有两种：一种是引入"绿色"概念，增加绿地面积、扩展绿色空间、建设绿色屋顶等，例如英国的米尔顿凯恩斯市、美国的芝加哥市等；另一种是在城市规划过程中制定公园城市的标准，系统地构建公园城市。欧美等发达国家对公园城市建设计划提出了相应的标准及评价指标，其中较为著名的城市包括德国的弗赖堡市和美国的伯克利、克利夫兰、波特兰大都市等，这些城市的建设都为世界其他公园城市提供了良好的范本及经验。

中国是世界上探索和研究公园城市建设最为积极和主动的国家之一。党的十八大以来，以习近平同志为核心的党中央着眼全面建成小康社会、实现社会主义现代化和中华民族伟大复兴，做出"五位一体"总体布局，提出"五大发展理念"，将生态文明建设上升到国家战略高度，为我国城市发展提供根本遵循。中央城市工作会议更是提出城市工作要把创造优良人居环境作为中心目标，把城市建设成为人与人、人与自然和谐共处的美丽家园，对城市的生态化建设提出更高需求和要求。2018 年 2 月 11 日，习近平总书记到成都天府新区视察时明确指出，天府新区一定要规划好建设好，特别是要突出公园城市特点，把生态价值考虑进去。这是公园城市作为一种城市发展形态第一次被正式提出。公园城市建设是习近平生态文明思想的生动实践，也是应对当前我国人居生态环境所面临新形势的主动作为，是响应城市发展过程中出现的城市问题而提出的解决方案。

作为可持续发展理论的新拓展，公园城市是对田园城市、生态城市、绿色城市、低碳城市、智慧城市、园林城市等发展理念的新相融与新探索。以低碳化、智慧化、绿色化为治理手段参考，公园城市将坚持生态文明建设和绿色发展的内涵和目标，不仅着力解决"城市病"，更注重协调城市人工系统和自然生态系统关系，更注重优化城市管理和服务，追求人、自然、经济和社会"四位一体"。国内公园城市的建设仍然处于起步阶段，公园城市项目仍处于规划和建设当中，并且绝大多数项目都引进和借鉴国外相关城市的建设经验，例如中新天津生态城、曹妃甸国际生态城等。事实上，公园城市的发展在很大程度上取决于各国、各地区的自然条件及社会经济状况，盲目照搬国外建设模式不仅不利于建设适合中国国情的公园城市，反而会造成大量资源及资金的浪费。

近年来，国内众多城市提出了形式多样的"公园城市"规划方案，形成了一股创建公园城市的浪潮。重视生态固然值得提倡，然而借"公园城市"建设之名做形象工程则不足取。目前，我国在建设公园城市的过程中仍然面临诸多问题：首先，缺乏明确的发展目标，多将经济利益置于生态环境之前；其次，缺乏系统性规划，仅将公园城市作为个体考虑；最后，公众参与度不足，民众的生态理念相对缺失。

诚然，公园城市代表一种全新的城市发展模式，它并不局限于推进城市的可持续发展、加强技术创新、节约自然资源、降低环境污染等，而是追求一种将原有生态环境复原，以从根本上解决当今城市所面临的诸多问题。因此，公园城市的建设并不能狭义地理解为基础设施、产业结构等"硬件"的升级和改良，其内涵在于进行一场生活方式和城市管理理念等"软件"的更新换代。

在现有的公园城市研究中，绝大多数将创新技术、评价标准作为研究方向，鲜有国外公园城市建设理念和管理方法等方面的研究。为填补此类研究的空白，本文以国外著名公园城市为例，探索其建设理念和管理模式，从而获取对中国未来公园城市发展的启示。

二、公园城市的建设理念

（一）可持续发展是公园城市建设的基础

在资源与环境问题愈发凸显的时代，世界各国已经就走可持续发展道路做出了承诺。其中，未来城市的发展走向引起了各国政府的高度重视。随着传统生产方式对环境造成的一系列影响，人们对良好住环境的渴望愈发强烈。公园城市作为未来人类可持续聚居的模式之一，其发展始终秉持可持续发展理念，倡导因地制宜，保证子孙后代利用和享受资源的权利。

在实践中，各国公园城市建设都严格遵循可持续发展原则。巴西的库里蒂巴便是以可持续发展城市规划而著称的"公园城市"，其完善的垃圾循环回收系统、能源保护项目，以及享誉全球的公共交通系统使得库里蒂巴成为世界公园城市的范例；德国的埃尔朗根在建设公园城市的过程中，同样将可持续发展作为主要依据，在其城市规划与建设中加强了对城市及其周边生态系统的保护，并且在城市范围内增加绿地覆盖率，整合交通资源，采用一体化的交通政策以最大限度地节约能源和资源的消耗；另一座德国城市弗赖堡，则被誉为德国的"生态首都"，其在建设实践中，将生态环境保护和社会经济发展整合，作为整个城市发展的基础，不仅采用了先进的技术以提高资源和能源的利用效率，同时制定了完善可行的环境规划、城市规划以及应对气候变化的规划等。

（二）颠覆传统的城市"新陈代谢"，倡导"摇篮到摇篮"（Cradle to Cradle）理念

城市作为一个特殊而复杂的系统，有着与人体类似的"新陈代谢"过程。城市的运作通常以资源和能源作为原材料和动力，从而生产、制造、运输相应的产品，并将多余的产物排出系统。传统城市系统的"代谢"过程多为线性模式，对城市生态环境承载力造成较大的压力。随着可持续发展概念的提出与实践，加之自然资源的过度消耗和能源的短缺，当今的城市管理者正在努力将传统的线性模式转化为循环模式。公园城市作为一种未来城市发展趋势，其系统的"新陈代谢"必定需要对传统模式进行颠覆性的改变。

"摇篮到摇篮"理论起源于 20 世纪 70 年代，自提出之日起便一直被广泛应用于工业生产过程中，并逐渐拓展到资源循环领域。该理论主要包含三个原则：第一，垃圾也是资源（waste is food）；第二，利用可再生资源（use solar income）；第三，崇尚多样性（celebrate diversity）。作为一种可持续发展的"支持策略"，这种理念在西欧国家荷兰取得了巨大的成功。作为一个三分之一国土位于海平面以下的国家，荷兰人利用有限的资源创造了举世闻名的环境治理和商业奇迹。荷兰对资源循环利用的理念，不仅体现在工业生产过程中，更被公众所接受，逐渐形成了一种可持续的生活方式。荷兰的城市虽然很少被冠以"公园城市"的标签，但其城市规划处处体现出对生态环境的保护以及对资源、能源的高效利用。除荷兰之外，欧洲其他国家的城市也都在城市规划中借鉴了类似理念。例如德国柏林波茨坦广场地区的设计与建设就体现了"摇篮到摇篮"的理念。这一理念主要包括以下三个方面。

首先，注重物质循环，避免产生垃圾。在该地区建筑的设计和建造过程中，采用无污染材料，注重材料的循环使用，避免资源浪费。例如，整个区域采用灰水循环系统，节约水资源的消耗。此外，建筑物利用绿色屋顶等技术收集雨水，并通过人工湿地对收集的雨水进行处理，在降低污水排放量的同时，营造舒适的城市小气候。

其次，合理利用太阳能，降低外部能源供给。利用建筑物朝向、间距以及保温绝缘等设计理念，使建筑物在夏季避免过量吸收太阳能，而在冬季避免大量散失能量，使得整个区域的太阳能利用更加合理。同时，配合合理的"能源总体规划"，为整个区域提供系统的能源分配和供给。

最后，整合现有资源，为公众提供更多选择。例如，通过一系列宣传和对城市基础设施

的优化，降低人们出行时对机动车的依赖程度，让出行方式更加灵活多样。此外，在房屋建设方面，整合已有的建筑物资源，降低在建设过程中资源和能源的消耗；将已有建筑物的使用效率最大化，从而减缓城市扩张的速度。

（三）加强公众对未来公园城市生活方式的适应和体验

城市是一个不断发展的系统，仅靠先进的规划理念和技术引进无法使城市应对未来的挑战，只有改变传统的生活方式，才能使"公园城市"真正实现可持续发展。因此，一个城市成为公园城市的前提是提高其市民的"生态"理念，通过宣传和体验式的教育与引导，增强公众对新的生活方式的适应能力。世界上许多成功的公园城市案例都在市民参与方面做了很多努力。

例如巴西的库里蒂巴，在其公园城市的发展过程中，尤为注重对年轻一代的环境教育。不仅如此，库里蒂巴所有市民都可以在免费的"环境大学"接受相关教育。在欧洲，瑞典第三大城市马尔默同样被视作全世界公园城市的典范。马尔默的成功不仅由于城市管理者为科技创新搭建了开放的平台，更重要的是使每一个市民以及来自世界各地的旅行者能够亲自体验公园城市的生活方式。以交通为例，马尔默拥有长达490千米的自行车道，自行车流量占整个区域交通流量的25%，大约40%的商务出行由自行车完成，并且选择自行车出行及通勤的人数还在逐年上升。对于机动车出行，马尔默实行了完善的"机动车出行共享"体系，区域内共有50个"拼车点"，使得需要共同乘车出行的市民能够方便拼车出行，有效降低了机动车流量及污染排放。从马尔默公园城市对外宣传的海报可以看出，广泛的公众参与渠道增强了市民的参与度，从而使得整个项目更加人性化。

（四）国外公园城市成功经验的意义

从国外公园城市建设的理念可以看出，公园城市的建设作为一场对未来城市规划和建设的革命，需要的不仅是科技创新，更重要的是对传统的挑战甚至颠覆。国外公园城市的设计理念和思路相对超前，但同时结合了当地社会经济发展的现实。强调回归自然、因地制宜，将自然、社会经济以及人文因素等综合考虑，注重公众在整个过程中的参与，同时制定长期和短期的计划目标。在完善城市基础设施建设的同时，引导和培养公众改变原有的生活习惯，从而保证"公园城市"系统稳定的运行。然而，目前国际上尚无对某一"公园城市"运行状况的评价，加之公园城市的概念本身仍在不断发展，因此用成功与否评价现有的"公园城市"为时尚早。但不可否认的是，这些发展中公园城市的确解决了当地面临的某些问题。因此，无论是其建设经验，还是发展理念都值得借鉴学习。

三、对成都未来公园城市建设的启示

（一）建设公园城市不能仅局限于科技创新

毫无疑问，公园城市的建设离不开先进技术以及创新的理念。技术和创新能够在很大程度上减轻人类对自然资源和化石能源的依赖，从而降低温室气体及污染的排放。然而，建设公园城市并不能局限于实现节能减排和保护自然资源。公园城市所提倡的是一种生活方式的改变和社会的进步，其内涵在于改善人们的生活环境以及营造一种自然与人类"共生"的氛围。因此，在中国未来的公园城市发展道路上，应该极力避免将建设公园城市与环境保护等相混淆。一座真正的公园城市应是以修复原有生态环境和市民践行有利于生态系统恢复和保护行为为目标，而非在原有生态系统种重新添加城市这一要素。

（二）完善的公众参与机制有助于公园城市系统的高效运行

"生态"一词最早源于古希腊，意为家或者我们的环境。因此，我们的生活环境原本就是"生态"的。随着历史的发展，人类的进步改变了原有的生活环境，使得原始的"生态"遭到破坏。因此，建设公园城市是人类一种渴望"返璞归真"的理念，在某种程度上是人类尝试不同发展与生活方式后期望趋近自然的生活方式的一种选择。正如马尔默城市规划部门负责人所说的："我们现在所做的不过是在重现和思考我们过去所拥有的。"在这一重现和思考的过程中，公众对"生态"的理念、认知、态度在很大程度上决定了他们的行为和接受程度。纵观世界范围内较为成功的"公园城市"案例，良好的公众参与体系是其城市系统高效运行的保障。目前，中国在这方面的研究和实践经验较为有限，绝大多数在建的项目并未充分考虑公众参与的必要性和重要性。因此，在未来的发展道路上应加强和完善公众参与公园城市建设的机制。

（三）公园城市的建设需要不断调整人与环境的平衡点

作为发展中国家，中国经济在过去 30 多年来持续保持增长。然而，经济增长和社会发展带来的环境问题也在近些年来集中爆发。同时，随着中国城市化水平的不断提高，城市建设对能源及资源的需求量将持续上升，加之全球气候变化的影响，未来中国的环境问题仍将持续一段时间。中国公园城市建设起步较晚，未来发展仍然面对诸多挑战。公园城市的建设并非一朝一夕可以完成的，应不断学习和借鉴其他国家的成功经验。作为一台持续运转的"活机器"，组成城市系统的要素也在不断地发生改变。公园城市作为人与自然和谐存在的载体，在发展过程中应不断调整两者之间的平衡，合理利用有限的生态环境承载力，保证人类社会经济的可持续发展。

参考文献

[1]　陈国阶. 建设公园城市是成都的战略选择[J]. 先锋，2018（4）：18-21.

[2]　马交国，杨永春. 国外公园城市建设实践及其对中国的启示[J]. 国外城市规划，2006，21（2）：71-74.

[3]　李海龙，于立. 中国公园城市评价指标体系构建研究[J]. 城市发展研究，2011，18（7）：81-86.

[4]　蔺雪峰. 中新天津生态城：低碳发展新模式[J]. 建设科技，2009（15）：21-23.

[5]　林澎. 唐山曹妃甸国际生态城规划[J]. 建设科技，2009（15）：28-29.

[6]　张明芳, 陈涛. 关于公园城市建设问题的思考[J]. 环境科学与管理, 2007, 32(12): 154-157.

[7]　李迅, 刘琰. 低碳、生态、绿色——中国城市转型发展的战略选择[J]. 城市规划学刊, 2011 (2): 1-7.

[8]　LEHMANN S. Low-to-no carbon city: lessons from western urban projects for the rapid transformation of Shanghai[J]. Habitat International, 2013 (37): 61-69.

[9]　YU L. Low carbon eco-city: new approach for Chinese urbanization[J]. Habitat International, 2014 (44): 102-110.

[10]　MC DONOUGH, BRAUNGART M. Cradle to cradle: remaking the way we made things[M]. Vintage, 2009.

全球共赢观：共谋全球生态文明建设之路

面向 SDGs 的中国及四川省生态环境领域可持续发展实施情况分析

高俊丽　赵润　邵超峰

南开大学

何蓉

四川省环境政策研究与规划院

【摘　要】2015 年 9 月，习近平主席出席联合国发展峰会，同各国领导人一致通过《变革我们的世界：2030 年可持续发展议程》，承诺将全球 17 个可持续发展目标（简称 SDGs）全部纳入中国国家行动和发展规划予以落实。以联合国可持续发展解决方案网络（UNSDSN）和贝塔斯曼基金会发布的 SDG 指数和指示板报告为基础，讨论分析了中国生态环境领域可持续发展目标指标进展及存在的问题。四川省作为内陆开发开放的"前沿地"和国家生态安全的"守护者"，相关 SDGs 指标的实施进展，关系国家可持续发展议程的落实工作。本文以生态环境领域 SDGs 的进展评估为基础，全面对接当前四川省资源环境禀赋条件和环境污染防治行动效果，讨论分析了四川省生态环境领域 SDGs 在全国的基本表现，初步识别了在五大 SDG 目标下存在的问题，从尽快开展 SDGs 本地化实践、补齐补强指标短板等方面提出了四川省推进 SDGs 的对策建议。

【关键词】2030 年可持续发展议程；SDG 指数和指示板；生态环境领域；SDG 本地化

一、背　景

2015 年 9 月，各国领导人出席联合国可持续发展峰会，共同通过《变革我们的世界：2030 年可持续发展议程》（以下简称"《2030 年可持续发展议程》"），确定了由 17 项目标、169 项子目标组成的可持续发展目标体系（Sustainable Development Goals，简称 SDGs）。这些目标的制定更加强调统筹考虑社会发展、经济发展和环境保护之间的内在联系，改变以往未能足够重视环境支柱的弊端，解决人类和地球面对的持续性问题和新兴挑战。SDGs 将根本性地改变片面追求经济增长的传统发展观，坚持包容性增长和经济、社会、环境协调发展的可持续发展理念，指导全球各国在 2030 年之前的发展政策和资金使用，在对人类和地球至关重要的领域中采取行动，消除贫困、保护地球、确保所有人共享繁荣。中国一贯高度重视可持续发展，始终做推动可持续发展的积极践行者、重要推动者，建立国家级协调机制，制定国家2030年可持续发展目标的国家规划，还将可持续发展目标纳入"十三五"规划等中长期发展战略，同时积极推动在更广泛的范围内实现可持续发展目标。目前，可持续发展议程各项目标的落实工作在中国全面展开，近年又结合生态文明建设，提出了《绿色发展指标体系》《生态文明建设考核目标体系》《国家生态文明建设示范市县指标》《"两山指数"评估指标体系》，进一步丰富了可持续发展相关目标指标及任务体系。2016年二十国集团（G20）杭州峰会上，可持续发展目标在中国的推动下被纳入G20议程当中，占全球经济总量80%的G20国家能在落实《2030年可持续发展议程》中起到带头作用，对全球意义重大。

四川地处"一带一路"和长江经济带的联结点，是南丝绸之路的起点、西部大开发的重要战略支点，也是连接中国—中南半岛经济走廊、中巴经济走廊的重要支撑区域，东亚、东北亚进入东南亚和南亚次大陆的主要通道，具有东西互济、南北贯通、陆海联动的独特优势。四川是长江、黄河上游重要水源涵养地，全国三大林区、五大牧区之一，也是全球34个生物多样性热点地区之一，是中国乃至世界的珍贵物种基因库之一，生态地位尤为重要。中国作为《2030年可持续发展议程》的缔约国，许多与履约相关的重要行动都需要在省级层面开展和落实。四川省作为我国内陆开发开放的"前沿地"和国家生态安全的"守护者"，可持续发展的成效，对我国履行《2030年可持续发展议程》意义重大。积极履行《2030年可持续发展议程》，借鉴国内外在落实可持续发展目标指标方面的先进方法和经验，将有效促进我省可持续发展和生态文明建设事业的健康发展，全面构建和谐社会。

对照联合国SDGs目标指标体系，与生态环境相关的目标主要为SDG6、SDG11、SDG12、SDG13、SDG14、SDG15，共包含56个子目标，约占可持续发展目标体系总指标数的1/3（参见表1）。四川省由于没有海洋生态系统，因此不涉及SDG14。

表1 《2030年可持续发展议程》提出的生态环境领域可持续发展目标

目标	总体目标	子目标数量
SDG6	为所有人提供水和环境卫生并对其进行可持续管理 （Ensure availability and sustainable management of water and sanitation for all）	8
SDG11	建设包容、安全、有抵御灾害能力和可持续的城市和人类住区 （Make cities and human settlements inclusive, safe, resilient and sustainable）	10
SDG12	采用可持续的消费和生产模式 （Ensure sustainable consumption and production patterns）	11
SDG13	采取紧急行动应对气候变化及其影响 （Take urgent action to combat climate change and its impacts）	5
SDG14	保护和可持续利用海洋和海洋资源以促进可持续发展 （Conserve and sustainably use the oceans, seas and marine resources for sustainable development）	10
SDG15	保护、恢复和促进可持续利用陆地生态系统，可持续管理森林，防治荒漠化，制止和扭转土地退化，遏制生物多样性的丧失 （Protect, restore and promote sustainable use of terrestrial ecosystems, sustainably manage forests, combat desertification, and halt and reverse land degradation and halt biodiversity loss）	12

二、中国生态环境相关可持续发展目标指标具体表现

联合国可持续发展议程通过后，在全球层面，联合国有关机构和重要智库，如国际可持续研究所（IISD）、国际环境与发展研究所（IIED）、英国的海外发展研究所（ODI）、德国发展研究所（DIE）、美国的世界资源研究所（WRI）等，对全球可持续发展进程进行监测，并做出了一系列研究成果。在联合国统计司的支持下，联合国可持续发展解决方案网络（UNSDSN）和贝塔斯曼基金会根据联合国 SDGs 跨机构专家组（IAEG-SDGs）关于指标和数据的研究分类结果，建立了由 SDG 指数和 SDG 指示板组成的可持续发展进展评估技术体系。自 2016 年以来，先后发布五次"可持续发展目标指数和指示板（以下简称'SDG 指数和指示板'）报告"，旨在帮助各国识别实现 17 项可持续发展目标（SDGs）的优先行动事项，明确重要的执行挑战。SDG 指数由 17 项 SDG 目标构成，总指数还允许对目标实施进展进行评估，并进行国家间的比较。SDG 指示板采用绿色、黄色、橙色、红色 4 种颜色，表示距离实现《2030 年可持续发展议程》的挑战程度依次递增，采用红色、橙色、黄色、绿色 4 种颜色箭头表示下降、停滞、适度改善和正在实现 SDGs 的动态趋势。经过五年的开发和应用，SDG 指数和指示板的方法学已经日趋成熟，数据来源逐步稳定，SDG 指数和指示板报告已经获得联合国 193 个成员国的高度认可。

根据联合国可持续发展解决方案网络（UNSDSN）和贝塔斯曼基金会发布的《2020 年实现可持续发展目标所需转变及其指数和指示板全球报告》，2020 年全球可持续发展指数中国得分 73.89 分，在 166 个参评国家和地区中排名第 48 位。生态环境领域涉及 6 项目标和 27 项评价指标。其中，保护海洋生态（SDG14）1 项目标评价为"红色"，水和环境卫生的可持续管理（SDG6）、可持续城市建设（SDG11）和保护陆地生态（SDG15）3 项目标评价均为"橙色"，在全球排名中处于相对较为落后的位置（参见表 2）。从年度变化来看，中国是可持续发展指数全球评分和排名增长最快的国家之一，但生态环境相关的指标提升相对缓慢，已经成为制约我国更好落实 SDGs 和建设美丽中国的要素。中国既有经济跨越式发展的明显特征，又面临"时空压缩"的环境问题复杂性，当前环境污染治理和生态建设行动的效果具有时滞性，多重作用导致当前我国生态环境状况指标相对落后，面临更严峻的改善压力。

表 2　2020 年中国生态环境领域 SDG 指数及指示板表现

目标评价结果		2016	2017	2018	2019	2020
SDG6	指示板	黄	橙	黄	橙	橙
	指数及排名	86.2	88.2（60/157）	89.9（34/156）	71.8（76/162）	68.6（91/177）
SDG11	指示板	红	橙	橙	橙	橙
	指数及排名	43.2	61.6（113/157）	69.2（95/156）	75.1（91/162）	75.91（92/177）
SDG12	指示板	黄	橙	橙	橙	黄
	指数及排名	41.3	74.8（66/157）	73.2（80/156）	82.0（86/162）	88.55（55/177）
SDG13	指示板	红	红	红	红	黄
	指数及排名	41.5	58.7（145/157）	69.3（139/156）	92（72/162）	89.78（91/177）

续表

目标评价结果		2016	2017	2018	2019	2020
SDG14	指示板	红	红	红	红	红
	指数及排名	32	31.1（94/118）	33.5（145/156）	36.2（104/126）	50.51（113/136）
SDG15	指示板	红	橙	橙	橙	橙
	指数及排名	39.2	58.5（77/157）	58.6（90/156）	62.7（92/162）	59.47（115/177）

三、面向 SDGs 四川省生态环境相关可持续发展目标指标进展分析

"无法测量则无法管理。"科学地监测和评估可持续发展目标的进展是确保实现 SDGs 的关键，也是各国均面临的困难和挑战之一。由于统计体系和数据可得性的差异，联合国"全球 SDG 指标框架"并不能适用于具体国家层面的 SDGs 监测评估，各国需要构建本土化的 SDGs 指标体系，以全面、科学地评估 SDGs 的进展，制定相关规划和政策，从而推动实现 2030 年可持续发展目标。

以 UNSDSN 最新发布的不同国家 SDGs 指数现状评价为参照，从行动、目标及效果分析结果来看，中国生态环境系统保护与可持续发展绩效仍处于相对较差的状态。四川省作为长江、黄河上游重要的生态屏障和水源涵养地，肩负着维护我国生态安全格局的重要使命，提升四川省可持续发展能力和水平，不仅关系巴山蜀水的秀美风光，更关系国家生态安全和可持续发展战略的实施。科学制定四川省生态环境领域可持续发展目标是引领"十四五"及更长时期四川省生态环境保护行动的纲领性举措，可有效衡量四川省各区域生态环境保护水平及差异，为更好协调保护与发展关系提供操作性指导。全面对标中国参与的 2020 年 SDG 指数及指示板得分及排名，以四川省统计年鉴、中国环境统计年鉴、环境状况公报及相关研究数据为基础，估测四川省在 5 项 SDG 目标下相关指标的具体表现，站在全球和国家层面梳理分析四川省在生态环境领域方面的可持续发展表现，考虑数据可获得性和可比性，以及从国家层面指标向省级指标转化过程中统计口径的变化，提出未来开展 SDGs 四川省本地化需要重点考虑的指标，如表 3 所示。

表 3　面向 SDGs 四川省生态环境领域 SDG 表现分析

目标	中国 2020 年参与评价的指标	中国得分及在全球的排名	四川省估测得分	本地化可考虑的相关指标
SDG6	自来水普及率	88.077（101/177）	85.00	● 单位 GDP 用水量 ● 城市污水处理率 ● 用水普及率
	公共卫生服务设施覆盖率	83.124（101/177）	82.34	
	淡水占可再生水源的比例	64.686（133/172）	/	
	经过处理的人为废水比例	9.36（75/177）	9.12	
	进口体现的稀缺水消费	97.739（65/175）	/	

目标	中国 2020 年参与评价的指标	中国得分及在全球的排名	四川省估测得分	本地化可考虑的相关指标
SDG11	PM2.5 浓度	42.546（157/177）	44.35	● 每万人拥有公交车辆 ● PM2.5 年均浓度 ● 燃气普及率 ● 生活垃圾无害化处理率 ● 建成区绿化覆盖率
	城市管网供水覆盖率	91.717（87/164）	90.21	
	对公共交通的满意程度	93.461（9/169）	87.34	
SDG12	城市固废产生量	83.694（20/171）	82.11	● 工业用水重复利用率 ● 人均二氧化硫排放量 ● 人均氨氮排放量 ● 一般固体废物综合利用率
	活性氮生产足迹	78.448（90/175）	75.32	
	活性氮输入量	98.533（53/175）	/	
	电子垃圾	78.541（68/167）	75.32	
	以生产为基础的二氧化硫排放量	94.282（83/175）	98.33	
	物质输入的二氧化硫排放量	97.807（40/175）	/	
SDG13	化石燃料出口中体现的二氧化碳排放量	99.96（18/162）	/	● 碳排放强度 ● 万元 GDP 能耗
	与能源有关的二氧化碳排放量	72.62（137/174）	84.33	
	物质输入体现的 CO_2 排放量	96.75（143/186）	/	
SDG15	濒危物种红色名录指数	34.75（155/177）	50.32	● 保护区面积占辖区面积比重 ● 湿地总面积占国土面积比重 ● 沙化土地面积占国土总面积 ● 森林覆盖率
	森林面积年变化率	99.47（52/162）	99.58	
	陆地自然保护区面积	34.77（99/176）	54.32	
	内陆湿地和水域自然保护区面积	34.37（96/147）	32.33	
	生物入侵对生物多样性的影响	94（104/174）	/	

对照联合国 SDGs 和《2020 年可持续发展目标指数和指示板报告》，四川省生态环境相关可持续发展目标在全球的评级整体偏低，未达到中国的平均水平，五项指标仅 SDG13 和 SDG15 表现尚可。对四川省 SDG 的本地化指标做进一步分析如下。

水和环境卫生的可持续管理（SDG6）面临较大挑战。四川省在该目标上 3 项指标均差于全国平均值，说明距实现 2030 年的目标仍面临较大挑战。其中，"单位 GDP 用水量"指标偏低的原因一方面是受到自然资源条件、经济社会发展水平和经济结构、产业结构的影响，另一方面也反映出四川省的节水工作存在较大差距，节水还有很大潜力。"城市污水处理率"这一指标偏低，主要是由于资金短缺、处理设施陈旧和缺乏有效的建设运行机制，导致四川全省城市污水设施建设滞后。"用水普及率"得分不高的原因是四川省现有的水利基础设施工程管理滞后，现有的水利基础设施得不到有效利用，同时水利建设资金投入不足，导致部分水利项目缺乏有效规划。

可持续城市建设（SDG11）需要加强。四川省在该目标上 5 个指标有 3 项指标表现弱于全国平均水平。在 SDG11 中，"每万人拥有公交车辆"这一指标表现较差，低于全国平均水平，说明四川省城市公共交通体系还需进一步完善。四川盆地是常规气、非常规气"双富集"

气区,资源量分别占全国的 23% 和 26%。目前,虽然四川盆地天然气产量约占全国产量的 1/4,但由于总体经济发展水平不高,燃气普及率仍低于全国平均水平。四川省的"建成区绿化覆盖率"这一指标也低于全国平均水平,表明四川省城市公共环境绿化工作还存在欠缺,绿化水平亟待提高。

消费和生产模式(SDG12)需进一步加大向可持续发展方向转变,推进绿色转型和高质量发展。四川省在该目标上 4 个指标中"工业用水重复利用率""人均氨氮排放量"和"一般固体废物综合利用率"3 项指标差于全国平均水平,表明推动能源转型和新能源市场化建设仍是重中之重。"工业用水重复利用率"较低的原因是四川省非常规水利用程度较低、重复用水普及面窄等问题依然存在,尤其是重复用水方面,多数企业还没有实现水的重复利用,部分企业由于设备投入不足、节水意识较弱,用水方式仍然是即取、即用、即排,导致全省工业水循环利用率低。"人均氨氮排放量"偏高,氨氮减排压力大。"一般固体废物综合利用率"与全国平均水平的差距较大,固体废物的及时处理和利用应是未来的管控重点。

应对气候变化(SDG13)方面具有先天优势,但要实现 2030 年的目标仍然存在挑战。在 SDG13 中,"碳排放强度"这一指标表现较好,远低于全国平均水平,但"万元 GDP 能耗"表现相对欠佳,能源利用效率低下。"碳排放强度"这一指标表现较好的原因是四川省拥有丰富的水电资源和天然气资源,可再生能源禀赋较好。此外,"十三五"以来,四川省全面推进落实《四川省应对气候变化规划(2014—2020)》《四川省控制温室气体排放工作方案》确定的各项目标任务,着重推进空间、产业、能源、建筑、交通和生活方式低碳化,大力发展生态循环农业,培育壮大节能环保、绿色化工、轨道交通、新能源与智能汽车等绿色低碳产业,积极构建绿色制造体系,开展重点工业企业节能低碳行动。同时,实施能源消耗总量和强度"双控"行动,落实固定资产投资项目节能审查制度,强化重点领域节能降耗,已经提前两年完成国家下达的"十三五"碳排放强度控制目标。"万元 GDP 能耗"这一指标偏高的原因是四川省仍处于经济社会较高速度发展阶段,能源消费结构高碳化的趋势短期内难以逆转,并且人们应对气候变化认知有待提高,地方气候变化问题相关的基础投资与制度建设有待完善。四川省气候变化监测公报显示,近 60 年来四川年平均气温呈现显著升高趋势,气候变化风险日益紧迫,应对气候变化迫在眉睫。

保护陆地生态(SDG15)方面虽表现较好,但仍需进一步加大向可持续保护利用方向努力。四川省在该项目标指标上落实较好,仅"湿地总面积占国土面积比重"低于全国平均水平。四川省是我国生物多样性最丰富的地区之一:全省有种子植物 8 500 余种,占全国种类的三分之一,居全国第二位,其中国家重点保护植物有 73 种,药用植物约有 4 600 余种,是全国重要中药材基地之一;脊椎动物有 1 200 余种,占全国总数的 45% 以上;有国家重点保护野生动物 140 余种,占全国总数的 40% 以上,其中野生大熊猫数量占全国总数的 75% 以上,是驰名中外的大熊猫故乡。四川有除海洋、沙漠生态系统外的森林、草地、湿地等自然生态系统,类型多样。但四川省生态系统保护与经济发展矛盾仍较为突出,在自然资源和生态系统服务的保护领域管理与技术尚不成熟,未来应当发挥如"大熊猫国家公园"等结合经济与环境保护的项目来保护、恢复并促进可持续利用生态系统,遏制生物多样性下降的总体趋势。此外,四川的生态供给与社会需求存在较大差距,如何在保护的前提下维持生态系统服务可持续性是核心问题。

四、四川省生态环境领域可持续发展对策建议

从评估标准设计上看，目标指标指示板基于全球现状统计分析进行单项指标和综合目标的排名，统一的可持续发展目标衡量标准未充分考虑各国的社会经济发展水平、资源环境支撑条件，评估结果难以充分体现各国的可持续发展行动和真实水平。在评价指标设置上，SDGs更侧重于城乡环境基础设施的均衡性、生态系统服务功能提升和气候变化减缓及适应效果的评估，这些指标的设定未充分反映我国和当前四川省注重环境质量改善的行动努力程度。同时，由于评价指标在内涵、数据来源及组成上与国内指标存在不一致性，也导致评价结果与各国的统计分析结果或直观感受可能存在一定差异。四川省作为地貌东西差异大、地形复杂多样的一个省份，面临生态环境压力大、区域发展不平衡等问题。如何在保障经济高质量发展的同时实现环境、社会的可持续发展，已成为四川省急需解决的重要问题，推动国家层面可持续发展目标指标的四川省本地化评估成为现实需求。

四川省亟须开展 SDGs 本地化实践，将更多本地化的 SDGs 指标纳入"十四五"及更长期规划目标指标。由于统计体系和数据可得性的差异，联合国"全球 SDG 指标框架"主要适用于国家层面的 SDGs 监测评估，省级及以下迫切需要构建本地化的 SDGs 指标体系，以全面、科学地评估 SDGs 的进展，制定相关规划和政策，从而推动实现 2030 年可持续发展目标。2016 年 11 月，联合国开发计划署和世界银行集团发布了一份联合报告，强调了这些不足之处，论述了实现 SDGs 本地化的重要性，并建议有必要与当地社区和利益相关方接触，以减轻和消除可能阻碍可持续发展目标实施的障碍。联合国开发计划署、人居署和地方及区域政府全球工作队提出实现《2030 年可持续发展议程》时本地化的核心是考虑国家以下各级的情况，包括两个主要的进程：规划和执行可持续发展目标及监测可持续发展的进展情况。因此，为使《2030 年可持续发展议程》进一步服务四川省绿色高质量发展，建议在总结国内前期 SDGs 本地化的基础上，将《2030 年可持续发展议程》的相关目标和指标根据四川省各地区资源环境禀赋条件和发展重点纳入"十四五"时期发展规划和发展目标体系。当前，正是四川省国民经济和社会发展"十四五"规划及相关专题规划和地级市规划编制的关键时期，迫切需要全面对标 17 项 SDGs 目标和相应指标，研究制定 SDGs 引领下的四川省规划目标指标体系，推动《2030 年可持续发展议程》与四川省发展规划全面对接。建立定量评估、动态监测与年度报告机制，是落实《2030 年可持续发展议程》及其 17 项可持续发展目标（SDGs）的一项重要举措。将可持续发展和国内发展战略紧密相连，开展四川省对标联合国 2030 可持续发展综合评估，对四川省 SDGs 践行情况进行监测评估和跟踪问效，一方面有利于形成四川省可持续发展综合现状评价结果，摸清可持续家底，并及时地发现问题；另一方面，可持续发展的综合评估与可持续发展的系统化建设相结合，以评估促进 SDGs 各项目标的落地。按照知识工程思路，探索可持续发展知识服务应用，实现从"SDGs 评估结果"到"SDGs 知识"的转化，形成经济、社会、环境三位一体的可持续发展路径与解决方案，引领四川省高质量发展，并为其他省份和区域践行联合国《2030 年可持续发展议程》提供可借鉴的方法与范例。

着力关注生态环境领域 SDGs 实施进展，补齐补强进展缓慢 SDGs 的短板指标。我国在生态环境领域存在许多短板指标，尤其是评价级别为"红色"的 6 项指标和"橙色"的 2 项

指标。四川省可持续发展总体情况相对较差，18 个本地化生态环境相关可持续发展目标指标中有 9 个指标低于全国平均水平。结合 SDGs 四川省本地化的实践，建议尽快推动开展四川省生态环境领域 SDGs 实施进展评估，全面识别各地在实施 SDGs 进程中面临的生态环境短板指标，加快解决四川省广大农村地区面源污染和污水处理缺失问题给饮用水水源环境和农村人居环境带来的巨大隐患；通过废水再利用、雨洪水资源化和直接使用农业排水等方式减少淡水资源的压力，增加非常规水资源的使用。创新发挥政策引导作用，鼓励地方拓宽资金来源和市场多方参与生态环境建设，提高自然资源使用效率，保护和恢复淡水生态系统，推行可持续的消费和生产模式，推进环境退化和资源利用与经济增长及相关的生产和消费模式脱钩，破解过度捕捞、污染和栖息地退化对生物多样性的持续威胁，减轻气候变化对社会经济和人群健康的影响。加强生态系统服务关系研究，动态协调生态系统服务的供需，更好地部署现有政策工具，以及实施能够更有效地争取个人和集体为转型变革而采取行动的各项新举措，在保护的前提下实现可持续发展，不断提升四川省生态系统服务功能。同时，建议结合当前生态文明建设示范市县、"绿水青山就是金山银山"实践创新基地、国家可持续发展议程创新示范区等生态示范建设推动 SDGs 目标指标评估试点，探索生态环境领域指标数据的系统化监测和统计路径，弥补因数据缺失带来的评估结果不准确的风险。

鼓励社会各方参与，加强 SDGs 落实的国际交流与合作。鼓励和增加国际和地区组织、国内外非政府组织、私营部门等参与，充分发挥它们在推动《2030 年可持续发展议程》上的优势，向全社会提供支撑。在即将开始的"十四五"建设时期，应发挥高校和科研院所在推进四川省贯彻可持续发展议程上的智库作用，推动产学研深度融合。以联合国发展计划署 SDGs 加速实验室成都落地建设为基础，推动设立跨地区、跨专业、跨学科和跨行业的联合专家咨询团队，结合生态环境领域相关国际公约及共识，建立可持续发展全球伙伴关系，进行全球性、国家间、各省市和地方层面的 SDGs 综合比较研究，跟踪各层面 SDGs 具体目标和指标落实情况，提供关于可持续发展的科学和政策的专家建议。通过对话交流、研讨会议等不同形式，加强沟通交流，积极学习引进国内外先进经验。通过将《2030 年可持续发展议程》及可持续发展目标融入各地生态文明、乡村振兴和绿色转型高质量发展的创新实践，推动四川省和各地更好落实《2030 年可持续发展议程》，从而推动高质量发展的行动、故事、经验、成果进行总结和交流。

为更好落实《2030 年可持续发展议程》和推进实现可持续发展目标，以及达成多边环境协定和国际商定的生态环境保护、污染控制方面的生态环境目标，四川省应充分结合"十四五"规划的实施，在传统的环境治理和提高效率基础上，从重组社会和生产制度与架构，包括制度框架、社会实践、文化规范和价值观的角度出发，进行转型变革，推动 SDGs 与四川省社会经济发展战略和生态环境保护战略相融合，建立差异化的生态环境管理制度体系。以 SDGs 四川省进展评估为导向，继续发挥适应四川省特征的环境规制措施，加快推进环境治理体系和治理能力现代化，构建与当地社会经济发展水平和资源环境禀赋条件相适应的差异化环境规制，稳步推进联合国《2030 年可持续发展议程》的实现。

全球适应气候变化现状与展望

向柳　文新茹　杨耀

四川省环境政策研究与规划院

张玉虎

首都师范大学

【摘　要】全球气候变化已经并将继续放大对自然和人类系统的现有风险并产生新的风险，全球在积极减缓气候变化的同时，继续进一步强化适应气候变化行动。本文全面梳理了全球特别是典型国家在战略规划、体制机制、行动措施、资金投入、技术研发等方面适应气候变化的情况，分析了全球适应气候变化的方向和趋势，并结合四川实际提出更加主动有为推动气候适应型发展的对策建议。

【关键词】气候变化；脆弱性；适应

一、适应是全球治理的重要部分

21 世纪，以变暖为主要特征的全球气候变化不可避免。面对气候变化带来的广泛而深刻的影响和风险，任何地区都难以独善其身。减缓和适应是应对全球气候变化的基本路径，但相比减缓气候变化，适应显得更为紧迫和必要。近年来，随着气候不可逆变暖，国际社会逐渐提高适应在应对气候变化全局中的地位，积极推动气候适应型发展，建设气候适应型社会，提升气候适应力。

（一）全球气候变化影响和风险凸显

世界气象组织（WMO）《2015—2019 年全球气候状况最终报告》指出，自 20 世纪 80 年代以来，每十年都比过去十年更为温暖，2015—2019 年是有记录以来最热的五年，全球气候变化系统性风险已经凸显。政府间气候变化专门委员会（IPCC）第五次气候变化评估报告警告，如果未来气温比工业化前升高 2 ℃，由此产生的海平面抬升、旱涝灾害、生态功能退化、食品（饮水）安全、疾病流行等问题，将造成全球经济年均损失 0.2%～2.0%，还可能导致族群矛盾、社会动荡，甚至威胁到人类自身生存。

（二）适应是应对气候变化的重要路径

《联合国气候变化框架公约》（UNFCCC）将缓解气候变化不利影响作为重要指导原则，要求缔约方制订、执行、公布和经常地更新便利充分地适应气候变化的措施在内的国家计划。2010 年，坎昆气候变化大会明确适应与减缓同等重要的位置，决定建立《坎昆适应框架》和适应委员会。2015 年底通过的《巴黎协定》将"提高适应气候变化不利影响的能力并以不威胁粮食生产的方式增强气候抗御力，使资金流动符合气候适应型发展的路径"作为一大目标。2015 年，《关于国家自主贡献预案总合效果的综合报告》指出，100 个缔约方在国家自主贡献（INDC）预案中纳入适应内容，将气候适应型发展引入国家政策及相关工具的趋势明显且越来越强，一些缔约方甚至强调适应工作为其应对气候变化的主要优先事项。

许多国际组织将适应气候变化作为重要工作方向。联合国环境署将应对气候变化作为 7 个优先领域之一，在《联合国环境署中期战略（2018—2021）》中将适应气候变化作为三大应对气候变化任务之一，提出帮助易受气候变化影响国家从紧急和即时的适应对策过渡到基于生态系统方法的中长期国家适应计划，监控其国家适应计划；通过全球适应网络和其地区分支，收集和传播详细信息；与其他伙伴组织合作，确保基于生态系统的适应试点工作规模化和制度化。联合国粮农组织积极促进农业和自然资源管理方面的转型变革，发布《气候变化与粮食安全：风险及应对》《应对农业缺水：气候变化全球行动框架》《气候变化对渔业和水产养殖业的影响》《森林经营者气候变化指南》《气候智能型农业：行动呼吁》等报告和指南；推广气候适应型农林系统，在 2009—2016 年间实施 300 多个明确针对农业部门的气候变化问题项目和计划；提供气候变化农业影响建模系统、农业压力指数系统、农牧民气候变化抵御能力自我评估和整体评估工具、气候变化对家畜品种分布潜在影响评估工具、气候变化中粮食安全脆弱性绘图、跨界植物病虫害全球预警系统等气候变化适应技术和工具。联合国教科文组织利用在教育、自然和社会科学、文化和传播等领域的跨学科优势，促进适应气候变化研究和教育。经济合作与发展组织发布适应政策指南，提出适应的四个基本步骤，即界定当前及未来面临的气候风险及脆弱性；甄别各种可能的适应对策；评估并选择可行的适应措施；评估"成功"的适应行动。世界资源研究所开发"国家适应能力框架"，提出适应行动应当注意的原则。

二、典型国家适应气候变化行动

各国将气候变化视为挑战和机遇，根据自身自然环境、资源禀赋、气候变率及敏感性、科学认知、政治意志、经济基础、文化背景、科技实力等条件，制定本国适应气候变化政策、战略、框架和计划，全面开展适应行动。

（一）德　国

欧盟将气候变化视为重要议程，以积极态度应对气候变化问题，塑造全球气候治理倡导者、引领者的形象。作为欧盟主要成员，德国实施适应气候变化战略。2005 年发布《国家气候保护计划》。2008 年发布《德国适应气候变化战略》，构建适应气候变化影响的行动框架，明确减轻脆弱性并保持和提高自然、社会和经济系统的适应能力的长期目标，强调凡需要联邦政府或其他单位对气候变化的可能性及风险做出评估的计划，其评估都不能建立在单一情景或单一模式基础之上，而应在对不同排放情景和气候模式做出分析的基础上充分考虑今后气候发展的各种可能。2011 年出台《德国适应气候变化战略行动规划》，确定扩大知识基础、促进信息共享和交流，建立联邦政府适应框架和工作机制，推动联邦政府直接负责的行动，开展国际合作、援助发展中国家等 4 项核心任务。

除了实施系列战略规划，德国还注重能力建设。《德国适应气候变化战略》提出，建立由联邦环境、自然保护、建筑和核安全部部长领导、各部门代表组成的部际工作组来制定适应计划，强化全球变暖与适应能力中心功能。成立气候变化"金融论坛"，将气候变化的研究和对话平台拓展到金融界，促使银行、保险公司和各种投资基金参与技术研发。德国《气候保护高技术战略》计划在 10 年内额外投入 10 亿欧元用于气候保护的技术研究。

（二）日　本

日本将应对气候变化列为环境战略之首。1998 年颁布《全球气候变暖对策推进法》《面向 2010 年的全球变暖对策推进大纲》，2008 年提出新的防止全球气候变暖对策。2010 年，日本综合科学技术会议出台《建设气候变化适应型新社会的技术开发方向》，把强化绿色社会基础设施和创建环境先进城市作为适应气候变化的两大战略方向，其中涉及水资源、自然环境、可再生能源系统、紧凑型城市规划、信息化防灾、公众健康等领域，同时提出了相应的技术开发、社会体制改革等需求。2015 年，日本内阁通过基于中央环境委员会《日本气候变化影响及风险评估报告》制定的《适应气候变化影响国家计划》，明确了之后 10 年内适应气候变化的基本方针，将增强科技支撑作为适应气候变化五个基本战略之一。部门层面，日本环境省、农林水产省、国土交通省、文部科学省等都制定气候变化适应政策，发布一系列研究报告、战略、计划、指南等。2007 年，文部科学省启动《21 世纪气候变化预测创新计划》。2010年，环境省发布《气候变化适应方法》报告；国土交通省发布《洪水灾害的气候变化适应规划指南》；文部科学省启动《气候变化适应研究计划》。

日本注重内部协调和对外援助。早在 1997 年就成立以内阁总理大臣为首的"全球变暖对策本部"；日本气象厅设立气候课、气候变化对策室、气候变暖情报中心、气候研究部等应对气候变化研究机构。2007 年，环境省设立"气候变化影响与适应研究委员会"；2010 年设立"气候变化适应方案委员会"；2007 年，国土交通省设立"气候变化水灾适应分委会"；2015年，农林水产省设立"气候变动适应计划推进本部"，对农作物等生产量和品质降低的对策进行讨论。此外，还将环境问题作为日本外交的重要方向。积极援助发展中国家，援助贷款主要用于灾难风险减少、土地管理、水问题、森林、全球环境问题、农业问题等适应性项目。2004 年，环境省设立全球环境研究基金。2015 年，日本政府宣布将于 2020 年前将一直以来对发展中国家的气候变化对策支援金额提升到每年 1.3 万亿日元。2016 年，日本和联合国开发计划署启动 1 500 万美元的日本—加勒比应对气候变化伙伴项目。

（三）美　国

美国奥巴马政府将气候变化视为非传统安全威胁，采取积极的适应气候变化政策。美国2009 年发布总统令，要求所有联邦部门评估气候变化风险和脆弱性，研究本部门适应气候变化的方法。2011 年，跨部门气候变化适应工作组发布《联邦部门制定适应气候变化规划的实施指南》，指导各部门的规划制定工作。2013 年，总统办事机构发布《总统气候行动计划》，将适应气候变化作为三项核心任务之一，提出用可靠的科学管理气候影响。同年，总统发布《美国为气候变化影响做准备》行政命令,部署提高气候变化准备度和适应力的相关行动。2015

年，白宫发布《联邦下一个十年可持续发展规划》，要求提升联邦机构的气候准备和恢复能力，识别和应对气候变化对水、能源、通信与运输需求的可能影响，在联邦机构气候变化准备规划中考虑这些影响，并测算成本和风险；要求考虑气候变化适应力等因素修订建筑物指导原则，促进水资源管理和干旱应对；与国家、地方和部落社区协调气候变化准备和恢复规划，联邦政府领导力和教育计划纳入气候准备和恢复内容等。

美国还建立了气候变化准备和适应协调机构。2002 年，白宫宣布建立新的气候变化科学办公室，并成立由商务部、能源部等 14 个政府部门、机构的人员组成的气候变化科技综合委员会，向总统提供气象科学和技术的建议，讨论各部门项目的资助，协调应对气候变化的预算，审查气候变化的有关建议等。2009 年，美国成立由环境质量委员会、科学和技术政策办公室、国家海洋和大气管理局共同领导、包含 20 多个联邦部门代表的"适应气候变化跨部门工作组"，主要职能是帮助联邦政府认识和适应气候变化。2013 年建立由环境质量委员会、科学技术政策办公室、总统国土安全和反恐助理领导的"气候准备和适应跨部门委员会"，代替之前的气候变化适应工作组，委员会下设工作组。委员会负责为州、地方、社区和部落适应气候变化提供支持，督促和跟踪适应气候变化行动和计划，协调跨部门政策，协调组织信息平台建设。2014 年建立由环境质量委员会主席和白宫政府间事务办公室主任担任联合主席的"州、地方、部落气候准备和适应跨部门工作组"。

美国投入巨资加强气候变化研究。2014 年，美国总统宣布将成立价值 10 亿美元的基金应对气候变化带来的影响。2015 年，美国政府财政预算中为应对气候变化的各项措施专门拨款，包括应对海平面上升和风暴；联邦政府还通过美国全球气候研究计划、部门计划和活动支持科学研究；美国将适应气候资金融入国家环境保护局的清洁水及饮用水国家周转基金等联邦部门基金。此外，美国全球变化研究计划下设适应科学工作组，美国农业部在联邦气候科学与研究中心的基础上建立 7 个区域中心，为农林牧业提供科学技术支持。

（四）印 度

作为世界第二大人口大国和世界上发展最快的国家之一，印度重视环境对于国家可持续发展的重要意义。2008 年出台《国家气候变化行动计划》，提出可持续生活环境、水资源、喜马拉雅山生态系统、绿色印度、农业可持续发展、气候变化战略研究等 8 项国家任务，其中农业、水、喜马拉雅山生态系统、林业、能力建设和知识管理 5 个国家任务聚焦适应。2016 年《印度国家自主贡献：致力于气候正义》提出，加强对易受气候变化影响的部门，特别是农业、水资源、喜马拉雅山、沿海、卫生和灾害管理等发展方案的投资；建立迅速扩散印度先进气候技术的国内框架和国际架构，并联合研发未来技术。印度 32 个邦和联邦属地制定气候变化行动计划，涵盖农业、水、栖息地、林业、健康、灾害管理等领域适应问题。

为适应气候变化，印度政府 2007 年成立由总理担任主席的"总理气候变化委员会"，成员包括内阁部长、气候变化专家、工业界和民间学术团体人员。委员会职责包括对气候变化行动计划的实施进行政策指导，检查和评价行动计划的进展，在气候变化国际双边和多边谈判上协调国内立场。印度还成立"国家气候变化影响评估委员会"和"总理气候变化咨询委员会"，印度科技部在各邦和喜马拉雅地区设立"气候变化中心"。

印度通过加大公共资金投入促进重点领域适应。印度设立 35 亿卢比的"国家适应基金"，满足农业、水、森林等领域的适应资金需求。根据《印度国家自主贡献》估计，印度 2015—2030 年将需要大约 2 060 亿美元用于农业、林业、渔业基础设施、水资源和生态系统适应行动实施。

（五）新加坡

作为岛屿城市国家，新加坡将长期适应纳入国家政策。2008 年，新加坡环境和水资源部公布应对气候变化的国家战略。2012 年，新加坡发布《国家气候变化策略 2012》，提出要把新加坡打造为一个有能力对抗气候挑战的环球都市。2014 年，环境及水源部推出气候变化风险评估框架与气候变化应对规划框架，要求所有政府部门之后进行各类建筑、基础设施规划时，须将气候变化可能造成的影响以及可做出哪些改变来应对气候变化，纳入所有政府部门或法定机构策划过程内，确保未来各类基础设施与建筑都能应对气候变化带来的挑战。2016 年，新加坡国家气候变化秘书处推出《打造一个有能力应对气候变化的新加坡》计划，介绍政府部门机构如何在各自管辖的领域制定和推动项目、计划应对气候变化带来的挑战。

新加坡重视打造一个可持续、能抵抗气候变化压力的水智慧城市体系。面对更加频繁的强降雨，新加坡不断提升预防淹水能力，推行"源头—渠道—受体"方案管理雨洪。针对海平面上升风险，新加坡要求填海所得陆地高度从至少比最高潮位纪录时的海平面高出 1.25 米提高到 2.25 米；新加坡最繁忙的樟宜机场在规划扩建项目时，充分考虑到未来海平面上升造成的威胁，将樟宜机场扩建在更高的填海地段上。为应对少雨干旱等极端天气，新加坡已经形成充沛、多元的供水系统，即本地地表水、进口水、新水和淡化水"四个水龙头"，创造灵活、可持续的供水方案。

在能力建设和部门协调方面，新加坡气象署 2012 年设立气候学问研讨组织，加强气候研究中心与本地学府的研究合作。成立新加坡气候研究中心，以加强机构内部对气候问题的研究和建模，了解本地和东南亚复杂的热带气候与天气，并预测本区域未来的气候变化，利用全球气候变化中的新发现来分析气候变化对新加坡的影响。新加坡设立特别委员会来统筹气候变化政策，提前做好准备，建立能有效应对气候变化的系统性方案。

三、全球适应气候变化主要趋势

面向近期乃至长期气候变化风险，越来越多国家、地区、城市和组织秉持"无悔"原则，趋利避害、居安思危，按照有序、渐进、转型适应的理念，软硬（管理和技术）兼施，加快构建动态完善的适应气候变化技术体系，增强适应气候变化能力，建设气候变化适应性社会。

（一）注重统筹近期和长期适应

近期的气候变化风险会随着社会经济趋势与气候变化的相互作用而不断发展变化，适应将影响近期结果。因此，适应气候变化必须把握好时间尺度、时序，明确优先适应方向和领域。在较长的时间段内，采用何种近期和长期的适应将极大影响气候变化的风险，需要超前谋划部署，从规划初始就考虑到需要长期投资和适应的领域，重点领域和敏感部门应针对 2 ℃

目标甚至更高温升可能尽早进行布局。例如，荷兰 2/3 的土地在海平面以下，难以想象海平面上升的后果。因此，荷兰建筑事务所和建筑公司超前布局开发水上住宅、水上农场和水陆两栖村庄技术创新，甚至提出"浮岛城市"方案。

（二）更加关注人类系统适应

2015 年，《联合国气候变化框架公约》秘书处《关于国家自主贡献预案总合效果的综合报告》统计了各国适应气候变化行动的优先部门和领域，大多数国家将水、农业、卫生、生态系统、林业和基础设施作为适应的重中之重。由于对气候变化于粮食生产系统、基础设施、主要经济部门和服务、人类安全、生计和贫困、人体健康、城市和乡村等人类系统影响理解的扩展和深入，以及自然系统适应的有限性，越来越多国家和地区将更加关注人类系统适应气候变化的紧迫性和巨大潜力，提高人类系统的可恢复力。

（三）注重跨部门跨区域协同

一些气候变化风险只局限于某个部门或区域，其他风险则会有级联效应，目前各项适应工作还倾向于各自为政。因此，未来适应气候变化一大趋势将是建立跨学科、跨部门联合机制，加强统筹协调，增强适应技术整体创新合力和活力。随着科学研究国际化趋势的加强，通过在国际、区域、国家和地方各层面开展互补、联合研发行动，以提高适应的有效性和产出率。适应具有高度地域性，需要设立和加强区域适应技术协同创新和推广中心，构建活跃的区域适应技术研发网络和创新平台。私营部门在使用中扮演着重要作用。例如，将气候变化视为重大风险的英国水务巨头盎格鲁水务公司就制定了水适应战略，采取必要适应技术、工程和管理手段保护客户、服务、站点、基础设施、雇员与环境。

（四）注重公共和私营资金投入

资金不足是适应技术创新的最大障碍。目前，多数国家包括适应技术研发在内的适应资金规模远远小于减缓；全球层面，适应需求和可用于适应的基金之间更是存在较大差距。据联合国估计，到 2030 年，发展中国家适应气候变化的实际成本将达到每年 1 400 亿~3 000 亿美元，到 2050 年将达到每年 2 800 亿~5 000 亿美元。联合国环境署《2014 年适应差距报告》指出，即使到 21 世纪末全球气温升幅控制在 2 ℃ 以内的水平，发展中国家适应气候变化的成本依然可能是以往估算的 2 到 3 倍。全球适应技术创新存在巨大缺口，需要发挥市场机制作用、多方筹集资金成为大势所趋。

适应气候变化需投入的资金是庞大的，仅仅依靠政府投资是不足的，要拓宽融资渠道，争取更多的民间和国际资金，支持多种资本、多主体共同投入气候变化适应技术研发，降低技术成本。例如，通过绿色金融、信贷、保险等方式为适应技术研发和转让提供资金支持；发挥银行业在适应气候变化中的作用，优化融资结构，搭建适应气候变化的融资平台，创新适应气候变化融资工具，为适应气候变化提供资金融通。

（五）注重适应技术研发和转移

适应技术转让和贸易，是气候变化脆弱国家有效提升适应力的重要途径，满足当地需求和重点项目的技术转让更可能取得成功。技术需求评估、知识产权体系改革、创新技术机制、国别技术需求分析是未来适应气候技术转让的重要课题。许多社会、经济、政治、法律和技术因素影响技术转让的过程和质量。成功转让的必要因素包括消费者和商业意识、信息的获取、当地现有的各种技术、商业、管理和规范技能以及有益于经济的政策和管理框架。适应气候变化技术转让问题上，知识产权的作用是关键问题。此外，将适应技术与提高民生紧密结合，选择相对成熟、市场化前景广阔的适应技术，建立适应技术推广示范应用基地。

（六）重视适应成本—效益评估

损失与损害、适应成本—效益、适应能力诊断、适应经济是评价适应气候变化行动和能力有效性和潜力的主要方向。损失与损害是发展中国家特别是小岛屿国家、最不发达国家与非洲国家的核心关切。2010 年"坎昆适应框架"中正式提出损失与损害议题，2013 年通过的"华沙损失与损害国际机制"。一个完整的适应过程包括观测、评估气候影响和脆弱性、规划、实施、监测和评价适应行动等五个部分。目前，大多数对适应工作的评估一直局限于对影响、脆弱性和适应规划的评估，而几乎没有对实施过程或对适应行动的效果进行评估。因此，有必要更好地评估全球适应成本、融资和投资。

四、四川气候适应型发展建议

作为自然环境复杂区、人类活动多样区，四川易受全球气候变化不利影响。随着未来气候持续变暖，四川将面临更多的风险和不确定性。潜在的区域性影响和风险已开始显现，必须实施更加积极、主动、有为的适应气候变化政策行动，以科学评估为依据，以项目为依托，以科技为支撑，以能力建设为保障，提升适应战略政策定位，完善适应工作机制，提升脆弱领域和敏感人群适应气候变化能力。

（一）识别传播气候变化风险

以重大研发项目实施、重大创新科普平台建设、重要时间节点为契机，加强气候变化影响风险监测预警、风险研判和信息共享，增强气候变化透明度，大力提升全社会气候变化风险意识。定期开展气候变化认知调查，科学构建气候变化公众认知程度评价指标体系，发布调查评价报告。搭建广泛面向社会的气候变化科普平台，传递科学知识，构建多维度、多层面、多组织参与的科普网络。建立"窗含西岭千秋雪"冰川直播平台，动态展现贡嘎山等川西地区标志性冰川监控画面，开展冰川变化教育。

（二）实施分区分类适应行动

川西北高原高山区以生态安全、水安全、基础设施安全为重点，加强国土空间管控，严格控制旅游、畜牧、采矿等开发活动；构建以大熊猫国家公园为核心的自然保护地体系；开展草原湿地保护修复，提高泥炭地保育水平；提高冰川冻土观测能力，开展水资源风险评估和管控；科学布局城乡居民点和高速公路、铁路、电网等线性穿越工程，提高滑坡、山洪、泥石流、冰雪等自然灾害防御能力。川西南高山峡谷区以农业安全、干旱防御、森林草原火灾防治为重点，有序发展优势特色农业，加强安宁河谷和山区农业灌溉基础设施建设，发展高效节水型农业；加强森林防火基础设施和能力建设，提高立体观测、预警、管控和灭火能力。环四川盆地山区以生态安全和农业安全为重点，加强国土空间管控，开展生态保护补偿；实施退耕还林还草工程，提高秦巴山区、乌蒙山区、龙泉山、华蓥山等森林质量；优化农业和农村经济结构，发展特色优势种植业、畜牧业、林下经济。成都平原浅丘区以水安全、城市安全为重点，优化国土空间布局，科学划定城市边界；加强自然水体和河岸保护，建设海绵城市和海绵工程，缓解城市"热岛效应""雨岛效应"，提高沿江沿河城镇防洪抗涝水平；建设跨流域跨区域水资源调度工程；建设智能柔性电网，提高电网调峰御荷能力。盆地丘陵山区主要包括川中丘陵区和川东平行岭谷，以农业安全和城市安全为重点，适度发展规模化农业和立体农业，推广抗逆农业品种，推动种养结合；提高长江干流、沱江、嘉陵江等大江大河沿岸城市防洪抗涝能力；提高城市绿化质量，缓解高温热浪。

（三）创新适应气候变化示范

进一步深化和扩展气候适应型城市、海绵城市建设试点，因地制宜探索城市低影响开发模式。支持攀西地区等森林火灾高危区、高风险区打造"天空一体化"防火监测预警系统，开展高山峡谷、干热河谷地区特殊地形地貌、物候气候条件下防灭火技术攻关、基础设施建设和能力建设提升。支持开展山地气候变化灾害综合治理试点，规划建设面向西南地区的山地灾害链模拟平台。支持成都、遂宁、宜宾等沿长江、嘉陵江、岷江地区城市开展气候适应型城市建设试点。支持川西北生态经济区开展高寒地区气候适应型畜牧业基地建设试点，建设一批牲畜现代化暖棚（贮草棚）和多功能巷道圈。支持茶业、中药材、蚕桑等特色优势农业领域开展适应气候变化园区（基地）建设试点，探索气候智慧农业新模式。

（四）完善气候投融资机制

创新适应积极应对气候变化的财政、投资、融资机制，创新开展气候投融资地方试点，建立区域性气候投融资产业促进中心。将提高农业、水资源、林业和生态系统、气象、防灾减灾救灾等重点领域适应能力，加强适应基础能力建设，加快基础设施建设，提高科技能力等适应气候变化纳入气候投融资支持范围。大力发展绿色金融，建立健全投融资政策和标准。防范和化解气候变化带来的投融资风险，确保保险等金融业可持续发展。此外，要加强公共资金整合，加大财政投入，设立应对气候变化专项资金或基金，完善适应气候变化财政投融统计指标和体系，开展适应气候变化绩效评价。

（五）加强适应技术研发应用

加强科学数据共享、联合技术攻关、跨学科研究和重大研究平台建设，建立国家和区域气候变化产学研用协同机制，成立气候变化协同创新中心。聚焦气候变化对自然和人类社会系统的影响阈值及不同领域和区域的差异，深化气候灾害危险性和人类生存环境脆弱性时空分布特征、变化规律与不同时间尺度气候灾害的可能影响研究，建立气候变化对重点领域、行业、重大工程与区域影响的定量关系和综合评估模型，研发适应四川独特人地关系的区域性气候变化影响评估模型。围绕气候变化影响的重点领域、重点区域、脆弱人群与优先适应事项，重点强化建材、交通运输、农牧业、渔业和水资源等重点领域适应气候变化关键技术研发与应用示范。重点支持开展若尔盖草原湿地、川滇、秦巴、大小凉山、川藏铁路沿线地区气候变化与生态演替、灾害风险监测评估，研究老龄化进程中气候变化带来的人体健康风险和公共卫生问题。

参考文献

[1] OECD. Integrating climate change adaptation into development cooperation：policy guidance[M]. France：OECD Publishing，2009.

[2] World Resources Institute. The National Adaptive Capacity Framework：Key Institutional Functions for a Changing Climate[Z]. 2009：2016.

[3] 中国驻德国经商处. 德国应对气候变化的政策和措施[R/OL]. [2010-12-15]. http://de.mofcom.gov.cn/article/ztdy/201012/20101207309190.shtml.

[4] The Federal Government. Adaptation Action Plan of the German Strategy for Adaptation to Climate Change[Z]. 2011：2016.

[5] The Federal Government. German Strategy for Adaptation to Climate Change[Z]. 2008：2016.

[6] 综合科学技术会议. 建设气候变化适应型新社会的技术开发方向[Z]. 2010：2016.

[7] 辛秉清，李昕，陈雄，等. 发达国家应对气候变化科技援外策略研究及启示[J]. 中国科技论坛，2014（1）：155-160.

[8] Interagency Climate Change Adaptation Task Force. Federal Agency Climate Change Adaptation Planning：Implementing Instructions[Z]. 2011：2016.

[9] 杜莉. 美国气候变化政策调整的原因、影响及对策分析[J]. 中国软科学，2014（4）：5-13.

[10] IPCC. Climate change 2014：impact adaptation and vulnerability[M]. Cambridge：Cambridge University Press，2014.

[11] BERT M, OGUNLADE D, JAN-WILLEM M, et al. Methodological and technological issues in technology transfer[M]. UK：Cambridge University Press，2000.

共谋美丽四川
专题篇

2018 年 2 月，习近平总书记来川视察时指出四川自古就是山清水秀的好地方，生态环境地位独特，生态环境保护任务艰巨，一定要把生态文明建设这篇大文章写好；要求把建设长江上游生态屏障、维护国家生态安全放在生态文明建设的首要位置，让四川天更蓝、地更绿、水更清。这些重要论述赋予了四川维护国家生态安全的重大使命。本篇从区域层面，围绕生态文明建设、生态环境政策完善和现代环境治理体系构建等提出系列政策建议，谱写美丽中国的四川篇章。

推进成渝地区双城经济圈生态文明一体化建设的建议

罗彬　王恒　刘冬梅　顾城天

四川省环境政策研究与规划院

刘安凤

四川大学

【摘　要】成渝地区是长江上游重要生态屏障和西南岩溶山地石漠化生态脆弱区，生态环境地位重要且脆弱，提高成渝地区双城经济圈生态文明一体化水平，是成渝地区双城经济圈建设"两中心、两高地"，实现高质量发展的重要保障。论文从生态文明建设体制机制的角度，分析成渝两地生态文明一体化建设体制机制现状、问题，从加强顶层设计、健全制度建设、完善支撑体系等方面，提出推进成渝地区双城经济圈生态文明一体化建设的建议。

【关键词】成渝地区双城经济圈；生态文明一体化；区域协同

2020 年 1 月 3 日，中央财经委员会第六次会议决定大力推动成渝地区双城经济圈建设，在西部形成高质量发展的重要增长极。7 月 10 日，中共四川省委十一届七次全会通过《中共四川省委关于深入贯彻习近平总书记重要讲话精神、加快推动成渝地区双城经济圈建设的决定》，指出推动成渝地区双城经济圈建设是深化川渝合作、促进区域优势互补协同共兴的战略举措，要做到"一盘棋"谋划、一体化推进。强化长江上游生态大保护，推动两地生态共建和环境共保，是成渝地区双城经济圈建设的重要任务。当前成渝地区已经在生态文明建设目标协同、部门协同、区域协同、制度协同等多个层面取得了显著的成效，成渝两地要进一步加强生态文明一体化制度建设，为全国其他地区或区域推进生态文明一体化建设提供参考借鉴。

一、成渝两地生态文明一体化建设的基础分析

党的十八大以来，成渝两地高度重视生态文明建设，在生态文明战略部署、生态文明制度构建等方面积极探索，形成多部门、多地区生态文明建设合作新局面，为两地生态文明一体化建设奠定了良好的基础。

（一）生态文明建设的战略协同多维并进

川渝两地高度重视生态文明建设，两地坚决贯彻落实习近平生态文明重要讲话精神和党中央决策部署，牢固树立"绿水青山就是金山银山"的发展理念，系统构建了生态文明建设的战略布局，实现了区域与国家之间、区域与区域之间生态文明战略的协同。

一是实现了区域生态文明建设与国家生态文明建设的战略协同。四川省始终把生态文明建设放在事关全局的重要位置，出台《四川省加快推进生态文明建设实施方案》《关于推进绿色发展建设美丽四川的决定》，作为公园城市建设首提地，美丽四川、公园城市建设已经成为全省贯彻落实生态文明发展战略的区域创新实践。重庆市坚持"两点"战略定位和"两高""两地"战略目标，积极推进生态文明建设和生态环境保护工作，出台了《关于加快推进生态文明建设的意见》，印发的《重庆市生态文明建设"十三五"规划》成为西部地区第一个编制全域生态文明建设专项规划的省级行政区。

二是推动了成渝两地之间生态文明建设的战略协同。习近平总书记两次召开长江经济带发展座谈会，提出长江经济带建设"共抓大保护、不搞大开发"，要求筑牢长江上游生态屏障。双城经济圈共处长江上游，川渝一体化发展从成渝经济区、成渝城市群，上升为成渝地区双城经济圈，四川省和重庆市在一体化建设方面达成了多个合作方案，并围绕筑牢长江上游生态屏障的共同目标，把加强生态共建环境共保作为川渝两地一体化发展的重要内容，达成了多项生态环境共建共保的战略合作。同时，四川、重庆两地合作内容不断深化，从合作协议、行动计划逐步细化到工作方案、年度重点任务、任务清单等，推动合作事项落地落实。

（二）生态文明建设的制度协同逐步健全

两地将生态文明体制改革作为推进生态文明建设的重中之重，在制定排放标准、生态补偿、联防联控制度、生态文明目标考核和责任追究等方面具备了一体化的基础。

一是在污染物排放标准方面。截至 2020 年 1 月，重庆市共制定各类地方生态环境标准 20 项，四川省共制订地方生态环境标准 6 项。水污染防治标准上，四川省与重庆市均制定了《农村生活污水处理设施水污染物排放标准》，重庆市一级标准与四川省二级标准基本一致。四川省制定了岷江、沱江流域标准，重庆市尚未制定流域标准而是执行国标。重庆市已制定《餐饮船舶生活污水污染物排放标准》《化工园区主要水污染物排放标准》两项行业标准，四川省则是执行国标。大气污染排放标准上，重庆市综合排放标准严于四川省，四川省只规定了控制项目的排放速率限值，重庆市比四川省多规定了排放浓度限值和无组织排放限值。重庆市制定了多个行业大气污染物排放标准，四川省则执行国家标准。成渝两地行业标准中对挥发性有机污染物管控限值基本一致。成都市高污染燃料禁燃区外的在用锅炉和重庆市主城区排放限值基本一致，主要执行国家特别排放限值。土壤环境方面，四川省尚未发布标准，重庆市出台了《场地土壤环境风险评估筛选值》《场地环境调查与风险评估技术导则》《污染场地治理修复验收评估技术导则》和《污染场地治理修复环境监理技术导则》4 项管理标准和《土壤、沉积物和固体废物二噁英类的筛查酶联免疫法》1 项监测标准。

二是在生态补偿方面。两地以流域水环境、森林保护等为重点开展生态补偿，并积极推进跨省流域横向生态补偿机制，四川开展了流域水环境、湿地、森林等多个方面的生态补偿试点，重庆实现了市内重点河流横向生态保护补偿机制全覆盖。2016 年四川省出台了《四川省"三江"流域水环境生态补偿办法（试行）》，按照"超标者赔偿、改善者受益"原则，在岷江、沱江和嘉陵江流域建立起了流域上下游各市（州）、扩权县（市）之间的横向水环境生态补偿机制，同时开展了湿地生态补偿试点，完善了森林生态效益补偿、草原生态保护补助奖励等政策，省级公益林补偿实现了与国家标准并轨。2018 年 10 月，重庆市政府办公厅印发《重庆市实施横向生态补偿提高森林覆盖率工作方案（试行）》，探索以森林覆盖率为指标的横向生态补偿机制。同年，重庆市政府印发建立流域横向生态保护补偿机制实施方案，突出"成本共担、效益共享、合作共治"原则，实现市内重点河流横向生态保护补偿机制全覆盖。此外，2019 年重庆市政府与湖南省政府签署《酉水流域横向生态保护补偿协议》，成为重庆首个跨省流域横向生态补偿项目。

三是联防联控制度方面。两地分别在大气、水、环境应急等方面探索建立了全方位、多领域、多层次的生态环境联防联控长效工作机制，形成区域（流域）联防、部门联动齐抓共管的监督执法体系。从组织机构、法律法规、技术支撑等方面，建立了定期会商、信息共享、省级合作试点、联合执法、应急联动响应机制等工作机制，形成区域（流域）联防、部门联动齐抓共管的监督执法体系。四川以大气污染联防联控为重点，持续开展成都平原、川南地区大气污染联防联控。重庆探索建立三峡库区周边区域生态环境执法联席会议制度，推动生态保护联防联治。

四是在生态文明目标考核和责任追究方面。两地都积极推进差异化考核，对重点生态功能区县取消 GDP 考核，健全生态环境保护问责制度和生态环境损害责任终身追究制度。2014 年四川省出台县域经济发展考核办法，明确 58 个重点生态功能区县不再考核 GDP。绵阳在全国率先探索对领导干部实行离任生态环境审计。2017 年四川省对《四川省环境保护条例》进行修订，增加了实行环境准入标准和产业负面清单政策的规定，以及建立环境保护问责制度和生态环境损害责任终身追究制度。重庆对"五大功能区域战略"实行差异化考核，其中对于渝东北生态涵养发展区、渝东南生态保护发展区，相对弱化经济类指标考核，加大了特色效益农业、旅游发展、扶贫攻坚、生态环保等指标考核的力度，不再考核 GDP 和工业增加值。2017 年重庆将河长制工作纳入区县党政经济社会发展实绩考核和市级党政机关目标管理绩效考核，实行生态环境损害责任终身追究制。

（三）生态文明建设的部门协同不断深化

2020 年初成渝地区双城经济圈建设上升为国家战略，成渝两地生态环境、自然资源、水利等部门分别开展了一系列对接工作，形成了多个部门协同推进生态文明建设的合作新局面。

一是跨区域多部门的生态文明建设领导机制初步建立。2020 年 3 月 17 日，四川重庆党政联席会议举行第一次会议，两地签署了《深化四川重庆合作推动成渝地区双城经济圈建设工作方案》《推动成渝地区双城经济圈建设工作机制》《深化四川重庆合作推动成渝地区双城经济圈建设 2020 年重点任务》等文件，两省市成立了由生态环境部门牵头、相关部门共同参与的生态环境共建专项工作组。川渝两地河长办公室加强合作。2018 年 6 月川渝两省市河长制办公室签订了《跨界河流联防联控合作协议》，推动跨界河流信息共享、联合巡查、联动执法、重点流域污染共治等。2020 年 4 月 29 日，川渝两地河长制办公室决定共同组建"川渝河长制联合推进办公室"，成为全国首个跨省市设立的联合河长办公室，统筹协调川渝同步开展河湖治理规划、污染治理、生态修复等各项工作。

二是两地部门之间合作机制不断完善。在中央提出建设成渝地区双城经济圈后，川渝两地省级生态环境部门在原来 6 个合作协议的基础上，新签订了 3 个合作协议，细化了大气污染联合防治、危险废物跨省转移、跨省流域上下游突发水污染事件联防联控等方面的工作机制。两地开展了跨区域跨部门的初步探索。2020 年 5 月 18 日，四川省生态环境厅、四川省水利厅、重庆市生态环境局、重庆市水利局召开跨省流域上下游突发水污染事件联防联控机制第一次联席会议，共同研究跨省流域上下游突发水污染事件联防联控工作，会议签署了《跨省流域上下游突发水污染事件联防联控机制》，这是突发环境事件联防联控工作机制中首个跨区域（流域）、跨部门联防联控机制。

（四）生态文明建设的区域协同呈现新趋势

近年重庆市与四川省接壤的 12 个区县中已有 9 个与四川省相关市、区（县）签订了双边或多边协议。随着成渝地区双城经济圈战略的实施，生态文明建设一体化区域范围和毗邻地区生态环境共建任务进一步扩大。

一是生态文明一体化建设区域范围从毗邻地区扩大到非毗邻地区。2020 年 4 月 17 日，重庆市北碚区与四川省绵阳市签署了《生态环境保护协同发展合作框架协议》，重点开展环境科学技术研究和学术交流，实现生态环保科研成果、生态环保人才资源共享。

二是毗邻地区生态环境共建任务从流域污染治理扩大到跨省市大气污染联防联控。过去毗邻区域生态文明共建的内容主要围绕跨界流域协同治理，而近年来则在大气污染联防联控方面加强合作，例如四川省内江市、泸州市生态环境局与重庆市永川区、荣昌区生态环境局签订了《大气污染联防联控工作协议》。

（五）生态文明建设取得显著成效

在推进生态文明建设中，双城经济圈各个城市和各级部门把建设长江上游生态屏障作为主要任务，开展了一系列的探索，取得了突出的成绩。

一是两地坚持以生态文明示范建设为抓手，高标准谋划生态文明建设。截至目前，两地共建国家生态文明建设示范区 12 个（四川 9 个，重庆 3 个），"绿水青山就是金山银山"实践创新基地 4 个（四川 3 个，重庆 1 个），不论是创建数量还是创建质量都居西部地区前列。

二是两地生态环境质量持续改善，生态文明建设取得显著成效。2019 年，成都市、重庆主城天气优良天数分别为 287 天、316 天，成都首次消除重污染天气；水污染治理取得显著成效，长江干流四川段 5 个断面、长江干流重庆段 15 个监测断面水质均为 Ⅱ 类，四川省首次全面消除国、省考核劣 Ⅴ 类断面；四川森林蓄积量达到 18.79 亿立方米，森林覆盖率达到 39.6%，位居全国前列，重庆市森林蓄积量 2.31 亿立方米，森林覆盖率达到 50.1%，位居直辖市第一。

二、成渝地区生态文明一体化建设面临的问题

成渝两地在生态文明一体化建设中虽然取得了许多成绩，但在系统推进过程中仍然存在协同程度低、支撑力不足、协作范围小等问题，需要在更高层面、更多维度、更大空间内纵深推进。

（一）两地生态文明一体化缺乏顶层的统筹协调

目前成渝两地一体化机制主要以跨省市、跨部门、跨地区间合作为主，缺乏更高层面权威的统筹协调机构。而两地生态文明一体化的探索主要还是基于博弈的区域生态环境合作，没有形成跨区域行政主体之间生态文明建设的合作共识，地区间的行政壁垒难以真正打破，因此依靠现有合作模式尚不能真正协调解决跨区域环境治理的利益问题。

（二）两地生态文明一体化制度衔接不畅

当前成渝两地生态文明一体化的制度安排主要依托部门之间、毗邻地区和上下游之间的合作协议，公信力和执行力不足，较难真正凝聚形成生态文明建设的合力。由于地区间所处的发展阶段、发展方向、资源禀赋和环境承载能力不同，面临政策、资金等保障机制不完善、利益协调机制不健全等现实挑战，统一的标准、监测监管、执法、评价等制度难以有效实施，生态补偿机制尚未全面开展。

（三）生态文明一体化融入程度不深

成渝两地生态文明一体化领域主要聚焦在环境治理，在发展空间的一体化布局、生态产业协同发展、环保基础设施一体化建设、生态廊道等重大生态保护修复工程以及生态文化等生态文明建设其他领域缺乏合作。

（四）生态文明一体化系统研究不足

习近平生态文明思想为推进生态文明建设提供了理论指导和方向指引，但目前对于什么是生态文明一体化、如何推进生态文明一体化建设等问题还缺乏理论研究，在实践中多将生态文明一体化建设等同于生态环境联合治理，同时由于成渝两地生态本底、发展规律、发展特点等差异较大，如何推进生态文明建设一体化还需要体制机制创新。

三、区域生态文明一体化建设的经验借鉴

京津冀地区跨区域统筹推进大气污染治理、长三角地区推行生态绿色一体化制度建设、密西西比河流域系统治理等实践都为成渝地区生态文明一体化建设提供了很好的启示和经验借鉴。

（一）建立强有力的统筹协调机构——京津冀地区大气污染联防联控实践

京津冀地区曾是我国大气污染最严重的区域之一，经过6年多的努力，京津冀及周边地区蓝天保卫战重点区域联防联控成效显著，空气质量不断改善。其主要做法是：建立跨区域大气污染联防联控机制，由中央部委为主导、联合地方共同组成领导小组，提供权威性高、影响力和决策能力强的组织保障；同时设立全国首个跨地区大气污染防治机构，实行统一规划、统一标准、统一环评、统一监测、统一执法，不断提升大气污染协同治理效率。

（二）创新与探索一体化制度——长三角生态绿色一体化发展示范区建设实践

2018 年长三角区域一体化发展成为国家战略，2019 年《长三角生态绿色一体化发展示范区总体方案》印发，提出探索区域生态绿色一体化发展。其主要做法是：紧扣一体化制度创新，成立了跨部门、跨区域的长三角一体化发展环保专题工作组，分领域成立了协作小组，构建起各负其责、合力推进的责任体系，积极探索跨区域生态项目共同投入机制、多元化生态补偿机制、社会资本投入生态环境保护的市场化机制等生态治理新机制，共同制订区域环境保护防范体系标准，在国内首次建立跨区域环境保护领域信用联合奖惩模式和开展跨省流域生态补偿试点，生态绿色一体化发展制度体系初步构建。

（三）坚持全流域统筹的管理机制——美国密西西比河流域治理实践

密西西比河是北美洲流程最长、流域面积最广的水系，曾经因过度开发而遭到严重污染，经过一百多年的综合治理，水生态环境质量得到明显改善，成为美国最重要的工业及配套服务业聚集带和旅游胜地。其主要做法是：坚持全流域统筹管理和系统治理，由美国环保局牵头成立了密西西比河/墨西哥湾流域营养物质工作组，协同上中下游关系，同时建立跨州协调机制和跨部门、跨学科多层次合作机制，健全流域管理、排污许可、监测体系等配套政策措施，开展专项行动计划，加快流域产业结构转型升级和工业清洁化发展，区域生态环境保护和产业绿色发展协同推进。

四、推动双城经济圈生态文明建设一体化的建议

随着成渝地区双城经济圈建设上升为国家战略，成渝两地开展了跨区域、跨流域、跨部门等多个维度的生态文明建设合作。为进一步打破"行政壁垒"和"区域鸿沟"，我们对标《生态文明体制改革总体方案》要求，建议成渝两地在生态文明一体化建设的顶层设计、制度保障、支撑能力等方面加强协作。

（一）加强生态文明一体化建设顶层设计

一是坚持绿色发展理念，培育区域共同体意识。要始终贯彻习近平生态文明思想，协调发展和保护的关系，坚持生态优先、绿色发展，培育区域共同体意识，以筑牢长江上游生态安全屏障、建设高品质生活宜居地为共同目标，探索以资源共享、责任共担、发展共赢为基本方式的生态文明建设模式，建设长江经济带生态文明建设示范区，打造美丽中国样板区之美丽巴蜀。

二是成立生态文明一体化建设领导小组。设立双城经济圈生态文明一体化建设领导小组，加强对跨区域、跨流域生态文明一体化建设的指导，统一部署绿色产业布局、污染防治联防联控、生态保护和修复等生态文明建设重点任务，协调各方利益，监督区域内各地党委政府生态文明建设成效。建立生态环境、自然资源、农业农村、水利等跨部门跨区域协调沟通机制，定期开展工作推进会议，稳步推进各项工作。

三是共同制定成渝双城经济圈生态文明建设条例。以习近平生态文明思想，以及习近平总书记视察四川、重庆重要讲话精神为指导，开展成渝两地生态文明一体化建设协同立法，共同编制成渝双城经济圈生态文明建设条例，制定生态文明一体化的方针和原则、战略目标和基本制度，明确两地生态文明一体化建设的责任和义务，确保两地生态文明一体化各项工作有法可依。

四是共同编制双城经济圈生态文明建设规划。共同编制双城经济圈生态文明一体化建设规划，制定两地在空间优化布局、生态环境共治共保、资源节约集约利用、生态文明制度建设等方面一体化建设的任务措施，形成生态文明一体化建设的制度改革清单、重大平台清单、重大项目清单。

（二）探索跨区域跨流域生态补偿机制

一是拓展生态补偿资金来源。建立以财政转移支付、生态建设专项资金、生态环境税费政策为主，企事业单位投入、优惠贷款、社会捐赠等其他渠道为补充的生态补偿资金来源，共同争取国家生态补偿资金对长江上游生态屏障建设的支持。

二是完善多元化生态补偿方式。基于环境质量目标、地区经济发展水平、财政支付能力等，制定差别化跨界生态补偿标准体系。探索资金补偿、产业项目扶持、绿色技术转移、人才交流等多种补偿方式。设立生态保护修复基金，重点向生态脆弱地区及贫困地区倾斜，增强地区造血机能和自我发展能力。

三是扩大生态补偿实施范围。完善流域生态补偿机制，率先在涪江、嘉陵江、长江等跨界流域选取合适的范围开展生态补偿。共同争取纳入国家生态补偿试点。共同打造"两岸青山万里林带"生态廊道，开展山水林田湖草系统保护修复、耕地草原森林河流湖泊休养生息，并纳入生态补偿实施范围，制定具体的生态补偿政策。

（三）完善生态环境一体化治理体系

一是完善污染防治区域联动机制。联手打赢大气污染防治攻坚战，推进大气污染重点行业、重点污染源协同治理。建立健全川渝跨界河流联动治理机制，加强地下水污染防治。完善危险废物跨省市转移合作机制，提升危险废物环境监管能力、利用处置能力。编制污染防治区域联动方案，在毗邻地区围绕统一规划、统一环评、统一监测、统一执法等方面先行先试。加强毗邻地区农村环境治理，推进农村污水、垃圾处理等环保基础设施建设。

二是健全环境信息公开制度。全面推进两地环境信息公开，完善建设项目环境影响评价信息公开机制。推动两地环境信用信息共享和"黑名单"互查互认，共同探索建立跨地区守信联合激励与失信联合惩戒机制。

三是加大生态环境损害打击力度。统一两地生态环境损害赔偿评估方法和实施机制，强化生产者环境保护法律责任。建立覆盖川渝毗邻地区、跨界河流的环境资源审判体系，对生态环境损害案件实行跨区域集中审理。

四是完善环境保护管理制度。推进大气污染重点行业、重点污染源协同治理。开展流域上、下游地表水环境质量联动监测，开展地下水污染调查评估。完善危险废物协同处置机制。落实环境信息共享、预警预报、环评会商、联合执法等工作机制，整合跨省市、跨部门生态环境监管力量，建立权威统一的环境执法体制。

（四）推进生态环境资源一体化市场配置

一是培育环境治理和生态保护统一市场。探索在毗邻地区建立具有相当规模的"统一市场"，推行环境污染防治第三方治理的统一规划、统一监测、统一治理的一体化服务模式，利用"统一市场"对价格、供求、竞争等的调节功能实现环境污染治理效益最大化。建立统一的绿色产品标准、认证、标识等体系。

二是共同开展用能权和碳排放权交易。推广四川省用能权有偿使用和交易制度试点经验，统一初始用能权确权技术规范，建立用能权交易登记注册制度，开展用能权交易统一管理。加快建设西部碳排放权交易中心和全国碳市场能力建设（成都）中心，开展碳排放权配额和自愿减排项目交易。

三是探索跨省市、跨流域的排污权、水权交易机制。制定成渝两地一体化排污权交易制度框架，统一初始排污权核定与定价的技术规范，开展排污单位实际排放量的第三方核查，设置合理的超额排放处罚标准。研究制定两地水权交易管理办法，开展跨区域、跨流域、跨行业的水权交易，建立水权交易的定价机制、交易机制、流程设计、交易结果认定和权益保障。建立统一的排污权、水权交易平台。

四是提升绿色金融一体化服务体系。加强两地金融机构合作，构建以绿色信贷为主体，绿色债券、绿色保险等多元化服务为补充的绿色金融服务体系。建立成渝地区双城经济圈一体化、市场化的绿色征信体系，开展环境信用评价结果在金融机构的运用，在授信、利率等方面实施差别化信贷政策。开展四川"绿蓉融"、重庆"长江绿融通"等绿色金融综合服务平台的联通协作，促进跨省市绿色金融与绿色产业的对接。

（五）建立生态文明绩效评价考核和责任追究制度

一是开展双城经济圈生态文明一体化评价。结合四川省、重庆市生态文明建设评价考核办法，共同研究制定川渝统一的绿色发展指标体系、生态文明建设考核目标体系。每年编制和发布《川渝生态文明建设年度评价报告》，将目标考核结果作为干部奖惩任免的重要依据。

二是建立资源环境承载能力监测预警机制。建立跨区域跨部门监测站网协同布局，统一监测数据采集、统计等技术标准。整合两地各有关部门单项评价监测预警系统，搭建资源环境承载能力监测预警智能分析与动态可视化平台，建立突发资源环境警情应急协同机制。

三是开展领导干部自然资源资产离任审计。统一成渝两地自然资源统计调查制度，共同研究主要自然资源资产负债价值量核算技术，定期评估自然资源资产变化状况。探索建立领导干部自然资源资产离任审计的内容、方法和评价指标体系，开展领导干部自然资源资产离任审计试点。

四是落实领导干部任期生态文明建设责任制和生态环境损害责任终身追究制。落实各级党委、政府生态文明建设"党政同责、一岗双责"制，按照权责一致原则，细化党委和政府主要领导成员"责任清单"。加强生态环境和资源保护监管部门、纪检监察机关、组织（人事）、司法部门等相关机构分工协作，建立生态环境损害终身追责实施机制。

（六）加强生态文明一体化支撑建设

一是开展生态文明一体化战略研究和科研攻关。鼓励开展双城经济圈生态文明一体化的理论研究，共同设立成渝地区生态文明研究中心。加强两地在生态廊道建设、污染联防联治等生态文明建设重点领域的技术研发。鼓励企事业单位、高等院校、科研院所加强科研合作，联合共建生态环境优势学科、实验室、研究中心、职业院校等。鼓励两地科研机构联合申报国际和国家重大研发项目。

二是开展生态文明一体化示范试点。率先在毗邻地区开展生态保护、环境治理、绿色产业布局等一体化建设试点，规划布局一批毗邻合作示范区、重大改革试验区和协同区，鼓励万达开建设生态文明协同推进示范区；泸州、内江、永川、荣昌共建成渝毗邻地区融合发展试验区；遂宁和潼南、资阳和大足共建产业聚集示范区；开展长江、嘉陵江等流域生态文明一体化示范；推动三峡库区土壤保持重要区、秦岭—大巴山生物多样性保护和水源涵养重要区创建生态保护一体化示范区。

三是强化生态文明建设人才支撑。加强生态文明人才队伍建设，提升业务水平和综合素质；组建双城经济圈生态文明领域权威专家团队，参与生态文明建设一体化建设决策咨询；鼓励实施成渝两地生态环境干部挂职交流行动计划，推动人才资源共享，促进合作交流常态化。

四是实现两地信息共享。整合两地生态环境、自然资源、水利、农业农村等部门各类文件、政务信息资源，建设生态文明一体化管理信息系统。建立生态环境数据互通共享和开放应用机制，建设双城经济圈生态环境大数据平台，打破城市间、行业间的数据鸿沟，实现数据实时联通和资源共享。

参考文献

[1] 共建双城经济圈 推进川渝一体化[N]. 重庆政协报，2020-07-14（2）.

[2] 杨继瑞. 成渝地区双城经济圈高质量发展是若干维度的有机统一[J].四川省情，2020（7）：30-33.

[3] 戴亦欣，孙悦. 基于制度性集体行动框架的协同机制长效性研究——以京津冀大气污染联防联控机制为例[J]. 公共管理与政策评论，2020，9（4）：15-26.

[4] 张厚美. 成渝两地如何唱好生态环境"双城记"[J]. 资源与人居环境，2020（2）：46-47.

[5] 王然，成金华. 高质量发展视域下长三角城市群经济社会与资源环境耦合分析[J]. 学术论坛，2019，42（6）：54-60.

[6] 王怡，郑世林."2+26"城市联合防治行动对京津冀地区大气污染物浓度的影响[J]. 中国人口·资源与环境，2019，29（9）：51-62.

[7]　束韫，王洪昌，胡京南，等. 区域大气污染联防联控长效机制的探讨[J]. 环境与可持续发展，2019，44（4）：78-81.

[8]　卜睿. 京津冀协同发展背景下大气污染联控联防制度完善[J]. 科技视界，2019（20）：254-255.

[9]　周卫兵. 以绿色发展理念引领长三角一体化[N]. 学习时报，2019-07-03（7）.

[10]　陈炳，曾刚，曹贤忠，等. 长三角城市群生态文明建设与城市化耦合协调发展研究[J]. 长江流域资源与环境，2019，28（3）：530-541.

[11]　张万益. 美国密西西比河流域治理的若干启示[N]. 中国矿业报，2018-07-03（1）.

[12]　任凤珍，何昌，蒋北辰，等. 论京津冀地区大气污染联防联控的立法推进[J]. 林业经济，2018，40（4）：105-107.

[13]　李云燕，王立华，马靖宇，等. 京津冀地区大气污染联防联控协同机制研究[J]. 环境保护，2017，45（17）：45-50.

[14]　张慧，高吉喜，宫继萍，等. 长三角地区生态环境保护形势、问题与建议[J].中国发展，2017，17（2）：3-9.

[15]　吴志强，甘筱青，黄新建，等. 国外大河大湖流域综合治理开发的启示[J]. 江西科学，2003（3）：156-159.

[16]　戴倩，罗贻芬. 国外流域综合治理中的组织保障及其对我国的启示[J]. 水利经济，2003（1）：48-50.

推进万达开川渝统筹生态文明协同发展示（典）范区的建议

薛文安　刘冬梅　刘传秀
四川省环境政策研究与规划院

【摘　要】万达开地区是长江上游、三峡库区重要的生态屏障，探索开展万达开川渝统筹生态文明协同发展（典）范区建设，是贯彻落实"万达开川渝统筹发展示范区"重大战略安排的生态保障。本文剖析了万达开区域生态文明协同发展的重要性、现状及面临的挑战，提出了总体思路、路径建议及保障措施，以期为跨省级行政区域生态文明共建共享、生态保护与经济社会发展有机统一提供参考。

【关键词】万达开地区；生态文明协同发展；省际交界区

2020年1月3日，习近平总书记在中央财经委员会第6次会议上，作出建设"万达开川渝统筹发展示范区"的重大战略安排，是党中央赋予四川、重庆两地探索省际交界地区高质量发展的重大使命。万达开区域包括达州市2区4县1市和重庆市万州区、开州区，从发展目标"示范区"上是辐射带动川东北、渝东北地区一体化发展的泛地区概念，包括川东北达州、南充、巴中、广安、广元等5个市和渝东北万州、开州、梁平、城口、垫江、丰都、忠县、云阳、奉节、巫山、巫溪等11个区（县），区域面积9.79万平方公里，人口2 900余万人，是长江上游、三峡库区重要生态屏障。

坚持"绿水青山就是金山银山""生态优先、绿色发展"理念，从后发追赶现实发展需要出发，将建设万达开川渝统筹生态文明协同发展示（典）范区（以下简称"万达开生态文明示范区"）、打造美丽中国示范区作为实施万达开川渝统筹发展示范区的先手棋和突破口是万达开区域贯彻落实中央部署的重要保障。

一、万达开区域生态文明协同发展的重要性

从全国生态功能区分布看，万达开区域位于川、渝、鄂、陕四省（市）结合部，不仅是长江上游、三峡库区的重要生态屏障，更是成都、重庆、西安、武汉四大城市群水源涵养地重要区、极重要区的重要组成部分；从经济社会发展看，同属革命老区、秦巴山区、贫困地区和三峡库区，是欠发达地区，远离成都、重庆中心城市，受"双核"辐射和吸附总体不强。建设万达开生态文明示范区，有利于区域形成合力推进长江上游、三峡库区生态屏障和四大城市群水源涵养地保护；有利于彰显践行新发展理念，将生态优势转化为经济社会发展优势，有力地推动万达开区域经济后发赶超、绿色发展，为成渝地区双城经济圈、长江经济带高质量发展提供重要生态安全格局。万达开川渝统筹发展示范区与成渝地区双城经济圈发展对比如表1所示。

表 1　万达开川渝统筹发展示范区、成渝地区双城经济圈发展对比

经济圈（示范区）	万达开川渝统筹发展示范区	成渝地区双城经济圈
重要区位	川东北、渝东北	以成都和重庆为核心建设都市圈、经济圈
发展基础	革命老区、三峡库区、秦巴山区集中连片特困地区，经济发展滞后	人口总量、经济总量居西部首位，具有强大的科技创新、人才队伍等支撑
自然条件	秦巴生物多样性生态功能区、三峡库区水源涵养地	国家层面的重点开发区
发展方向	长江上游、三峡库区生态屏障、全国省际交界地区高质量发展引领区	具有全国影响力的重要经济中心、科技创新中心、改革开放新高地、高品质生活宜居地

（一）万达开区域生态环境休戚与共

万达开区域川渝两地主要接壤部分为万源市与城口县，宣汉县与开州区、城口县，开江县与开州区、梁平区，大竹县与梁平区、垫江县，区域地跨四川盆地中部的盆中方山丘陵、川东平行岭谷和四川盆地北部边缘的大巴山、大娄山、武陵山等盆周山区三大地貌单元，南北走向呈"川字型"的明月山、铜锣山、华蓥山一直从达州延伸到重庆主城区附近，任河、中河、前河、南河、新盛河、铜钵河、东河、黄滩河和渠江等 9 条重要跨界河流相互影响，其中渝入川断面 8 个，川入渝断面 7 个，形成了山脉相通、水系相依、生境相似的安危与共生态环境命运共同体，大气、水、土壤环境关联度高，与相融的经济社会共同构成完整的"生态—经济—社会"复合系统，相互联系、相互影响、相互制约。

（二）维护长江上游生态屏障的客观需要

万达开区域内植被覆盖率高、物种丰富，生态系统结构和功能较为完善，是一道天然的绿色屏障。处于秦巴生物多样性生态功能区核心地带，是嘉陵江、渠江、长江为主体的城市群生态廊道的重要组成部分。区域内拥有国家级自然保护区（风景名胜区）3 个、省级及以下自然保护区（风景名胜区）8 个，国家森林公园 6 个、省（市）级森林公园 7 个，国家湿地公园 1 个、省（市）级湿地公园 2 个，丰富的森林、湿地等多元自然生态系统，对维系生物多样性、防止水土流失、调控洪水等发挥着不可替代的生态功能。

（三）保护长江上游水源涵养地的现实需求

万达开区域流域面积 31 979 平方千米，处于长江上中游过渡地带、三峡库区腹地，流域面积超过 100 平方千米的河流有 220 条，分属渠江水系、汉江水系和长江上游干流北岸地区小河系，占长江上游流域面积的 3.2%，占三峡库区流域面积 40.5%，是三峡库区水土保持生态功能区、南水北调丹江口水库的重要水源地和四大城市群水源涵养地，关乎长江中下游 3 亿多人饮水和南水北调中线沿线 20 多座大中城市供水安全。保护好万达开区域水生态环境，对维持和改善三峡库区、丹江口水库和长江流域水环境质量乃至全国水生态环境安全具有重大战略意义。

（四）万达开区域实现高质量发展的内在要求

绿色发展是实现高质量发展的必由之路。万达开区域是衔接"一带一路"和长江经济带的重要节点，是长江中上游交界处、三峡库区的"绿色长城"，要坚持生态优先、绿色发展，破除壁垒、强化统筹，打造生态价值转化区、乡村振兴发展区、城市功能聚集区，通过"三区"发展实现生产生活生态融合，人、城、产、境融合和城乡区域协调融合，形成生态文明示范，建成全国省际交界地区高质量发展引领区，带动川东北、渝东北地区一体化发展，切实把习近平总书记对万达开区域的关心和嘱托落到实处。

二、万达开区域生态文明协同发展面临的现状及挑战

万达开区域地域相连，命运与共，生态环境相互依存较高。近年来，以习近平生态文明思想为指导，以全面打响大气、水、土壤污染防治"三大战役"为突破口，大力实施山水林田湖草生态修复工程，筑牢长江上游、三峡库区重要生态屏障。2019年，达州市万源市、开江县、宣汉县与重庆市接壤的万州区、开州区优良天数率分别为96.7%、93.7%、94.5%和91.2%、96.2%，空气质量总体改善，区域内流域水质总体保持Ⅲ类水质、长江干流水质总体为优、长江支流水质总体良好，区域内城乡集中式饮用水水源地达标率93.7%以上，达到国家考核目标要求，基本实现了天蓝地绿水清的生态环境，但与人民日益增长的对美好环境的需要和高质量发展还有差距。

（一）经济发展整体落后，发展质量不高

万达开区域是革命老区、秦巴山区集中连片特困地区、三峡库区叠加区，产业发展基础薄弱、结构矛盾突出，能级不高；市场主体数量不多、活力不强，新兴产业较为滞后，发展质量不高。资源禀赋方面，虽拥有多姿多彩的旅游资源，天然气、富钾卤水、铁等储量丰富，但因缺乏区域整体统筹规划和跨省产业合作平台，利益分享机制不完善，产业生产要素跨区域双向流动性不活跃，产业联动、上下游对接不深入，尚未形成产业链集聚区集群发展。2019年，万达开区域经济总量11 388.27亿元。其中，川东北5市为7 310.26亿元、渝东北11个区（县）为4 078.01亿元，分别占四川省的15.69%、重庆市的17.28%。其中的核心区，达州市占区域总量的17.93%，占四川省的4.38%；万州区占区域总量的8.1%，占重庆市的3.9%；开州区占区域总量的4.44%，占重庆市的2.14%。从达州市、万州区、开州区分别占所属省（市）比重看，万达开区域经济发展有差距。

（二）环境污染治理和生态保护修复任务较重

万达开区域具有"大山大江大库区"的生态特征，主要水系为渠江、汉江、长江上游干流三大流域。从15个重要监测断面看，水质Ⅳ类、Ⅴ类断面主要集中在渠江支流平滩河、袁驿河、石桥河、铜体河和明月江，三峡库区部分支流有富营养化现象，污染源主要为生活污水和农村面源污染。达州市因城市建筑密集和机动车辆急剧增加，煤炭、钢铁、建材等传统资源型工业和天然气等重化工业占比较大，并受地形地貌、大气环流等影响，每年11月至次

年 2 月静稳天气较多，不利于空气自然流动，重污染天气仍未完全消除。万达开区域内无综合性固废处置项目，现有危险废物处置能力不足，处置类别不全，综合利用率低，存在环境风险隐患。因地质结构和农业开发影响，水土流失现象较为严重，是国家级水土流失重点治理区，万州区、开州区是三峡库区水土流失最为严重地区之一，同时不合理的水电、工矿、旅游资源开发等造成部分生态环境退化，保护与开发矛盾突出；万达开区域是国家商品粮生产基地和农业综合开发重点区，农耕面积占比高，农业科技推广运用不足，污染呈现多源性、复合型特征，农业面源污染隐患较多。

（三）生态环境治理投入不足和污染监管有缺位

近年来，随着生态环境污染防治的深入推进和城乡生活污水处理设施的建设，万达开区域城乡生态环境得到有效改善，但因该区域整体经济发展滞后，地方公共财政收入来源有限，大量依靠转移支付，薄弱的财力制约了环境治理投资，造成投入的绝对额比重偏低问题。如达州市近三年节能环保分别投入为 2.4 亿元、1.05 亿元、1.24 亿元，GDP 占比不高；达州市307 个乡（镇）建成污水设施 107 座、在建的 95 座，覆盖率 70.3%，建成投运的设施因运营成本高等因素正常运行的不足 77.5%。同时，受山区、丘陵等地形影响，相比城镇，农村居民居住分散，而生活污水管网铺设成本高，财政难以支撑。乡（镇）一级专职从事生态环境工作人员相对较少，部分地方未建立"网格化"环境监管员队伍；交界河流建有国控、省控、市控水质自动监测站 15 个，建立空气自动监测站、监测微站 13 个，土壤质量监测点位 268个，与成德眉资区域相比点位少，监测能力有待提升。

（四）共建共保共治机制未建立

万达开区域达州市、万州区、开州区、梁平区、垫江县、城口县在协同推进生态文明建设上进行了积极探索，目前已建立了区域联席会、跨界流域联防联治等机制，但尚未建立跨省区域性生态文明协同发展组织领导机构，未健全形成生态共建、流域治理、大气污染防治的统一部署协作和资源共享机制；缺乏相邻国土空间规划、流域生态廊道建设规划、跨界水体生态保护规划和跨区域大气污染防治规划；生态环境联防联控机制不健全，跨界水体协同管理机制、生态补偿机制及应对区域性环境突发事件应急协调联动机制等亟待建立，川东北、渝东北高含硫气体天然气开发硫化氢气体泄露环境应急处置联合应对存在"真空"；区域内生态环境标准、生态环境行政执法规范等存在差异，不能实现区域"一把尺子"管理，在一定程度上制约了生态环境共建共保。

三、万达开区域生态文明协同发展总体思路和路径

牢牢抓住万达开川渝统筹发展示范区建设上升为国家战略的历史机遇，立足生态环境保护现实和高质量发展需求，不断深化区域生态环境建设协作，着力打造"万达开生态文明示范区"。推动生态价值转换为经济价值，共建大巴山国际旅游度假区、共推明月山绿色发展示范带建设，建设全国省际交界地区高质量发展引领区，带动川东北、渝东北地区一体化发展。

（一）指导思想

坚持以习近平新时代中国特色社会主义思想为指导,全面贯彻落实习近平生态文明思想,深入践行"绿水青山就是金山银山"和"生态优先、绿色发展"理念,以建设"万达开生态文明示范区"为抓手,努力推动区域山水秀美、宜业宜居、绿色发展,走出一条省际跨界生态文明建设新路径,把万达开区域建设成美丽中国示范区。

（二）基本原则

生态优先,绿色发展。坚持"绿水青山就是金山银山"理念,把生态环境修复和保护放在首要位置,厚植绿色生态优势,优化区域产业布局、协同发展智慧循环型产业,共同污染排放减量化、推广绿色生产生活方式,推动万达开川渝统筹发展示范区走绿色发展、可持续发展的高质量发展路径。

统筹协作,一体谋划。打破行政壁垒,加强协作共商,着力长远,强化区域生态环境整体性设计,积极对接国家对万达开川渝统筹发展示范区的相关部署要求,共同争取将万达开区域生态环境建设项目、政策、改革举措等事项纳入国家"十四五"生态环境保护规划,推动万达开川渝统筹生态文明协同发展示（典）范区从国家战略布局谋划。

凝聚力量,后发赶超。树牢生态环境保护"一盘棋"意识,统筹区域各部门、各层级、各领域、各行业力量,坚持统一规划、统一布局、统一实施,合力推动区域山水林田湖草系统治理,筑牢长江上游、三峡库区重要生态屏障。

创新机制,联防联控。探索省际跨界协同生态保护新体制、新机制、新模式、新政策,聚焦污染防治攻坚战重点难点,制定一体化的区域性地方标准,推动一张清单管整体区域,建立生态环境共建共享新格局。

（三）主要目标

到2025年,万达开区域跨界协同生态环境保护体系基本建立,区域内一批共建共享的生态环境治理工程、保护工程、基础设施、公共服务等重大项目建成运行,跨界河道、城市边界污染综合治理初有成效,空气质量完成上级规定的考核任务,水环境质量稳定达标,土壤环境质量稳中向好。万达开区域达州市2区4县1市和重庆市万州区、开州区、梁平区、垫江县、城口县成功创建生态文明示范市（区、县）,其中成功创建国家级生态文明示范县（区、市）达50%以上,创建"绿水青山就是金山银山"实践创新基地3个,初步建成万达开生态文明示范区。到2030年,万达开区域生态文明建设体系和生态环境协同治理体系全面建立,万达开区域整体成功创建国家级生态文明示范区,全面建成万达开生态文明示范区。到2035年,建成全国省际交界地区生态环境质量样板区,完成"美丽中国示范区"建设任务。

（四）协同路径

1. 协同推进生态建设

共建生态屏障。联合开展秦岭—大巴山生物多样性生态功能区、三峡库区水土保持生态功能区、武陵山区生物多样性及水土保持生态功能区的生态保护红线评估和优化，共同推动重点生态功能区生态屏障建设，提升生物多样性保护和水源涵养功能。以增绿扩量、森林提质、生态修复为重点，坚持山水林田湖草系统治理，加强花萼山、八台山、铁山等自然保护区、地质公园、森林公园、湿地公园建设，加快功能区保护修复工作。

联建绿色廊道。统筹交界生态保护与建设，巩固天然林保护、退耕还林等成果，开展国土绿化行动，高标准规划建设以方斗山—七曜山、铁峰山、雪宝山、华蓥山、铜锣山、雷音铺、明月山、南山等山体构成的山区生态廊道。以长江、小江、浦里河、铜钵河、明月江、渠江、州河、澎溪河、南河、东河、任河等水系为支撑，加强河系沿岸和三峡库区回水区范围内造林工作，对沿线城镇村庄绿化美化，科学配植竹化草，构成两岸青山、四季花漾的水域生态廊道。积极争取三峡集团参与长江经济带生态环保项目，共建三峡库区水源涵养与水土保持生态功能区。探索在辖区水系支流建设生态调节坝，增容三峡水库调节能力。

共同开展"美丽系列"创建。充分发挥生态文明建设示范市（区、县）和"绿水青山就是金山银山"实践创新基地的平台载体和典型引领作用，对标《国家生态文明建设示范市县建设指标》《国家生态文明建设示范市县管理规程》，推动万达开区域的县、市、区以及整体创建国家级生态文明示范建设。按《"绿水青山就是金山银山"实践创新基地建设管理规程（试行）》，推动具有较好基础的乡（镇）、村、小流域，创新探索"两山论"转化的制度实践和行动实践，力争成为全国推广的典型经验模式。

2. 协同推进污染治理

加强大气污染共治。源头抑制污染，联合制定区域大气污染物排放总量控制要求，制定工业源挥发性有机物（VOCS）控制措施，对区域内水泥、火电、钢铁、冶金、化工、建材（陶瓷）等重点行业进行全面摸排，按照"入园管理、集中治污"的原则，因地制宜地制定计划和工作方案，组织有条件的企业实施搬迁和技改；重点清理整治万达开交界区域的"散乱污"企业，实现"散乱污"企业动态清零；严控新建火电、钢铁、水泥、焦化、冶炼等重污染项目。建设万达开区域秸秆综合利用项目，引进秸秆综合利用企业，实施收、储、运、用一体化建设，实现秸秆综合利用。建设万达开区域大气综合调控决策支撑平台，逐年动态更新大气污染源排放清单。强化卫星遥感、无人机、5G＋、大数据等科技手段运用，加快建设城市站、区域站、路边站、园区站，对现有省控站点的老旧设备进行更新升级，交界区域的达州市、开州区、万州区、梁平区等建设超级站，构建天地一体化监测网络。建立大气污染联合会商预报机制，依托达州市建立万达开区域环境空气质量预警预报中心，构建空气质量潜势预报体系及业务化能力。万达开区域是典型的静风区域，通过科学规划城市通风廊道，改善风环境。抢抓新基建机遇，布局充电桩，大力倡导绿色出行方式。

狠抓重要流域环境联动治理。对共界河流全流域统一规划、共同管护、信息共享，开展流域水量、水质同步监测，通报共享监测数据，共推河流管理保护一体化。协同制定跨界流域污染整治方案，上游负责深化治理，确保出境达标，下游强化保护，确保河流水质稳定达标。以渠江、中河、前河、南河、新盛河、铜钵河、东河、浦里河、澎溪河、黄滩河、任河等流域治理为载体，共同向上争取水环境质量改善项目支持，扎实推进区域城镇污水处理能力提升。建立污染防治结对帮扶机制，梳理川渝各县（市、区）农村生活污水治理能力情况，建立帮扶需求清单，统筹主城区资金充裕、污水处理技术先进等经济发达地区对万达开欠发达地区结对按需帮扶，推进区域农村生活污水治理。

推进固废、危废污染联防联治。推进固体废物和危险废物协同处置，完善危险废物产生申报、安全储存、转移处置的一体化标准和管理制度，建立万达开固体废物和危险废物跨省处置快速审批通道，构建区域固体废物和危险废物收集运输处理体系。统一固废、危废防治标准，建立联防联治机制，提高无害化处置和综合利用水平。统筹规划建设固体废物资源回收基地和危险废物资源处置中心，探索建立跨区域固废、危废处置补偿机制。建设大巴山工业一般固体废物综合利用项目，治理万源市、城口县工业固体废物，建设大巴山废旧汽车回收中心项目，发展循环经济和建设资源节约型、环境友好型社会。强化土壤污染系统治理，推行农村化肥农药增效、畜禽粪污资源化利用等，实施污染地块土壤修复工作。

联合开展生态退化区建设与修复。积极推进区域内盆周山区、三峡库区、川东红层丘陵区崩塌、滑坡、泥石流等地质灾害综合防治，加强三峡库区、武陵山区及平行岭谷等消落带、岩溶地区石漠化综合整治。加强水土流失治理重点治理区建设与修复，分区分类推进渠江、长江干流、三峡库区等水土流失重点治理区治理，联合推进水土流失综合治理示范区建设。加强矿区生态修复，联合严控矿山开采环境准入，对大巴山、华蓥山等地区的煤矿损毁土地及开州等区（县）露天采石场进行植被恢复和复垦。

3. 协同构建绿色产业体系

共同推动工业循环化发展。坚持环境保护优先，严格禁止不符合功能定位的开发活动，加快化工、建材等传统产业升级改造，持续淘汰落后产能。共同打造万达开川渝合作园区（飞地园区），围绕天然气、锂钾等优势资源，联合打造产业链供应链，建成国家天然气综合开发利用示范区、全国锂钾综合开发示范园区、中国纤谷、秦巴智谷。加快推进万州经济技术开发区、达州高新技术产业园区国家循环化改造示范试点建设，着力培育资源生产率、废物循环利用率和污染物减排水平高的循环型企业。

携手推动乡村振兴。充分发挥万达开山地农业优势，共同打造专业化生产、规模化经营、精深化加工、网络化营销、一体化配送的现代农业产业链条。共同推进特色水果、养殖、中药材、茶叶集群发展，争创国家现代农业产业园，合力建成国家粮油、生猪、有机食品等战略保障基地以及中国西部国家绿色生态富硒农产品综合示范园。统筹城乡区域发展和空间布局，进一步提升城镇和乡村宜居水平，建成全国乡村振兴发展示范区，共同打造省际交界地区乡村振兴新标杆。

联合探索"两山"转化新方式。深挖万达开区域巴山、蜀水、红色等文化内涵，协同推进文化旅游项目开发利用、保护传承，在线路策划、市场推广等方面开展深度对接，探索万达开区域生态资源和地域文化资源的多元融合发展路径。依托区域丰富的巴文化遗址、红色革命纪念地、佛教文化，联动推出巴文化、红色文化、宗教民俗等主题旅游线路。结合区域内大巴山等峡谷资源、三峡水库等水系资源，联合推出高峡平湖主题游。联合组建区域文化旅游推广联盟，做强世界大河歌会、巴山夜雨·水墨达州、三峡水上运动等特色文旅品牌。

四、强化保障

（一）强化组织实施

建立万达开生态文明示范区建设领导小组，共同努力争取万达开生态文明示范区建设纳入国家战略，由国家层面编制规划。构建领导小组统筹协调、领导小组办公室具体组织、省（市）生态环境厅指导、万达开梁城垫六区（市、县）人民政府主体负责的工作推进机制，领导小组办公室设立在达州市生态环境局，按年度以"清单制＋责任制"项目化方式组织各方抓好规划各项任务措施的推进实施。

（二）建立统一体系

进一步完善万达开区域生态环境共建共治基础，协同推进生态环境规划一体化，严格执行长江经济带负面清单制度，协调实施"三线一单"，统一实施环境准入政策，探索建立统一的环保执法标准化建设规范，共同提升环境执法能力水平。

（三）共同争取政策

加强与万达开川渝统筹发展示范区国土空间规划、产业发展规划和省（市）"十四五"生态环境保护规划等规划衔接，协同设计共同争取万达开区域大气污染综合整治及重污染天气联防联控管理，设立国务院派出机构——大巴山国家公园管理局、达川区—大竹县—梁平区铜钵河流域生态补偿办法，建立达渝排污权交易制度畅通机制，完善固体废物和危险废物跨省转移审批和重点建设项目主要污染物总量指标审核、使用与管理，等等。共同包装一批具有全国全省（市）示范性、跨流域、跨区域的环境治理重大项目进入国、省"十四五"规划"盘子"，提高项目的"含金量"和实施效果。

（四）建立健全生态环境治理市场机制

支持壮大环境污染治理市场主体，支持市场主体通过政府和社会资本合作、第三方治理等多种模式参与污染防治。加大公共财政投入支持，统筹整合环境污染防治、生态保护资金及专项投入，推进重点区域（流域）、重点行业（领域）和重点项目实施。通过建立国家天然气、三峡库区发电生态补偿机制和生态价值转化机制及发行生态环保彩票、债券等方式，设立区域统筹发展生态环保基金，专款专用于区域生态保护、生态修复、环保基础设施建设和运行、污染治理等。

（五）加强宣传教育

完善公众参与机制，开展多种形式的生态环保宣传教育，定期公布区域生态环境质量状况和工作进展情况，充分发挥新闻媒体的舆论引导和监督作用，积极营造全社会共同关心、支持、参与和监督生态环境保护工作的良好氛围。

参考文献

[1] 郭亨孝. 主动融入成渝地区双城经济圈　携手共建万达开川渝统筹发展示范区[J]. 重庆行政，2020，21（4）：4-6.
[2] 抢抓机遇奋发作为　加快建设万达开川渝统筹发展示范区[N]. 达州日报，2020-04-23（1）.

健全黄河流域生态环境保护政策的建议

罗彬　林佳丽　肖君实　孔茹芸　刘冬梅　黄田　郑淋峰

四川省环境政策研究与规划院

【摘　要】四川省黄河流域是"中华水塔"和"两屏三带"的重要组成部分，也是维护藏区稳定的重要阵地，其保护和发展的特殊性、艰巨性兼具，在全省乃至全国生态安全和区域协调发展格局中的地位十分重要。本研究以"支撑区域协调发展，进一步完善黄河流域生态环境保护政策"为目标，从创新修复机制、完善长效机制、健全补偿机制、构建转化机制、完善参与机制等六个方面提出构建生态环境保护政策的建议。

【关键词】区域协调发展；黄河流域；生态环境保护政策

四川境内黄河干流河道长 174 千米，流域面积为 1.87 万平方千米，贡献全流域枯水期 40%和丰水期 26%的水量，涉及阿坝州阿坝县、红原县、若尔盖县、松潘县和甘孜州的石渠县 5 个县，是"中华水塔"的重要组成部分，有黄河"蓄水池""固体高原水库"之称，在黄河流域生态安全中具有重要战略地位。

2019 年 11 月 18 日至 22 日，四川省环境政策研究与规划院以"支撑区域协调发展，进一步完善黄河流域生态环境保护政策"为主线，进行了专题调研。在阿坝州及其 4 个县（市）、甘孜州，进草原、查湿地、探企业、访牧民，与市（县）生态环境局、林草局、湿地管理局、水务局、乡村振兴办等相关部门座谈讨论，分析了四川黄河流域的基本情况与存在的主要问题，并形成了相应的对策建议，以期为四川黄河流域的生态环境高水平保护、地方经济高质量发展和民族地区各民族共同繁荣提供理论依据。

一、四川省黄河流域的基本情况

（一）从国家层面看，推动区域协调发展的有利政策即将出台

2019 年 9 月，习近平总书记在黄河流域生态保护和高质量发展座谈会上强调指出，黄河流域生态保护和高质量发展上升为重大国家战略。12 月，习近平总书记在《求是》杂志上发表《推动形成优势互补高质量发展的区域经济布局》重要文章，将黄河流域生态保护和高质量发展作为区域协调发展的重要内容。随着顶层设计的不断完善，国家重点生态功能区财政转移支付等有利政策将更多向该区域倾斜，流域有关地区将迎来更多项目、资金、技术支持等发展机遇。

（二）从省级层面看，省委提出将筑牢黄河上游生态屏障的政治责任抓牢抓实

中共四川省委十一届三次全会提出构建"一干多支、五区协同"区域发展格局，将建设川西北生态示范区作为"壮大区域发展的重要支点"。省委多次强调坚定走以生态优先、绿色发展为导向的高质量发展新路子，取消了国内生产总值考核，加重了生态文明建设、社会治理等指标权重。

（三）从州、县（市）层面看，各地为黄河流域生态保护和高质量发展提供了有力的政策支持

黄河流域各州、县（市）党委政府和有关部门认真落实要求，阿坝州、甘孜州建立了地方高规格领导机制，出台了《加快建设川西北阿坝生态示范区的决定》等政策文件，为黄河流域的保护和发展提供了有力保障。

综上，四川省黄河流域受多重政策叠加的影响，将迎来重大发展的机遇。

二、四川省黄河流域的主要问题

（一）生态保护修复政策综合效应不够，草原超载、湿地萎缩、水源涵养功能有所退化

部分生态治理项目分属不同的部门管理，项目间的协调性较差。休禁牧制度等生态治理方式局限于一定范围，且政策即将到期，存在再次开荒种地和偷牧乱牧等风险。违法处罚制度不够完善，缺乏生态保护修复的专门立法。非法开垦、征占用草原、超载过牧等问题，导致畜牧超载量达到理论载畜量的 1.5 倍，超载率达到 50%以上，湿地面积从约 2 205 万亩萎缩到 1 245 万亩，减幅近 60%。

（二）垃圾污水处理设施建设管护机制"高反"，资金投入不够、项目包装欠缺、科技支撑薄弱

高原地区环境基础设施建设投资费用偏高，财政压力大，项目包装欠缺，第三方治理参与度低。科技支撑薄弱，大部分污水处理厂设计标准偏低，工艺选择等未充分考虑高海拔和冬季严寒等情况，建成后的处理效果不佳。设施运行管护机制不健全、操作不规范，专业技术人才不足、业务能力不强，约 26%的乡镇污水处理厂和 64%农村污水处理设施无法正常运行。

（三）生态补偿政策现行标准低、用途单一，与生态保护要求不匹配

现行草原禁牧补助 7.5 元/亩、草畜平衡奖励 2.5 元/亩，远低于甘肃、西藏等相邻地区，严重制约了农牧民退牧还草的积极性。资金渠道和补偿方式单一，主要依靠中央财政转移支

付，产业扶持、技术援助、人才支持等"造血型"补偿不足。横向生态补偿机制缺失，受益地区与保护地区、流域上下游缺乏有效的协商机制。

（四）高质量发展支撑政策不足，生态产业发展不充分

"高端农牧产品"培育激励政策不足，现代农牧业、加工业发展水平较低，培育"生态产品"做大做强的激励政策亟待加强。"全域旅游"资源开发不足，民族文化、黄河文化、红色文化等资源利用不充分。林草碳汇、水权等生态产品交易制度仍处于探索阶段。

（五）自然资源利用机制不健全，生态资源未能有效转化为生态价值

生态产品价值转化程度低，阿坝州生态系统总值超过 1 万亿元，但尚未找到稳定、高效的路径将其转化为经济优势。清洁能源丰富，可开发量达 2 931 万千瓦，但普及率低、综合利用效率不高、价格优惠机制不健全，大部分农牧民依然采用传统能源。

（六）社会参与治理机制不健全，当地群众参与治理积极性不高

第三方治理、PPP 投融资等社会参与模式少，州内生态治理技术和能力低，项目多被州外单位或者省外单位承担，鼓励本土技术发展的政策偏少。生态管护公益岗位补助偏低、数量偏少。部分群众环保意识淡薄，存在垃圾乱扔、过量施用农药化肥等问题。

综上，四川省黄河流域尚存在政策本地化、精准化不足的问题。

三、四川省黄河流域生态环境保护对策建议

（一）坚持党的领导，创新构建生态环境保护修复机制

坚持党的领导，坚持以生态保护修复为首要任务，统筹山水林田湖草系统保护。一是探索推行"草长制"，加大草原保护力度。学习借鉴流域治理"河长制""湖长制"，以党政领导负责制为核心、以草原生态保护修复治理为重点，探索建立"草长制"责任体系，打造分层分级草原保护联动机制。二是加快"立法 + 保护管理机构"的湿地保护体系建设。修订湿地保护条例，借鉴大熊猫国家公园建设经验，联合甘肃省建设若尔盖—甘南湿地国家公园，设立专门管理机构，探索湿地保护和资源开发利用新模式。三是建立健全生态保护修复金融服务机制。发挥财政资金的引领带动作用，设立政府主导的生态保护基金，积极争取国家开发银行等的支持。创新融资模式，放活草场经营权，探索开展农牧产品收益保险和绿色企业贷款保证保险。

（二）完善环境污染治理长效机制

坚持提升环境治理水平，建立完善环境治理长效机制，因地制宜推动基础设施建设与运营。一是完善环保基础设施建设运营投入保障机制。加大财政投入，组织专业团队进行项目包装，整合不同层面、渠道的专项资金。通过特许经营、投资补助、政府购买服务等多种方

式，吸引社会资本参与。二是因地制宜制定环保基础设施建设规范。充分考虑高原地区经济发展水平、人口集聚程度、气候条件等"特殊性"，制定相宜的技术规范。针对农村污水处理，根据实际情况分别采取纳入城镇管网、集中处理、分散处置利用 3 种不同模式，坚决避免"一刀切""齐步走"。三是完善环保基础设施运营机制。大力推进集中式污水处理设施的第三方运营。分散式污水处理设施由农户自行维护或农村集体组织运维，探索统一聘请专业人员提供技术支持的运营模式，避免设施"晒太阳"。

（三）健全多元化生态补偿机制

坚持以完善"受益者付费、保护者得利的激励机制"为导向，健全多元化生态补偿机制，调动各方积极性。一是推动国家完善重点生态功能区转移支付机制。加大财政转移支付力度，结合区域生态服务价值、生态保护成本、发展机会成本等因素合理提高补偿标准。二是建立绿色利益分享机制。建立黄河流域生态补偿基金，开展跨区域横向生态补偿，从水资源受益地区的水资源税和水费中计提。三是完善市场化多元化生态补偿机制。建立受益企业专项资金池，用于上游生态保护与修复。探索绿色信贷、绿色保险、绿色债券等金融工具参与生态保护补偿的途径。四是完善生态环境损害赔偿制度，提高企业和个人违法造成生态环境损害的成本。

（四）完善环境准入源头管控

坚持完善环境准入源头管控，实行最严格的环保制度，强化环境承载能力的刚性约束。一是完善黄河流域空间管控机制。科学划定生态生产生活空间，分区推进国土空间管控。二是完善黄河流域发展准入制度体系。制定差别化环境准入清单，实施分类管控，倒逼产业结构优化、能源结构调整、城镇结构改善和生产生活方式转变。三是尝试设立生态无人区。探索生态移民，在自然保护地核心保护区、江河源头区、沙化边缘区、过度放牧和草原退化区实施生态移民搬迁。四是优势互补发展飞地经济。鼓励建立"飞地"产业园区，促进产业链式集群发展。

（五）加快构建生态价值转化机制

坚持推动"两山"理论实践，加快构建生态价值转化机制，将生态优势转化为发展优势。一是打造尖端生态产品"区域品牌"。扩大农牧产品产业链，增加产品附加值。稳步推进生态产业化项目。鼓励农牧产品申请扶贫商标，纳入政府采购清单。二是发展高品质"全域旅游"。立足"世界级旅游目的地"发展定位，依托川西北大草原、若尔盖湿地、达古冰山、九寨沟—黄龙等景区，串珠成线，打造"九黄—红原机场旅游大经济圈"。融合羌藏民族文化、红军文化和黄河文化，打造国家全域旅游示范区。三是聚焦资源优势发展生态产品交易市场。试点构建阿坝州、甘孜州林草碳汇交易市场，逐步强制要求高耗能高排放企业购买林草碳汇。落实森林碳汇产业与脱贫技术集成示范项目，带动当地传统特色农牧业产业发展。推进黄河流域水权交易制度改革，鼓励金融机构推出基于水权的金融产品。

232

（六）完善社会参与机制

坚持共建共治共享，建立完善社会参与机制，变政府"唱独角戏"为政府、企业、群众"大合唱"。一是建立利益共享机制。设置生态管护公益岗位，使当地群众从放牧人转变为管护人，合理制定可持续的管护人补贴标准。探索推广将景区门票收入每年按照一定比例发放给当地群众的利益共享模式。二是落实当地群众教育引导政策。深入落实当地"9＋3"免费教育、"职业教育三年提升计划"等重点政策，提高当地群众综合素养，培养环保意识，引导合理放牧。

综上，四川黄河流域肩负着全国、全省生态安全重任，要始终坚定不移贯彻新发展理念，将"绿色"作为发展的先决条件和评判标准，按照黄河"重在保护，要在治理"的要求，寻求政策创新，抢抓战略发展机遇，推动黄河流域生态环境高水平保护和经济高质量发展。

参考文献

[1] 习近平. 在黄河流域生态保护和高质量发展座谈会上的讲话[J]. 中国水利，2019（20）：1-3.
[2] 郗国明，田世民，曹永涛，等. 黄河流域生态保护问题与对策探讨[J]. 人民黄河，2020，9：112-116.

构建现代环境治理体系　为美丽四川建设保驾护航

顾城天　刘冬梅　王恒
四川省环境政策研究与规划院
邱辉
四川省环境应急与事故调查中心

【摘　要】2020 年 3 月中共中央办公厅、国务院办公厅联合发布《关于构建现代环境治理体系的指导意见》，标志着我国环境治理现代化进程进入到一个全新的发展阶段。本文在研究现代环境治理体系的主要特征、内在机理与逻辑框架的基础上，提出了构建现代环境治理体系支撑美丽四川建设的建议和"十四五"时期四川省现代环境治理体系建设路径，为推动全省生态环境根本好转、建设美丽四川提供决策参考。

【关键词】现代环境治理体系；美丽四川

2020 年 3 月，中共中央办公厅、国务院办公厅联合发布《关于构建现代环境治理体系的指导意见》（以下简称《意见》），将坚持党的领导、多方共治、市场导向、依法治理等十九届四中全会要求内化于环境治理体系中，集成、凝练了十八大以来我国在生态文明体制改革方面的制度探索和经验，对现代环境治理体系的目标要求、构建思路与实施路径提出了系统性安排，描绘了我国环境治理体系建设的战略蓝图，明确了环境治理体系现代化建设改革与创新的重点方向，为构建现代环境治理体系提供了顶层设计和行动纲领。有助于进一步推进生态环境保护的历史性、转折性、全局性变化，为推动生态环境质量根本好转、建设生态文明和建成美丽中国提供有力制度保障。

一、现代环境治理体系的主要特征

（一）突出环境治理的"现代化"转型

现代环境治理体系的"现代化"特征主要体现在三个方面：一是推进政府与企业、社会良性互动，充分发挥社会力量在环境治理中的作用，通过多元参与、共建共治，实现多主体共同利益的最大化；二是更加注重依靠现代技术的力量开展精准治理，加大数字化、信息化、智能化战略新兴技术综合运用，加强关键环保技术产品自主创新，提高制度执行效率；三是强化法律标准实施，实现立法、执法、司法、守法四个方面的环环相扣，法律与标准的相互配合，使环境治理走向法治化、规范化、程序化轨道。

（二）突出从"管理"向"治理"的跃升

环境保护由过去强调管理转变为强调治理。管理的主体是单一的，主要指政府；治理的主体是多元的，政府、企业、社会组织、公众等都可以作为主体。管理的运作模式是单向、强制、刚性的；治理则是包含着上下互动、横向流动的复合型模式，更加注重运用市场机制、信用机制等非管治性手段，财税、金融等经济政策在环境政策体系中的角色地位和作用不断上升，促进生态环境保护政策与经济社会发展政策融合共生形成合力。

（三）突出将零散政策进行体系化建构

从系统工程和全局的角度，对零散的环境政策按"七大体系"的框架进行梳理归类，推动制度成簇、政策成链，进而将政策链条"织链成网"，发挥政策集成互补、协同增效的作用。有利于打破过去"运动式""碎片化""问题孤岛"式治理，源头性、系统性、综合性地根治问题，形成体系化的治理资源配置和运行。

（四）突出治理体系与治理能力的相辅相成

治理体系呈相对静态，侧重治理要素构成，是治理能力形成的前提和基础；治理能力呈相对动态，侧重治理要素的功能发挥，是治理体系实现有效运转的保障和结果。通过构建有机协调同时又具有弹性的环境治理体系，推动形成强大的环境治理能力，搭建体系与能力的转化通道，使制度优势更好地转化为治理效能。

二、现代环境治理体系的内在机理与逻辑框架

（一）现代环境治理体系的三个层次

《意见》提出要建立健全包括领导责任体系、企业责任体系、全民行动体系、监管体系、市场体系、信用体系、法律法规政策体系等七大体系在内的现代环境治理体系。七大体系可分为三个层面：第一是行为主体，包括领导责任体系、企业责任体系、全民行动体系；第二是治理手段，包括监管体系、市场体系、信用体系；第三是政策支撑，法律法规政策体系贯穿于整个治理体系，为其他所有体系提供行为依据。如图1所示。

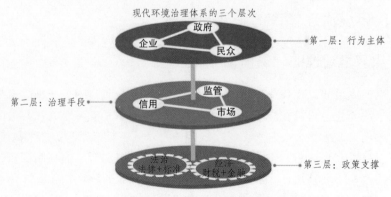

图 1　现代环境治理体系的整体逻辑架构图

（二）建立多元参与的环境治理责任框架

"政、企、民"要形成监督制衡与合作伙伴关系。领导责任体系、企业责任体系、全民行动体系是现代环境治理体系中的行为主体。在党委统一领导下，不同主体应发挥各自的优势作用，通过多种机制创新相互协作配合，建立起责任分担、合作共治的互动共赢模式。

发挥政府的主导作用。政府的主导作用主要体现在制定环境治理相关法规、政策和标准体系，制定与实施生态环境建设总体规划和专项规划，提供生态环境治理基础设施和公共产品服务，依法行政和依法监管。加强制度供给，在提供法制化、市场化的制度前提下，对各方治理主体进行监督和管理。

将企业作为重要主体。企业在自身生产经营过程中要自觉遵守法律和标准规范，加大清洁生产推行力度，加强排污自我约束，升级新技术、新材料、新工艺，优化生产方式，降低能耗和污染，提供资源节约、环境友好的产品，主动公开环境信息，履行保护生态环境、节约自然资源与维护环境公共利益的社会责任。

推动社会组织和公众共同参与。社会组织和公众参与是现代环境治理体系的活力所在。社会大众应选择合法、有效的途径参与生态环境治理和监督，为生态环境治理出谋划策，自觉践行绿色低碳的生活方式，推广和宣传生态文明理念；社会组织应积极推进自身能力建设，更多地参与环境治理，发挥政府、企业、个人之间的桥梁纽带作用。如图2所示。

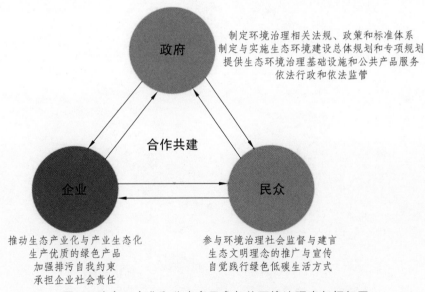

图2　政府、企业和公众多元参与的环境治理责任框架图

（三）搭建多措并举的环境治理执行框架

从主要依靠行政监管手段向监管、市场、信用手段组合施策转变。监管体系、市场体系、信用体系是现代环境治理体系中的治理手段。过去是监管手段发挥了环境管理的主导作用，该手段面临有限的监管资源和无限的监管对象之间的矛盾。市场手段发挥的作用相对较小，还有很大的改进空间。信用手段基本上处于刚刚起步阶段，还没有发挥出应有的作用。只有

当行政监管、市场调节和信用约束"三只手"同时并用、各司其职、相互配合，才能全面提高环境治理的经济性、效能性。

运用监管手段实现政府直接管治。监管手段是政府以非市场途径（即规章制度）对环境污染负外部性的直接干预。通过警示、罚款、整改、取缔、限批等制裁方式，直接增加负外部性生产者的内部成本，使其边际成本上升，并最终等于或大于该行为所产生的社会边际成本。

运用市场手段优化环境资源配置。市场手段通过构建规范开放的市场、健全价格收费机制等方式，使市场主体之间达成自愿交易，实现环境污染的负外部性内在化。发挥市场作用首先需要培育壮大市场主体，然后通过明确产权制度消除外部性影响，让市场的供求、价格、竞争等机制功能发挥作用，使环境资源配置达到最佳状态。

运用信用手段将污染行为与社会声誉挂钩。在现实中监管手段和市场手段并不完美，存在政府失灵和市场失活的问题，因此必须引入信用体系，规范环境保护伦理秩序，使违法排污者受到道德的谴责、诚信的损失、名誉的缺失和经济的惩罚。通过建立信用联合惩戒制度，使失信企业和个人在工商登记、税收征缴、银行贷款、交通出行等经济社会活动中处处受限，实现环境的负外部性在未来的内在化。如图3所示。

图3　监管、市场和信用多措并举的环境治理执行框架图

（四）构建法治、经济"双轮驱动"的政策支撑框架

发挥法治政策的推动作用和经济政策的拉动作用。法律法规政策体系是现代环境治理体系中的政策支撑，包括由法律法规和标准构成的法治政策，以及由财税政策和金融政策构成的经济政策。只有造好用好法治政策和经济政策"两个轮子"，才能支撑并驱动环境治理体系驶入现代化、高水平的快车道。

发挥法律法规的规范和强制作用，踩好环境保护的"刹车"。坚持用最严格制度最严密法治保护生态环境，以法律红线守住生态环境保护底线，是实现生态环境善治的有力抓手。要构建立法精细、执法严明、司法公正、守法诚信、行政合法的生态环境法律法规体系，政府要依法行政，企业和社会公众要依法办事，环境治理的体制、制度、机制必须符合法律的规定，为生态环境保护提供更有约束力和更具刚性的法律保障。

发挥标准的法规管理和技术引领双重功能，系紧环境保护的"安全带"。环境标准是依法开展生态环境保护工作的技术依据，是执法和司法的尺度，是环境规划中环境质量目标的体现，是环境影响评价的准绳。要建立完善与经济社会发展水平及生态环境管理需求相适应的生态环境标准体系，科学确立环境基准，对标先进地区填平补齐，制修订一批关键生态环境标准，提高标准的适用性、协调性和完整性。

发挥财税政策的宏观调控作用，握稳环境保护的"方向盘"。为环境保护提供财力支持与制度保障是政府财税政策的重要职责。实施财政政策直接调节，通过预算安排和财政支出直接用于改善环境、治理污染。实施税收政策间接调节，通过税收政策来限制污染物的排放，通过税收激励或减免政策来促进绿色制造业和环保产业的发展。不断优化财政支出结构，完善各项税费政策，形成有利于环境保护的财税政策组合，发挥宏观调控和资金引导作用。

发挥金融政策对产业的输血供氧作用，加大环境保护的"油门"。健全完善绿色金融的相关政策，有利于缓解政府、企业面临的融资瓶颈。充分运用金融的聚敛功能，引导众多分散的小额资金汇聚成为可以投入环保产业扩大再生产的资金集合；充分发挥金融的资源配置功能，引导资金和社会资源流向最有发展潜力的环保领域和绿色企业。通过金融市场的运作为生态环境保护提供更多资金投入，推动环境保护与经济发展协同共进。如图4所示。

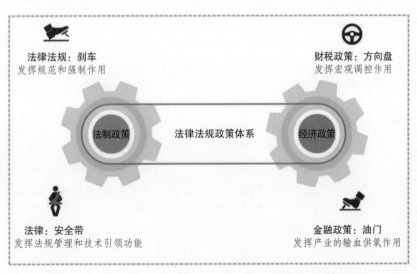

图4　法治、经济"双轮驱动"的环境治理政策支撑框架图

三、构建现代环境治理体系支撑美丽四川建设的建议

习近平总书记来川调研时指出，要抓好生态文明建设，让天更蓝、地更绿、水更清，美丽城镇和美丽乡村交相辉映，美丽山川和美丽人居有机融合。因此，可以把空气清新、水体洁净、土壤安全、生态良好、人居整洁五方面作为美丽四川的建设方向，通过推动现代环境

治理体系建设，支撑经济社会高质量发展和生态环境高水平保护，为人民群众创造看得见、摸得着的获得感和幸福感。

（一）推动美丽四川空气清新

以推动清洁空气的"两个协同"——"PM2.5 和 O$_3$ 协同治理"及"大气污染物和温室气体协同减排"为核心思想，推动我省空气质量水平和改善幅度全国领先，还人民群众更多蓝天。

在企业责任体系方面，一是建立以排污许可制为核心的企业环境管理制度，推动企业按证排污、持证排污，严格落实持证排污各项要求，实现达标排放；二是推行排污重点企业"一厂一策"制度，列入省重点排污单位名录的企业需自查排放情况，编制并实施"一企一策"方案，定期开展治理效果后评估；三是推进环境污染第三方治理制度，通过实行按效付费的方式培育第三方大气污染排放治理企业，推进园区大气污染防治第三方治理示范，探索统一规划、统一监测、统一治理的一体化服务模式；四是建立企业环保"领跑者"制度，分行业制定环保"领跑者"推荐标准，遴选符合标准的企业入围环保"领跑者"，激励行业内企业学习、赶超行业标杆。

在监管体系方面，一是深化区域大气联防联控机制，制定成渝地区双城经济圈、成德眉资等重点区域重污染天气应急预案，统一预警启动和解除标准，统一应对措施，开展空气质量实时联合会商，动态更新重污染天气应急管控清单；二是实施季节性差异化管控政策，将秋冬季作为 PM2.5 重点管控时段，将春夏季作为臭氧重点管控时段，瞄准问题集中的月份精准施策，科学安排监管力量；三是逐步建立大气污染和温室气体协同控制机制，选择典型城市进行建立大气污染和温室气体排放源一体化清单编制技术试点工作，开发和完善定量评估协同效应的方法和模型，探索将温室气体减排纳入排污许可的"一证式"管理；四是健全大气网格化管理制度，推动网格化微站配合网格员联动，实现线上与线下互动，监测与监管协同；五是优化完善"双随机、一公开"监管制度，加大社会关注度高和投诉举报多的企业的抽查频次，分设专业执法人员库和普通执法人员库，以实现对特定行业、重点检查对象的抽查需要，推广跨部门联合检查，解决多头执法、重复检查问题。

在信用体系方面，一是完善企业环保信用评价办法和机制，依据评价结果实施分级分类监管，加大企业环境信用披露，将大气环境违法行为记入企业信用记录，纳入省社会信用综合服务平台，在"信用中国（四川）"网站和监管部门门户网站依法依规向全社会公开；二是探索企业直接责任人信用负责制，将排放严重超标企业的失信情况，记入实际控制人、法定代表人、主要负责人的个人信用记录；三是探索排污企业黑名单制度，对严重污染大气环境的企业依法依规纳入失信联合惩戒对象名单，被列入名单的企业将在信贷、债券、评定资质、申报项目等各方面受限。

（二）推动美丽四川水体洁净

以水资源、水环境、水生态"三水统筹"为核心思想，推动我省水生态环境质量的全面提升，让人民群众乐享清水绿畔。

在领导责任体系方面，一是打造河湖长制"升级版"，制定省级河流、湖泊、重要天然湿地、水库、渠道河湖长制工作清单，编制省级主要河湖"一河（湖）一策"管理保护方案，在领导干部自然资源资产离任（任中）审计和资源环境审计中重点关注河湖长制工作推进情况；二是健全跨界河湖联防联控联治机制，充分发挥川渝河长制联合推进办公室作用，打破行政壁垒，推动跨界河湖信息共享、联合巡查、联动执法、污染共治，构建起上下游、左右岸、干支流、岸上水里的协调治理模式。

在市场体系方面，一是建立差别化污水处理收费机制，根据主要污染物种类、浓度、环境信用评级等对企业分档制定差别化收费标准，促进排污企业污水预处理和污染物减排，对水源地保护区、地下水易受污染地区、水污染严重地区和敏感区，实行更严格的污水处理排放标准，提高污水处理费标准；二是建立促进水资源节约的价格机制，推动城镇非居民用水超定额累进加价制度落地，非居民用水户用水超过定额用水量时，需对超出定额用水量加倍付费；三是出台生活污水处理设施用电优惠政策，生活污水处理设施用电执行居民生活用电基础电价，实行分时电价优惠政策，试行"高峰时段电价不上浮、低谷时段正常下浮"，参照脱硫电价方式对开展深度治理的实行优惠电价。

在法律法规政策体系方面，一是制定以"三水统筹"为导向的主要流域水环境保护条例，出台《四川省嘉陵江流域生态环境保护条例》《四川省岷江流域生态环境保护条例》等；二是探索跨省域、市域的流域或饮用水源水环境保护条例，鼓励协同立法，试点共同立法；三是建立多元化的流域生态补偿机制，推进跨省界流域上下游生态补偿机制建设，鼓励生态受益地区与生态保护地区通过对口协作、产业转移、人才培训、共建园区等多元化方式建立补偿关系；四是建立省内分行业排污强度区域排名制度，合理化利用环境容量保障发展需求；五是谋划"三水统筹"重大项目投融资载体，组建省属环保投资集团，有力推动重大项目的落地落实，推进各重点流域水生态环境质量的持续改善。

（三）推动美丽四川土壤安全

以摸清家底、修复土壤、风险管控为核心思想，削减土壤污染存量，遏制土壤污染增量，让人民群众吃得放心、住得安心。

在监管体系方面，一是完善土壤污染重点监管单位管理制度，按年度更新土壤污染重点监管单位名单，将重点监管单位土壤污染防治相关责任和义务纳入排污许可证管理；二是完善土壤污染隐患排查制度，深入推进工业园区、油库、加油站、废弃矿山及尾矿库、集中式饮用水水源地、垃圾填埋场和焚烧厂等重点区域土壤调查评估，建立土壤污染风险源清单，开展重金属高背景区土壤环境调查；三是实施土壤环境分区管控机制，如以成都平原、川南地区和安宁河谷为重点，加大对污染农用地治理修复的政策力度，以凉山、攀枝花、泸州和雅安等市（州）为重点，加大对集中式饮用水水源地上游、永久基本农田集中分布区的历史遗留矿山环境问题恢复治理的政策力度；四是完善部门间污染地块信息沟通机制，将建设用地土壤生态环境管理要求纳入国土空间规划和供地管理。

在法律法规政策体系方面，强化土壤法规制度建设，一是加强土壤污染防治地方立法，推动出台《四川省土壤污染防治条例》，修订《四川省固体废物污染环境防治条例》《四川省农药管理条例》；二是完善土壤污染防治部门规章和规范性文件，制定四川省在产企业场地土壤风险评估、四川省农用地土壤风险管控与修复项目效果评估、四川省污染场地和农用地土壤风险管控与修复工程环境监理等系列技术导则。

（四）推动美丽四川生态良好

以促进我省生态资源"保值增值"和"价值转化"为核心，增强生态产品的生产、供给和服务能力，不断满足人民群众对优美生态环境、优质生态服务的需要。

在领导责任体系方面，一是完善生态文明建设绩效考核制度，修订完善生态文明建设目标评价考核体系，每年开展四川省生态文明建设评价，在县域经济发展考核中进一步加大生态文明建设方面的指标权重；二是优化领导干部自然资源资产离任审计制度，试点推行市县两级编制自然资源资产负债表，运用"大数据"手段提升审计的公正性，探索将环境健康指标纳入审计考核指标；三是实施领导干部生态环境损害责任终身追究制度，建立倒查机制，重点倒查责任人事前预防是否到位、事中处置是否得当、事后整改是否认真彻底及效果是否明显等；四是健全生态环境质量改善正向激励机制，在专项资金安排上对生态质量显著改善的市县给予奖励，并优先推荐申报中省专项资金补助项目；五是探索建立 GEP（生态系统生产总值）核算制度，对标浙江省、青海省建立 GEP 核算和考核技术体系，重点考虑 GEP 的相对变化幅度，选择典型地区开展 GEP 核算评估试点并发布核算报告。

在法律法规政策体系方面，一是完善重点生态功能区财政转移支付机制，将生态红线面积、生态功能重要性等因素纳入补助计算公式，加大补偿力度；二是建立生态资产核算机制，构建生态资产核算评估体系，完善指标体系、技术规范和核算流程，设立生态资产核算账户，开展生态资产核算；三是完善绿色金融政策，完善绿色信贷制度，鼓励各类金融机构扩大绿色信贷规模，重点扶持生态产品价值实现重点项目，支持提供生态产品的企业通过绿色债券等融资工具进行融资，在生态环境高风险领域研究建立强制责任保险制度，支持保险机构创新绿色保险产品和服务；四是健全生态产品权益交易机制，优化升级四川省碳交易平台，丰富交易品种和交易方式，推动交易范围逐步扩大至其他高耗能、高污染和资源性行业，搭建区域性林草碳汇交易体系，逐步要求高耗能、高排放企业购买林草碳汇履行减排义务；五是设立生态环保发展基金制度，建立省级绿色发展基金，保障跨流域、跨区域生态修复工程的资金。

（五）推动美丽四川人居整洁

以打造高品质生活宜居地为核心，加大生态文明宣教力度，营造城乡美好人居环境，让"绿富美"成为四川城乡人居环境改善的新标签。

在全民行动体系方面，一是制定四川省公众生活方式绿色化方案，引导公众践行绿色低碳、文明健康的生活方式，提升公民环保素养；二是制定生态环境违法行为举报奖励办法、多元化投诉举报渠道，鼓励公众积极举报城乡人居环境问题，根据举报人的贡献程度和举报问题的重要程度实行分级奖励机制；三是建立社区圆桌对话机制，在社区党群服务中心（政务服务中心）建立政府、企业、公众定期沟通、平等对话、协商解决问题的平台，解决人居环境问题纠纷，从源头化解"邻避效应"；四是建立生态环保公益小额资助制度，支持社会组织在文化宣教、公众参与、调研实践等方面开展公益项目，引导社会组织通过实地访问、民意调查、摄影摄像等方式参与人居环境治理监督；五是制定环保公益性岗位管理办法，鼓励开发河道保洁、垃圾清运、护林防火、园林绿化等基层公益性岗位，优先安置就业困难人员就近就业。

在市场体系方面，一是探索人居环境治理众筹机制，支持"村民众筹"，让村民有钱出钱、有地让地，共同参与农村基础设施建设并获得收益分红，鼓励"线上认筹"，让网友获得民宿、农家乐、果树采摘等生态旅游体验方式的使用权，筹集资金用于村庄绿化、道路硬化、街道亮化、庭院美化；二是推广"一元钱"农村生活垃圾处理承包制，以每位村民每月交纳一元钱的标准，市场化引入农村生活垃圾清运承包人，解决农村生活垃圾处置和运输问题。同时撬动村民的积极性和责任心，形成村干部、承包人、村民互相监督的共治格局；三是建立"以商养厕"机制推进厕所革命，支持景区、乡村旅游点、交通节点等人流量大的厕所与商业铺位、汽车充电桩、自动售货机、广告位捆绑招标，鼓励社会资本承包经营；四是在农村环境基础设施建设领域推广政府和社会资本合作（PPP）模式，引导社会资本参与农村生活污水和垃圾处理基础设施建设和运维。

四、"十四五"四川省现代环境治理体系构建路径

按照 2035 年基本建成美丽中国的要求，建议对应基本建成现代化环境治理体系，其中"十四五"为体系构建期，"十五五"为体系完善期，"十六五"为体系巩固期。在今年以及"十四五"时期，四川省现代环境治理体系的构建路径也可分为三个阶段，分别为构建起步期（2020 年）、构建提升期（2021—2023 年）、构建成型期（2024—2025）。在构建起步期，七大体系建设工作陆续启动，前期正在征求意见或有基础的相应配套政策举措陆续出台。在构建提升期，领导责任体系、企业责任体系、全民行动体系初步形成，各类主体责任得到落实。监管体系、市场体系逐渐丰满，环境监管能力有所提升，规范的环境治理市场初步成型。在构建成型期，七大体系构建工作基本完成，相关法律标准逐步出台，财税金融政策落地见效，环境信用体系走向完善，初步形成领导有方、导向清晰、决策科学、执行有力、赏罚分明、激励有效、多元参与、良性互动的四川省环境治理体系。如图 5 所示。

图 5 "十四五"四川省现代环境治理体系构建路线图

参考文献

[1] 田章琪，杨斌，椋埏渝. 论生态环境治理体系与治理能力现代化之建构[J]. 环境保护，2018，12：47-49.

[2] 周宏春，姚震. 构建现代环境治理体系 努力建设美丽中国[J].环境保护，2020，9：12-17.

[3] 吴舜泽，崔金星，殷培红. 把生态文明制度体系优势转化为生态环境治理效能——解读《关于构建现代环境治理体系的指导意见》[J]. 环境与可持续发展，2020，2：5-8.

附　录

2019 年度四川省生态文明建设重大政策

法律法规	
1	《四川省沱江流域水环境保护条例》（四川省第十三届人民代表大会常务委员会第十一次会议审议通过）
2	《四川省饮用水水源保护管理条例（2019 年修正）》（根据 2019 年 9 月 26 日四川省第十三届人民代表大会常务委员会第十三次会议《关于修改〈四川省饮用水水源保护管理条例〉的决定》修正）
3	《四川省城镇排水与污水处理条例（2019 修正）》（根据 2019 年 11 月 28 日四川省第十三届人民代表大会常务委员会第十四次会议《关于修改〈四川省城市排水管理条例〉的决定》修正）
4	《关于加快推进川西北生态示范区建设的实施意见》（2019 年）
5	《四川省生态环境机构监测监察执法垂直管理制度改革实施方案》（川委办〔2019〕19 号）
6	《关于印发四川省打赢蓝天保卫战等九个实施方案的通知》（川府发〔2019〕4 号）
7	《关于印发四川省推进运输结构调整三年行动计划实施方案的通知》（川办发〔2019〕20 号）
8	《四川省长江经济带发展负面清单实施细则（试行）》（川长江办〔2019〕8 号）
技术标准	
9	《四川省农村生活污水处理设施水污染物排放标准》（DB51/2626—2019）